1세기 교회사

Church History: The First Century
by Rick Joyner

Copyright ⓒ 2009

Published by MorningStar Publications, Inc., a division of MorningStar Fellowship Church,
375 Star Light Drive, Fort Mill, SC 29715

Korean translation Copyright ⓒ 2010 by Pure Nard
2F 774-31, Yeoksam 2dong, Gangnam-gu, Seoul, Korea

The Korean edition is published by arrangement with MorningStar Fellowship Church.
All rights reserved.

본 저작물의 한국어판 저작권은 MorningStar Fellowship Church와의 독점 계약으로 한국어 판권은 '순전한 나드'가 소유합니다. 저작권자의 허락 없이 이 책의 일부 또는 전체를 무단 복제, 전재, 발췌하면 저작권법에 의해 처벌을 받습니다.

1세기 교회사

초판발행 | 2010년 9월 27일
2쇄 발행 | 2011년 9월 10일

지은이 | 릭 조이너
옮긴이 | 심현석

펴낸이 | 허철
편집 | 송수자
디자인 | 오순영
인쇄소 | 고려문화사

펴낸곳 | 도서출판 순전한 나드
등록번호 | 제2010-000128
주소 | 서울 강남구 역삼2동 774-31 2층
도서문의 | 02) 574-6702 / 010-6214-9129
편집실 | 02) 574-9702
팩스 | 02) 574-9704
홈페이지 | www.purenard.co.kr

Printed in Korea

ISBN 978-89-6237-074-4   03230

1세기
교회사

| 릭 조이너 지음 |

CONTENTS

제1장 여정의 목적
The Reason for the Quest • 7

제2장 처음
The Beginning • 37

제3장 새 피조물의 창조
Creating the New Creation • 57

제4장 지상명령(至上命令)
The Great Commission • 77

제5장 제자 만들기
Making Disciples • 95

제6장 '사도'라는 기초
The Foundation of Apostles • 105

제7장 사도를 시험하기
Testing Apostles • 115

제8장 '선지자'라는 기초
The Foundation of Prophets • 131

제9장 초대교회의 생명
The Life of the Early Church • 145

제10장 영혼의 전쟁
War of the Soul • 163

제11장 유대인의 뿌리 그리고 이방인의 가지들
Jewish Roots and Gentile Branches • 181

제12장 율법이 예언하다
The Law Prophesied • 199

제13장 초대교회의 행정 조직
Early Church Government • 215

제14장 초대교회의 여성들
Women in the Early Church • 245

제15장 핍박과 인내
Persecution and Perseverance • 263

제1장

여정의 목적
The Reason for the Quest

Church History: The First Century

제1장
The Reason for the Quest

여정의 목적

현대 교회는 물론, 지금 이 세상이 당면한 절망적인 문제들, 또 점점 심각해져가는 수많은 문제를 고려할 때, 이 시점에서 과거를 되짚어보고 또 역사를 이해하려는 노력은 어쩌면 그리 절실하지 않아 보일 수도 있다. 하지만 교회의 역사를 연구한다면 이러한 문제들이 어디서 비롯되었는지를 알 수 있다. 게다가 그 해결책도 발견하게 될 것이다. 어떠한 형태로든(문제의 심각성과 정도의 차이는 있겠지만) 교회와 세상은 과거에 '이미' 그러한 문제들을 겪어보았기 때문이다. 물론 현재와 비교했을 때, 과거의 교회와 세상이 겪었던 문제들은 더 작은 규모였다. 그러나 문제의 원인과 해결 과정에 집중하여 역사를 되짚어본다면 현재 우리가 당면하고 있는 문제들에 훨씬 쉽게 접근할 수 있을 것이다. 단언컨대 교회사 연구를 통해 현재의 위기를 극복할 수 있는 열쇠는 물론, 미래에 발생할 문제들에 대한 해결책도 얻게 될 것이다. 만일 역사를 잘 알았더라면 현재 우리가 안고 있는 어려움 중 대다수는 겪지 않았어도 되었을 것이다. "역사를 모르는 사람은 과거의 실수를 반복하게 되어있다"라는 말은 인류 역사를 통해 입증된 사실이다. 그러나 그 역(逆)도 진리다. 역사를 잘 아는 사람은 절대로 동일한 실수를 거듭할 수 없다.

나는 '예언적인 교사'(prophetic teacher)로 세간에 알려졌다. 특히 나는 교회 안에 나타나는 예언의 은사 그리고 '예언적인 사람들'에게 나타나는 예언의 은사를 사모한다. 하지만 나는 역사도 사랑한다. 그것은 그리스도인으로서의 첫걸음을 뗄 무렵, 남달리 깨달은 바가 크기 때문이다: "올바른 성경적 교리에 서있는 만큼, 또 역사를 이해하는 만큼, 딱 그만큼만 주님께서는 내게 '예언적 비전'(prophetic vision)을 맡겨주신다." 바로 이 사실을 깨달았기 때문에 나는 역사를 사랑할 수밖에 없다.

성경에 등장하는 선지자들은 모두 자신이 속한 나라 및 주변 지역의 역사를 잘 알고 있었다. 종종 그들은 당대에 일어나는 일들과 장차 일어날 사건들에 대한 청사진을 대중에게 알리고 제시하기 위해 과거에 일어났던 일들을 예로 들어 설명하곤 했다. 물론 선지자들이 이렇게 할 수 있었던 것은 그들뿐만 아니라 그 가르침을 받는 대중 역시 역사를 잘 알고 있었기 때문이다. 주님께서 자기 백성을 불러 당대의 역사를 기록하도록 명령하신 이유 역시 여기에서 찾을 수 있다. 초대교회도 예외는 아니었다. 하나님께서는 초대교회 교인들에게도 그 시대의 역사를 기록하도록 명령하셨다. 이는 신약성경 및 초대교회 교부들의 글을 통해 입증된 사실이다. 그러므로 역사적 사건 속에 담겨있는 명확하고, 실질적이고, 또 강력한 예(例)들을 통해 도움을 얻고자 한다면, 먼저 역사를 공부해야 한다.

교회사 지식의 부족은 현대 교회가 안고 있는 가장 큰 약점 중 하나다(그 외의 약점들로는 왜곡된 신학, 말세에 대한 얄팍한 지식, 오도된 종말론, 제 기능을 다하지 못하는 교회 치리 기관[교단], 교회의 주된 임무와 본질에 집중하지 못하고 오직 관습에만 치중하는 그릇된 양태의 반복 등을 꼽을 수 있다). 그뿐만이 아니다. 교회사에 대한 무지는 교회가 세상과 올바른 관계를 맺지 못하고 있는 현실, 그리스도인들 사이에 모범이 될 만한 관계를 찾아볼 수 없는 현실, 또한 각 사람이 하나님과 올바른 관계를 유지하지 못하는 현실의 주범이기도 하다.

어쩌면 지금 세계 곳곳에서는 예언(교회의 역사에 대한 예언)을 주제로 하는 수천 권의 책이 집필되고 있을지도 모른다. 물론 예언에 대한 관심은 고무적이긴 하다. 그러나 예언을 이해하는 것보다 먼저 역사를 이해하는 것이 중요하다. 이 책을 통해 차차 깨닫게 될 점이지만, 성경의 예언들을 올바르게 이해하려면 역사의 이해가 선행되어야 한다. 성경 역시 이 점을 강조한다. 예언과 종말론을 가르치는 대다수의 서적에는 현재 우리가 직면하고 있는 여러 가지 문제와 갈등과 반목들이 나열되어 지적되곤 하는데, 따지고 보면 과거 교회 역사에 대한 무지가 이 모든 문제와 갈등과 반목의 원인이다. 그러므로 현시대 및 앞으로 다가올 시대의 일들을 제대로 이해하기 원한다면 먼저 과거의 역사를 들춰내어 올바르게 이해해야 한다.

선지자들을 공경함
The Honor Among Prophets

십계명 중 오직 하나의 계명에만 '약속'(혹은 '대가')이 따라 붙는다. "네 부모를 공경하라 그리하면 너의 하나님 나 여호와가 네게 준 땅에서 네 생명이 길리라"(출 20:12, 개역한글). 이 약속의 말씀은 신약에서도 반복된다. "네 아버지와 어머니를 공경하라 이것이 약속 있는 첫 계명이니 이는 네가 잘 되고…"(엡 6:2 참조) 우리는 우리보다 앞선 세대 즉, 우리의 영적 부모로서 우리의 갈 길을 곧게 펴준 선대(先代)를 존중해야 한다. 위의 말씀은 그들을 향한 '겸손'의 태도가 우리의 영적 복지(福祉)를 좌우할 것이라는 약속을 전한다. 이와 반대로 선조들보다 뛰어나다고 자부하는 영적 후대(後代)의 교만은 스스로의 앞길에 걸림돌이 되는 것은 물론 이후의 모든 세대를 넘어뜨리는 방해물이 될 것이다. 그러므로 교회사를 연구하라! 교회사를 연구하는 것은 스스로를 겸비(謙備)하는 방법이자 영적 건강을 위한 '필수' 항목이다.

주님이 주신 임무를 완수하려면 영적 권위가 필요하다. 그런데 영적 권위는 우리보다 앞선 세대를 공경하는 것에서 나온다. 예수님께서 세례 요한에게 세례를 받으신 이유가 여기에 있다. 종교 지도자들이 예수님에게 "당신은 무슨 권세로 이러한 일을 하는가?"라고 물었을 때 예수님께서 요한의 세례를 언급하신 이유도 여기에 있다. 세례 요한은 유사 이래 주의 길을 예비했던 모든 사람의 명단 중 가장 마지막에 등재된 이름이다. 그는 예수님을 '가리키기'(지목하기) 위해, 그가 누구이신지를 사람들에게 알리기 위해 태어났다. 태초부터 예비되었던 구원자, 곧 모든 선지자의 예언이 가리키던 바로 그 구원자가 '예수'라는 사실을 알리기 위해 세례 요한은 '그때, 그곳'에 있었다. 그런데 이러한 예수님께서 모든 의(義)를 이루시기 위해 세례 요한에게 존경을 표하셨다. 주님의 행동은 우리에게 모범이 된다. 우리 역시 우리가 가야 할 길을 예비해주고 또 우리를 위해 그 길을 곧게 펴준 선대들의 가르침으로 세례를 받아야 한다.

앞선 세대들의 실수를 낱낱이 파헤친다고 해서 그들을 경홀히 대하는 것은 절대 아니다. 성경을 보라. 훗날 성경을 읽고 또 성경에 기록된 사람들의 행적으로부터 교훈을 얻게 될 후손들을 위해, 성경에는 가장 위대한 인물로 평가되던 영웅들의 치욕스러운 과오와 실수담마저 적나라하게 기록되어있다. 우리 역시 이와 동일한 작업을 해야 한다. 성경과 교회의 역사 가운데 가장 부끄러운 실수 중 몇몇은 가장 위대한 영웅인 몇몇 인물에 의해 자행된 것들이다. 그들 중 어떤 이는 한때 천국의 창을 열어놓는 것과 같은 위대한 일을 수행했지만, 얼마 지나지 않아 지옥의 문을 여는 것과 같은 큰 실수를 저지르기에 이르렀다. 우리가 역사를 통해 이들의 삶을 공부해야 하는 이유는 다시금 천국의 창을 열고, 또 열려있던 지옥의 문을 닫기 위해서다. 우리의 원수는 이 세상과 교회 안으로 침투하여 '사망의 일'을 행하고자 하는데 이를 위해 그가 사용하곤 했던 침투용 무기는 바로 '지옥의 문'이었다. 그러나 교회는 지옥의 문을 닫을 권세를 가지고 있다. 역사를 통해 살펴보건대 교회가 이 권세를 사용할 때마다 아주 놀라운 결과가 나타나곤 했다. 지금 이 시대, 우리는 이 권세의 필요성을 점점 더 강하게 느낀다. 교회가 권세를 사용하여 승리를 쟁취했던 역사적 사건들은 오늘날 우리로 하여금 담대히 일어서서 하나님이 주신 권세를 사용하도록 동기를 부여해준다.

지난 10년 동안 교회 안에는 역사를 사모하는 마음, 역사를 통한 교훈의 가치를 이해하려는 마음들이 무럭무럭 자라났다. 참으로 바람직한 일이 아닐 수 없다. 이처럼 역사를 사모하는 마음을 가지고 과거와의 강력한 연결 고리를 얻게 된다면, 주님께서는 우리에게 더 큰 권세를 부여하실 것이다.

주님께서 요한에게 세례를 받으신 후 성령님이 그분에게 내려와 머무셨던 사건은 결코 우연이 아니었다. 성령님께서는 많은 것으로 우리에게 복을 주실 것이다. 또 우리를 방문해주실 것이다. 그러나 먼저, 우리는 그분이 '머무시는 장소'가 되어야 한다. 교회사를 통해 우리는 하나님께서 복을 주셔서 성령님의 방문을 경험했던 수많은 부흥 운동을 목격할 수 있었다. 그러나 1세기 이후로 지금까지 성령님께서 계속 머무실 수 있었던 부흥 운동은 없었다. 그러므로 성령의 거주처가 되는 것-이것이 우리가 출발하려는 여정의 궁극적인 목적지다.

성경 속에 등장했던 선지자들의 경우처럼 역사에 대한 지식이 높은 수준에 이를 때, 또 역사에 대해 정확하고 풍부한 지식을 갖게 될 때, 예언적 관점의 질과 깊이도 그에 따라 높아질 것이다. 주님께서 우리를 얼마나 높이 데려가셔서 얼마나 멀리(미래) 바라보게 하실지는, 우리가 믿음 위에 얼마나 견고히 뿌리박고 있는지 또 우리보다 앞선 세대들의 교훈을 얼마나 겸손하게 배우는지에 달렸다. 역사를 이해하고 해석함으로써 얻게 되는 세계관을 통해 더욱 선명한 시각으로 더 멀리 내다보게 된다. 현재를, 그리고 미래를….

금광맥
The Mother Lode

이 세상에서 가장 크고 긴 광맥이 있는데 그것이 당신의 소유라고 가정해보자. 그런데 이 사실을 알면서도 금을 캐보지도 않고 그곳을 훌쩍 떠나버린다면 얼마나 어리석은 일이겠는가? 진리는 금보다, 아니 다른 어떤 값진 보화보다 훨씬 더 귀하다. 그리고 하나님의 진리는 수많은 지혜와 지식을 상회한다. 그런데 어째서 성경을 펴보지 않는가? 그 안에 담긴 위대한 보물을 캐보지도 않고 왜 그저 책꽂이에 꽂아만 두는가? 이것은 마지막 심판의 날이 이를 때, 두고두고 후회하게 될 어리석음이리라! 그러므로 지금 결단하라. 이 위대한 힘과 지혜를 사용하여 값진 보화를 캐내겠다고! 그리고 그 보화를 지키는 선한 청지기가 되겠노라고!

우리가 어떤 물건을 가리켜 "참으로 귀하다"라고 평가한다면 두 가지 이유에서일 것이다: 아주 희귀하거나 아니면 찾아내기가 힘들거나. 어렸을 적부터 나는 탐독(耽讀)하는 사람이었다. 이러한 습관 덕에 고전작품이나 당대의 위대한 서적을 읽으면서 매우 귀한 보물들을 발견해왔다. 하지만 역사 속에는 이보다 훨씬 더 귀한 보물이 담겨있었다(그렇기 때문에 요즘 제작된 물건들보다 골동품이 더 값이 나가는 게 아닐까 생각한다-게다가 골동품에는 그것을 더욱 귀하게 만드는 그 시대만의 특성, 즉 '보물'과 같은 요소가 있다).

역사 공부를 통해 거기에 담긴 '지혜'와 '지식'이라는 보물을 발견할 수 있다. 이 보물이 얼마나 귀한지 당신은 아는가? 역사에서 얻어낸 지혜와 비교한다면 현재 우리가 가진 높은 수준의 지식마저도 '천박한 지식'으로 전락할 정도다. 하지만 기억하라. 옛것과 새것을 결합했을 때 가장 귀한 보물과 만난다는 사실을 말이다. 단지 '과거로부터 배우기 위해' 과거를 연구하고 싶지는 않다. 그러므로 과거를 연구한다면, 지금 이 시대에 적용할 수 있는 교훈을 찾기 위해서다. 이러한 목적으로 역사를 공부해야 한다.

역사의 보물을 찾아가는 이 여정은 얼마 동안은 손에 땀을 쥐게 만드는 모험일 것이고 또 얼마간은 보물을 찾기 위해 계속해서 한 장소를 파 내려가야만 하는 무료한 작업일 것이다. 이 작업은 특히나 현대인들이 하기에 버거운 일이다. 현대인들은 편리함에 길들여져 있고 또 성급히 욕망을 채우는 일에 익숙해져 있다. 요즈음 TV에 방영되는 시트콤과 20-30년 전에 제작된 드라마를 비교해보라. 오늘날의 시트콤을 보면 배우들이 던지는 대사 하나하나에 '낄낄' 거리며 웃을 수 있다. 게다가 앞부분을 놓치고 중간부터 보더라도 내용을 이해하는 데 별 어려움이 없다. 스토리라인이 없는 경우가 허다하고, 있다 하더라도 마냥 웃고 즐기는 데에는 그리 큰 영향을 주지 않기 때문에 시청하면서 '낄낄' 거릴 수 있다. 반면, 방송 초창기에 제작된 시트콤 드라마의 경우를 보자. 자잘한 웃음을 던지는 대목 없이 서서히 이야기가 진행된다. 이렇게 자그마한 이야기들이 쌓이고 쌓이다가 극의 막바지에 이르러서야 크게 '한 방' 터뜨리는 구조였다. 그러므로 처음부터 주의를 집중해야만 마지막의 웃음 포인트를 놓치지 않을 수 있었다. 그때 웃는 웃음은 자잘한 웃음이 아니다. 숨이 멎도록 박장대소하는 웃음이다. 그러므로 드라마가 방영되었던 다음 날, 모든 사람이 그 프로그램에 대해 이야기하는 것은 당연지사였다. 오늘날 우리가 시청하는 시트콤과는 차원이 다른, 깊은 내용을 담고 있었기 때문에 상당히 오랜 시간 동안 사람들에게 기억되고 회자되었다.

싸구려 보물은 쉽고 빠르게 발견된다. 물론 약간의 가치를 지니고는 있지만 이러한 보물들은 현대의 시트콤과 같다. 그러나 깊고 오래가는 값어치의 보물을 발견하기 원한다면 끈기와 함께 주의 집중이 요구된다. 나는 이 점을 명확하게 설명할 수 있다. 값나가는 보물은 공을 들여 찾아볼 만하다.

왜 주님께서 '기록된 말씀'(성경)을 주셨는지 이해하는 것이 중요하다. 또한 교사와 설교자들을 주셔서 우리로 하여금 이 말씀을 듣게 하신 사실도 이해하는 것이 중요하다. 눈으로 들어오는 말씀의 능력과 귀를 통해 들어오는 말씀의 능력에는 차이가 있다. 그러나 이 둘 모두 중요하다. 영적인 삶에 신선한 충격과 활기를 주기 위해, 선포되는 말씀을 사모하여 CD나 DVD를 구입하는 사람도 있다. 이들은 여러 매체를 통해 수많은 설교를 듣는다. 반면, 삶의 '깊이'를 얻기 위해 말씀을 읽는 사람도 있다. 물론 이 둘-설교와 강의에 대한 사랑, 그리고 말씀 읽기에 대한 사랑-모두 다 필요하다. 이 두 가지를 모두 행하는 사람은 삶의 신선함과 더불어 깊이를 얻게 될 것이다.

이와 마찬가지의 원리로 은과 금은 동행한다. 은은 비교적 흔하다. 금은 덜 흔하기 때문에 은보다 귀하다. 그러나 이 둘 모두가 필요하다. 잠언의 기록에 의하면 시기적절한 말을 빗대어 "아로새긴 은쟁반 위의 금 사과"라고 표현했다(잠 25:11). 나는 이 책을 집필할 때 각각의 문장마다 소중한 생각이 담기고 또 저마다의 특별한 목적과 내용이 담기도록 노력했다. 그러나 그 모든 문장이 한데 어우러져 더 깊은 통찰력을 발할 수 있도록 적어나갔다. 각각의 특별한 목적, 한데 어우러질 때 발하는 감동-그 둘 모두가 중요하다.

때때로 더 깊은 통찰을 위한 기반을 다지고자 오랜 시간 기초 지식을 다룰 수도 있다. 싫증나는 일이긴 하겠지만, 확신하건대 이러한 작업은 시간과 노력을 들일 만한 가치가 있다. 그러므로 스스로를 보물 탐험가(예컨대, 인디아나 존스와 같은 모험가)라고 생각하기를 바란다. 모험이 흥분되고 즐거운 이유는 마지막에 손에 쥘 보물이 있기 때문이다. 물론 모험 그 자체로도 충분히 즐겁지만, 어쨌든 모험의 목적은 보물을 발견하는 데 있지 않은가?

이 글을 집필하면서 나는 그동안 내가 발견했던 멋진 장소들로 독자들을 안내하는 투어가이드가 되고자 노력했다. 혹시 이 책을 읽다가 독자 스스로가 마음에 감동을 받고 "나는 이 책의 노선과는 다른 방향으로 탐구해볼 테야"라며 내가 빠트린 보물들에 집중하고자 한다면 꼭 그렇게 하기를 당부한다. 독자들 스스로가 그렇게 해주기를 소망하는 바다. 나는 이 지면을 통해 수십 년간의 연구 결과를 독자들에게 제공하겠지만, 사실 가장 귀한 보물은 독자 스스로가 발견해낸 '역사적 사실들'이다. 이 책의 목적은 독자에게 보물을 안겨주는 것이 아니라 독자들을 보물 탐험가로 만드는 데 있다-가장 위대한 보물, 즉 하나님의 진리를 거침없이 찾아내는 보물 탐험가 말이다.

그동안 나는 원하는 모든 것을 이루는, 아주 복된 삶을 살았다. 이러한 나의 삶에서 가장 보람된 일은 바로 역사 탐구였다. 나는 역사 연구를 통해 하나님을 발견했다. 하나님은 발견된 모든 보물 중 가장 귀한 보물이었다. 놀라운 인간 이야기(역사)를 공부하면서 하나님과 친밀한 교제를 나눌 수 있었다. 물론 인간의 이야기는 결코 완벽한 이야기가 아니다. 그러나 '과거'로부터 배우고 깨달은 교훈들 덕에 지금 우리가 빚어가는 이야기는 이전 세대의 이야기보다 훨씬 나아질 수 있다. 역사 연구를 통해 얻는 가장 큰 유익은 역사의 도움으로 우리 스스로가 역사를 일구어 나아갈 수 있다는 것이다. 과거로부터 배운 교훈 덕에 우리의 역사는 전보다 더 나아질 것이다.

우리의 임무
Our Mandate

마지막 세대, 즉 가장 위대한 세대가 짊어질 가장 위대한 목표는 주님의 길을 예비하는 것이다. 이사야 40장에 기록된 대로, 우리는 주님이 오실 길을 곧게 폄으로써 그의 도래를 준비해야 한다. 인간사의 급격한 부(浮)와 침(沈), 역사의 반전(反轉), 이 모든 것의 원인을 이해하면 교회사의 마지막 페이지를 써 내려가는 일, 곧 이사야 40장에 예언된 도로 건축 사업의 영광에 동참하게 될 것이다-산과 언덕은 낮추고 골짜기를 높이는 일, 구부러진 도로를 곧게 하는 일!

세대 말의 교회는 유사 이래 등장한 가장 위대한 '사회'(사람들의 모임)로 자리매김될 것이다. 교회는 무너져가는 세상을 향해 하나님의 나라를 선포할 것이다. 또 장차 임할 하나님의 나라를 예비할 것이다. 다시 말하지만 역사의 마지막 장(章)에 이르면 열방이 이 도로, 즉 하나님의 '더 높은 길'(higher-way)로 모일 것이다. 그들 스스로가 하나님의 나라를 향해 자신들의 길을 곧게 펼 것이다. 성경은 이 사실을 확인시켜준다. 우리의 임무는 전체 도로 중 자신에게 맡겨진 구간을 건설하는 것이며, 또 열방을 이 공사에 동참하도록 인도하는 것이다.

앞길에 숨어있는 함정과 실수와 협곡들을 들추어낼 때, 공사의 진행 속도는 매우 빨라질 것이다. 교회 역사는 우리가 갈 길에 빛을 비추어 이 모든 걸림돌의 위치를 알려줄 것이다. 그렇기 때문에 교회사를 연구한다면 시간과 에너지를 낭비함 없이 이들을 피해갈 수 있다. 교회사를 통해 교훈을 얻어낼 만큼 겸손한 사람이라면, 그는 마지막 세대임이 틀림없다. 그러한 사람이라야 이 위대한 시대의 사명을 완수해 낼 수 있다.

불가능한 일처럼 보이겠지만 장차 우리의 지혜가 점점 자랄 것이다. 우리는 하나님의 계획에 대한 더 큰 그림을 보게 될 것이다. 지금 당장은 수많은 교단과 선교 단체(운동 조직)가 서로를 바라보기조차 힘들 정도로 멀리 떨어져 있는 것 같다. 그러나 이들은 장차 주님의 도로 건설을 위해 한곳으로 모일 것이다. 이사야 40장에 기록된 명령은 주님의 길을 곧고 평평하게 만들라는 것이다. 이 작업은 선대들의 '노하우'(know-how)가 없으면 불가능하다. 만일 주님께서 우리 세대에 오시지 않는다면, 우리 역시 우리의 후대를 위해 이 노하우를 전수해야 한다. 후대를 위해 헌신하는 것-이것이 우리의 소망이다. 예수님의 말씀에 세례 요한은 "여자가 낳은 자 중 가장 큰 자"였다(마 11:11). 그 이유는 세례 요한이 자기 뒤에 오실 '그분'(the One, 예수)을 위해 전심으로 헌신했기 때문이다.

교회의 역사는 전체 인류 역사를 이해하는 창문이다. 이 창문으로 하늘과 영계에서 무엇이 흘러나와 이 땅으로 내려오는지를 살펴볼 수 있다(그것이 좋은 것이든, 나쁜 것이든 상관없이). 역사 가운데 교회는 가장 큰 환난의 원인이기도 했지만, 가장 위대한 자유 운동의 본거지이기도 했다. 근대 민주주의의 요람 역시 교회였다.

이스라엘의 역사는 복, 범죄, 심판, 회개, 또다시 복, 또다시 범죄… 이처럼 끊임없는 순환의 역사로 기록되었다. 교회의 역사도 마찬가지다. 과학자 아인슈타인은 "동일한 일을 반복하면서 다른 결과가 나타나기를 기대하는 것이야말로 광기(狂氣)이자 정신이상이다"라고 말했다. 아인슈타인의 정의에 따르면, 교회사는 너무도 많은 광기로 가득하다. 그러므로 교회사에 등장하는 광기들을 살펴보는 것은 악순환의 고리를 끊는 데 도움이 된다. 악순환의 고리를 끊고 끝까지 주님께 충성을 다하는 자들은 교회사의 마지막을 장식할 최후의 세대, 곧 '주님의 길을 곧게 펴는' 마지막 세대로 자리매김될 것이다.

나는 교회의 역사를 '좋게' 혹은 '나쁘게' 보이도록 만드는 일에 관심이 없다. 나의 의도는 교회사를 있는 그대로, 사실대로, 정확히 보여줌으로써 교훈을 얻는 데에 있다. 물론 지금 우리가 겪고 있는 모든 문제가 역사를 이해하지 못했기 때문에 비롯된 것은 아니다. 교회의 역사를 안다고 해서 그 모든 문제의 해답을 얻게 되는 것도 아니다. 게다가 교회사에 대한 지식이 우리를 온전한 그리스도인으로 만들어주는 것도 아니다. 그러나 교회사를 배우면 현재 우리가 겪고 있는 문제들 중 가장 심각한 몇몇의 원인을 파악할 수 있게 될 것이다. 또한 역사 가운데 인류가 반복해서 저지르는 실수에 대해 깨닫게 되며, 거의 모든 세대가 걸려 넘어졌던 몇몇 걸림돌을 이해하고 피하는 데 도움을 얻을 수도 있다.

교회사를 연구하다 보면, 인류 역사상 가장 위대하고 가장 영웅다운 행동들이 교회의 역사 속에 내재하고 있음을 발견하게 될 것이다. 그것은 현대 교회가 물려받은 유산이자 우리가 반드시 배워야 할 것들이다. 이 시대 우리가 치르고 있는, 가장 어두운 대적과의 전쟁은 이미 전(前) 세대가 싸웠고 이겼던 싸움이었다. 그러므로 선례를 배울 때 우리 역시 이 싸움에서 훨씬 쉽게 승리를 거머쥘 수 있다.

종합해보면 교회의 역사는 모든 인류의 이야기 중 가장 강력하고, 가장 흥미롭고 또 가장 교훈적인 이야기다. 이토록 긴 시간 동안 드라마, 비극, 희극을 보여준 역사는 어디에서도 찾아볼 수 없다. 교회사는 시대는 물론 문화를 뛰어넘는 이야기다. 게다가 유사 이래, 인류가 이루고자 했던 거의 모든 것의 기원도 그 안에 담겨있다. 교회사 안에서 가장 훌륭한 인간상은 물론 최악의 인간상도 발견할 수 있다. 터무니없는 최악의 실수와 더불어 역사상 가장 위대한 승리까지 교회사에서 발견할 수 있다. 그러므로 이 역사는 인간의 본성에 대해 참으로 위대한 통찰력을 안겨줄 것이다. 그러나 교회사를 연구해야 하는 더욱 중요한 이유는 교회의 역사를 통해 하나님의 성품이 확실하게 계시되고 또 그 계시가 더욱 풍성하게 전달된다는 사실 때문이다. 그렇다. '역사'(history)라는 단어는 '그분의 이야기'(His-story)에서 기인했다. 이러한 이유로 교회사보다 훨씬 더 의미 있고, 흥미진진하고 또 도전을 주는 학문은 없을 것이다.

교회사를 이해하면 이 세대의 우리의 사명에 대한 믿음과 지식을 더욱 풍성히 가질 수 있다. 하나님의 계획이 장차 어떻게 이루어질지에 대해 더 선명한 그림을 볼 수 있다. 만일 우리가 어디에 있었고, 또 무엇을 향해 나아가고 있는지를 깨닫지 못한다면, 우리는 현재의 위치를 알지 못한다. 현 위치를 알지 못하는데 지도가 있다 한들 무슨 소용이 있겠는가? 교회사에 대한 지식은 명료하게 또 확실하게, 우리의 현 위치를 알려주는 지침이다.

또한 역사를 공부하면, 왜 수많은 사람이 인류에 자행된 악행이나 역사상 가장 어두웠던 시기의 원인을 교회에서 찾으며 또 교회를 비난하는지 깨달을 수 있다. 교회가 어둠의 근원이었던 때가 있었다. 이러한 사실을 안다면 우리는 복음과 교회를 반대하는 사람들을 향해 '올바른' 동정심을 갖게 될 것이다. 게다가 그들을 향해 더 겸손한 자세와 이해심을 보이며 다가갈 수 있을 것이다. 이것이 바로 '이해하다'라는 단어 understand의 의미-그들의 상황 '아래에 서보는 것' (stand under)이다.

하지만 '겸손'이라고 해서 담대하게 복음 전하는 것을 삼가라는 뜻은 아니다. 참된 겸손에는 우리가 가진 메시지를 담대하게 선포하는 일도 포함된다. 그러나 염두에 두어야 할 것이 있다. 우리가 전해야 할 메시지는 '교회'가 아니라 '그리스도'이다. 교회와 달리 그분 안에는 어떠한 흠도 발견되지 않는다. 또한 그리스도는 인류가 지닌 모든 문제의 해결책이시다. 성경에 적혀있는 예언의 말씀처럼, 그리스도는 마지막 날 인류 역사상 가장 위대한 사회(새 하늘과 새 땅)를 이 땅 위에 이룩하실 분이다. 게다가 그리스도는 이 세상 사람들 스스로가 자초한 환난의 때에 우리의 몸을 숨길 수 있는 유일한 피난처이시기도 하다.

환난의 때가 이르면 교회는 피난처 이상의 기능을 담당할 것이다. 그날에 교회는 사람들을 하나님의 나라로 인도하는 입구 역할을 할 것이다. 지금 우리는 이 일을 감당하기 위해 준비하고 있다. 그러나 역사적으로 볼 때, 교회가 하나님 나라의 입구가 되고자 노력했지만 그 결과가 좋지 않았던 때가 많았다는 사실도 이해해야 한다. 수많은 크리스천이 복음 전파의 임무를 수치스럽게 여기고 포기하기까지 했다. 심지어 이 임무의 종식을 선포하는 신학까지도 만들어냈다. 이것은 올바른 해결책이 아니다. 앞으로 보게 되겠지만 역사상 가장 문제시되었던 몇몇 교리는 성경 해석상의 오류라기보다 교회의 실수와 실패에 대한 실망감에서 비롯된 것이었다.

과거에 자행된 실수들을 공부함으로써 같은 실수를 반복하지 않고 우리에게 주어진 임무를 완수하는 데 도움을 얻게 될 것이다. 역사 공부를 통해 과거에 교회가 어떤 일을 시도했다가 실패한 사실을 알게 되었다고 하자. 그렇다면 그 실패는 그 일 자체의 문제라기보다 그것을 시도했던 사람이나 시기(timing)의 문제임을 이해해야 한다. 그러므로 실수의 반복을 회피하고자 역사를 '아는 것'만으로는 부족하다. 우리는 지혜로운 판단 및 성경적인 평가 기준을 통해 총체적으로 역사를 이해할 줄 아는 사람이 되어야 한다.

과거 크리스천들이 많은 실수를 저질렀음은 두말할 나위 없는 사실이다. 그러나 크리스천이 인류공영과 문명사회의 발전에 기여했음 역시 틀림없는 사실이다. 그동안 교회는 문명의 발전을 위한 가장 위대한 원동력이었다. 오늘날 우리가 '교양'(civilized behavior)이라고 생각하는 거의(전부는 아닐진대) 모든 행위가 교회에 의해 개발, 발전되었다.

예술, 과학, 경제 번영 및 문화 전반에 걸친 영역 역시 교회에서 시작되었거나 교회로부터 자양분을 얻었다. 물론 이러한 영역들 중 다수는 후대에 이르러 교회를 대적하는 '반항아'로 탈바꿈되긴 했다. 그러나 몇몇 과학 영역의 '반항아'는 다시금 믿음의 근본으로 회귀하기 시작했다. 탕자 비유에 나오는 아버지처럼 교회는 이러한 반항아들을 끌어안을 줄 알아야 한다. 그동안 교회는 여러모로 '탕부'(蕩父) 역할을 해왔다. 자녀들을 책임지지 않았기에 수많은 '탕자'(蕩子)를 양산하여 방황의 길로 들어서게 했다. 그러므로 이제 교회는 겸손한 태도로 이들을 맞이해야 한다.

회개할 것도 많지만 이 역사의 이야기를 위대한 승리로 마무리 짓기 위해 해야 할 일도 많다. 성경의 예언이 명시하듯, 마지막 때 열방은 하나님의 도성으로 나아갈 것이다. 지금은 교회가 이를 위해 준비할 때다. 하지만 이 사실을 기억해야 한다: 미래에 대한 참된 이해는 과거에 대한 참된 이해에 기반을 둘 때에만 가능하다.

이 관점
This Perspective

역사에 내재한 놀라운 교훈을 부각시키고 또 그것을 배우는 일은 교회사 연구의 기초라 할 수 있다. 또한 이 책이 지향하는 특별한 목표이기도 하다. 이러한 이유로 나는 이 책을 집필할 때 중요한 교훈들을 담기 위해 주제별로 사건을 재배열하기도 했다(순차적 흐름에 따라 역사 사건을 항상 나열하지는 않았다). 단지 역사적인 사건의 날짜나 인물들의 이야기를 소개하는 것은 내가 추구하는 바가 아니다. 역사와 관련하여 우리에게 필요한 지혜와 이해를 담아내는 것이 이 책을 집필한 목적이었다. 특별히 이 시대에 유용한 교훈을 부각시키고자 노력했다. 이러한 이유로 독자들은 시공을 뛰어넘는 수고를 기울여야 할지도 모른다.

그뿐만 아니라 나는 성경에 기록된 예언들이 실제로 이루어졌던 역사적 사건들에 집중했다. 만일 우리가 역사의 마지막 때를 대비하고자 한다면, 성경 예언이 성취된 사건들을 연구해야 한다. 이 책을 읽다 보면 후반부로 갈수록 점점 더 빠른 속도로 역사적 사건들이 전개됨을 알게 될 것이다. 나는 세부 사항에 주목하기보다는 곧장 요점(要點)으로 들어갈 필요를 느꼈다. 그러므로 굳이 필요치 않다면 자잘한 이야기를 전하느라 지면을 할애하지 않았다.

교회사(혹은 어떤 역사든 상관없이)는 '곧고 좁은'(straight and narrow) 길이 아니다. '교회사'라는 영토는 '넓고 광활한'(broad and deep) 땅이다. 만일 여러 종류의 역사를 접해본 사람이라면 어떠한 역사 이야기든 어느 정도 공통점을 갖고 있음을 알 것이다. 그 공통점이란 역사의 기록이 마치 넓고 광활한 땅을 지나는 사람의 진술과 같다는 것이다. 땅이 넓기 때문에 그곳을 지나는 방법은 여러 가지다. 그러므로 만일 그 사람이 다른 루트(route)를 택하여 그곳을 지난다면 역사의 기록은 달라질 것이다. 나는 가톨릭의 관점에서 기술된 역사, 종교개혁의 관점에서 기술된 역사, 그리고 다양한 교회 운동, 심지어 가정교회 운동의 관점에서 기록된 역사도 접해보았다. 이들 역사 기록을 읽으면서 "이 글들이 진정 '지구'라는 동일한 장소, 동일한 시대에 일어났던 일들의 기록이란 말인가?' 하며 의아해하곤 했다. 서로 다른 각각의 관점에는 저마다 나름대로의 장점이 있다. 그러나 각각의 관점에서 기술된 역사를 접할 때 기억해야 할 점은 우리가 보는 것이 단지 역사의 일부일 뿐이라는 점이다. 우리는 단지 부분을 보고 부분만을 이해할 뿐이다. 결국 내가 이 책을 통해 독자들에게 제시하는 그림 역시 기껏해야 '일부분' 일 뿐이다. 이 점을 항상 염두에 두기 바란다.

나의 역사 연구가 여러 다른 사람들의 연구와 상이한 루트로 진행된다면, 나의 관점이 그들의 것과 다르기 때문이라고 생각할 수 있다. 그렇다고 해서 내가 전달할 정보가 부정확하다는 뜻은 아니다.

이 책에서 소개할 각각의 시기마다 너무나 많은 사건이 일어났기에 그 모두를 심도(深度) 있게 다루려면 엄청난 지면을 할애해야 할 것이다. 그뿐만이 아니다. 역사에서 다루어야 할 중요한 사건과 사람들의 수도 상상을 초월한다. 그로 인해 한 시기에 머물러 그때의 사건과 인물들을 더 자세히 살펴보지 못한 채, 앞으로 진행하기도 했다(이는 역사 연구에 있어서 가장 어려운 일 중 하나다). 그러므로 이 책의 내용이 피상적으로 다가올 수도 있다. 만일 그렇다면, 그럴 수밖에 없었다는 점을 인지하기 바란다-이 점은 다른 어떤 역사 연구에서도 마찬가지일 것이다. 그렇다고 해서 이 책에 담긴 내용이 덜 '계몽적' 이라는 뜻은 아니다.

성령 하나님 다음으로 '성경'은 우리에게 주어진 가장 위대한 선물이다. 그런데 성경은 기본적으로 역사책이다-모든 역사 가운데 가장 위대한 역사 이야기이자 하나님과 인류와의 교류를 설명한 이야기책이다. 성경은 완성되었지만 하나님은 단 한 권의 책을 저술하고 은퇴

하신 작가가 아니다. 태초로부터 지금까지 하나님께서는 끊임없이 인간사에 개입하시며 능동적으로 역사해오셨다. 앞으로도 하나님의 역사는 계속될 것이다. 하지만 이 말은 앞으로도 계속 '정경'(66권 성경, Canon)이 기록될 것이라는 뜻은 절대 아니다. 앞서 말했듯 정경은 이미 완성되었다.

사실 교회사를 통해 나타난 하나님의 일하심은 성경의 가르침을 더욱 밝게 조명해주고 그 내용을 견고히 다져주었다. 하나님의 역사는 성경에 기록된 '예언의 말씀'을 놀라우리만치 정확하게 성취해내고 있기 때문에 우리는 우리가 걷고 있는 이 길(그리스도인의 삶)을 확신할 수 있다. 또한 더욱 담대하게, 더욱 용감하게 이 길을 걸어갈 수 있다. 교회 말고 이러한 확신의 기반을 가진 집단은 세상 어디에도 없다.

교회를 묘사하기 위해 성경에 기록된 몇몇 비유를 살펴보자. 교회는 건물, 밭, 신부, 그리고 군대로 묘사되었다. 역사 연구를 통해 드러난 사실은 교회가 이 모든 비유의 면모를 나타냈다는 것이다. 위에 열거한 비유 상징 중 어느 한 가지 면모가 강조된 시기 동안 교회 위에 큰 축복이 임했던 것을 확인할 수 있었다. 또한 다른 상징의 면모를 지나치게 강조했을 때 재앙이 임했던 경우도 확인할 수 있었다. 이 모든 사건의 전말을 교회사 연구에서 배울 수 있다. 만일 믿음 안에서 선조들을 공경하며 그들로부터 배우려고 하는 겸손한 세대가 있다면, 그들은 훨씬 더 강한 확신을 가지고 자신이 부름 받은 곳에서 살아갈 수 있을 것이다. 감사하게도 지금, 이러한 세대들이 일어나고 있다.

교회를 건물로 비유한다고 할 때에도 우리가 어떠한 기반 위에 서있는지 알지 못한다면 우리는 제대로 세워질 수 없다. 이 건물에서 어떤 부분은(심지어 기초일지라도) 더 높이 쌓기 전에 반드시 재점검해보아야 할 것이다. 기독교 전반에 스며든 교리 중 상당수는 본질상 기독교와 관련이 없거나 혹은 전혀 기독교적이지 않은 뿌리에서 연유한 것들이다. 오랫동안 교회를 위협해온 이단과 거짓 교리를 연구해보면, 오늘날 그것들이 어떠한 가면을 쓰고 교회 안에 침투해있는지 더욱 명확하게 볼 수 있다. 그뿐만 아니라 우리의 신학과 종말론적인 기반을 '수리' 하기 위해 필요한 조치를 취할 수 있다.

개인적인 관점
A Personal Perspective

"너희 가운데서 수고하는 자들을 너희가 알라"(살전 5:12 참조)-나는 성경에 기록된 이 명령을 매우 잘 알고 있다. 그러므로 독자들 역시 이 책을 집필하는 나에 대해서, 특히 과연 내가 이 역사책을 쓸 만한 자격을 갖고 있는지 알 필요가 있다. 나는 교육을 받은 신학자도 아니고 역사학자도 아니다. 교회사라는 주제에 대해 근 40년 동안 연구했지만 내가 얻은 결과물은 전문가들의 그것처럼 조직적이지도 과학적이지도 못하다. 그것은 단점임이 틀림없다. 나는 단지 진리를 추구하려고 했다. 그 과정에서 교회를 무척이나 사랑하는 사람이 되었다. 나는 다만 교회가 어떻게 지금의 모습을 갖게 되었는지를 알고 싶었고 교회가 하나님의 뜻을 이룰 수 있도록 돕고 싶었을 뿐이다. 결론을 말하자면 나는 '역사학자'(historian)라기보다 '역사학도'(student of history)인 것이다.

역사를 공부하기로 결심했을 때, 책을 집필할 생각은 추호도 없었다. 단지 역사적 사건들을 이해하고 싶었을 따름이었다. 그래서 그런지 연구 중 내가 발견했던 사실이나 교훈들을 적어둔 메모지와 노트는 참으로 형편없었다. 사정이 이렇다 보니 먼저 독자들에게 다음과 같이 양해를 구하겠다. 이 책에 기록된 내용 중, 출처를 밝히지 못한 인용문을 볼 수 있을 것이다. 앞서 말했듯 책을 쓸 생각 없이, 단지 연구하기 위해 여러 가지 역사 자료를 뒤적이다 필요한 내용들을 만날 때마다 노트에 적어두곤 했는데 안타깝게도 해당 자료의 저자 이름은 적어두지 못했던 것이 화근이었다. 더 나은 연구 결과물을 얻기 위해서는 그 모든 사항을 세심하게 다루었어야 했는데 그렇게 하지 못한 점을 참으로 유감스럽게 생각한다. 게다가 내게는 이 모든 문제를 수정할 만한 시간이 없다. 사과의 말을 전하며 독자들의 아량을 구할 수밖에 없는 사정을 이해해주길 바란다. 신약성경을 보면 '기록되었으되'라는 말로 운을 떼는 인용문들이 자주 등장하지만 그 출처를 알려주지 않는 경우가 대다수인데, 이 사실을 보아서라도(구차한 변명이지만) 나의 잘못을 너그러이 용서해주기를 다시 한 번 요청하는 바다.

물론 나는 성경을 기록하는 게 아니다. 학자적인 태도로 또 더욱 과학적인 접근 방법으로 역사를 다루는 것 역시 나의 목적이 아니다. 위대한 교훈을 발견할 수 있는 역사의 일부분을 다루는 것이 나의 목적이다(이러한 이유로 위대한 교훈이 발견되지 않을 것 같은 시기의 역사는 과감히 생략했다). 독자들 역시 이러한 접근 방법이 흥미롭고 또 도움이 된다는 점을 깨달을 수 있으리라 생각한다. 하지만 이러한 접근법이 마냥 좋을 수만은 없다. 분명 단점도 내재하는데 독자들이 반드시 알아두야 할 것이다. 내가 신학자도 역사학자도 아니라는 점에서 기인한 단점들도 있다. 하지만 전문적인 교육을 받은 사람들이 놓친 것들을 볼 수 있다는 장점도 있음을 잊지 말기 바란다.

아무리 학자적이고 과학적인 접근 방법으로 역사를 연구한다 할지라도, 역사에 있어서 우리 모두는 거의 같은 농도의 짙은 색 안경을 끼고 있는 것과 같다. 특히나 미래를 예언적으로 바라보려고 할 경우, 더더욱 그렇다. 독자들 대부분은 다음과 같은 게임을 해본 적이 있을 것이다-한 방에 모인 많은 사람이 큰 원을 이루고, 한 사람이 자기 옆에 있는 사람에게 어떤 내용을 귓속말로 전하면 그 사람은 동일한 내용을 다음 사람에게 전달하고, 또 그렇게 전달해서 결국 그 내용을 처음 말했던 사람에게 전달하는 게임 말이다. 게임의 묘미는 몇 사람만 거치면 전달한 내용이 달라진다는 데에 있다. 게다가 좀 더 많은 사람을 거치다 보면 전혀 다른 내용이 되어버린다. 역사도 이렇게 전달되었다. 시간 흐름에 따라 변했다. 때때로 상당한 변화(변질) 과정을 거치기도 했다. 내가 아는 사람들 중 나보다 더 많이 역사책을 읽은 사람은 없다. 많은 책을 읽어보았지만 100% 객관적 태도를 견지했거나 과학적 접근법에 의거하여 기록된 책은 단 한 권도 없었다. "이 책은 객관적이고 과학적입니다"라는 주장이 짙어지면 짙어질수록 그 책이 객관적이거나 과학적이지 않을 확률은 더욱 높다.

이 책을 집필하는 동안 나는 특정 그룹의 입장을 대변하거나 특정 교리를 옹호하기 위해 의도적으로 역사를 기술하지는 않았다. 하지만 우리 모두는 나름의 견해, 선입견을 가지고 있다. 나 역시 이 점에서 자유롭지 못하다. 역사를 대할 때 나는 기본적으로 "하나님의 역사는 모든 세대 가운데 역동적이다"라고 생각한다. 이러한 신념으로, 나는 하나님의 뜻을 더 잘 이해하고, 더 열심히 행하기 위해 그분의 행동과 역사하심을 발견하고 이해하고자 했다. 이후 어떻게 교회가 지금의 위치까지 오게 되었는지, 또 앞으로 어느 방향으로 나아가야 할지 알기 원했다.

교회사 연구는 내게 주어진 사명이자 나의 임무였다. 또한 내가 받은 '부르심'(calling)을 위해 반드시 해야 할 일이기도 했다. 이사야 40장에 기록된 대로 주의 길을 예비할 대로(大路) 건설의 마지막 작업을 수행하며 온 세계로 하나님 나라의 복음을 전파할 세대를 훈련하는 것이 나의 사명이다. 물론 이 일을 위해 부름 받은 사람은 많다. 나는 다만 그 많은 사람 중 한 명일 뿐이다. 하지만 지금껏 내가 했던 모든 일, 내가 연구한 모든 것이 이 사명 때문이었다고, 적어도 나는 그렇게 말할 수 있다. 그러므로 나의 역사 연구는 과거의 '사실' 추구에 목적이 있는 것이 아니라 지금 이 시대에 도움이 될 유용한 정보, 다음 세대를 훈련시키는 데 도움이 될 만한 교훈을 찾는 데에 목적이 있었다.

역사 연구를 포함하여 어떤 일이든 그것을 수행하는 사람의 독특한 관점이나 편견이 내재된 것을 발견하기란 참으로 쉽다. 하지만 얼마나 많은 편견과 '기울어진' 관점을 발견하든 상관없이 그 모두가 어떠한 경로로든 도움이 되는 것만은 사실이다. 성령님께서는 우리를 진리로 이끄신다. 하지만 우리를 진리로 이끄시도록 성령님을 의지해야 할 책임은 우리에게 있다. 이 책에 기록된 역사 기술 가운데 나만의 관점, 혹은 나만의 편견이 깃들어 있을 수 있다. 그렇다 할지라도 내가 확신하는 바, 성령님께서는 그것을 분별하기 원하는 사람들에게 친히 계시하여(밝히 보여)주실 것이다. 이 책을 통해 독자들이 배우게 될 내용은 역사적 사건과 인물에 대한 '나의 관점' 혹은 '나의 해석'임을 밝혀둔다. 그러므로 독자들에게 다음과 같이 권면한다. "범사에 헤아려 좋은 것을 취하고…"(살전 5:21)

나 또한 다리를 건설하는 사람으로서 교회사를 연구하는 동안 갖게 된 목표가 있다. 현대 기독교가 나타내는 양태와 그 원인을 꼼꼼히 조사해보고 최초의 기독 신앙과 어떤 차이점이 있는지를 비교해본 뒤, 성경이 제시하는 기독교의 청사진과 이 둘을 비교해보는 것이다. 이렇게 하려는 이유는 역사에 나타난 교회의 모습을 비난하거나 공격하거나 자행된 실수들을 꼬집어 지적하며 편견을 갖기 위해서가 아니다. 다만 하나님에 의해 세워진 것들과 인간에 의해 세워진 것들을 명확히 하기 위해서일 뿐이다. 이를 통해 열매 없는 노력들은 근절하며, 해로운 요소들에는 수정을 가하고, 오늘날 그리스도의 대의(大義)를 진작시킬 요소들에는 우리의 노력을 집중시킬 수 있으리라는 희망을 가질 수 있다. 하나님께서 짓고 계시는 도성(都城)을 목도하는 것, 하나님께서 은혜 가운데 우리를 부르실 때 그 건축 사업에 동참하는 것이 우리의 목표여야 한다.

확실한 성공의 길
Sure Road to Success

실제로 거의 모든 세대마다 수많은 사람이 이사야 40장에 기록된

'대로'의 건축 사업에 동참한 것은 역사를 통해 볼 때 확연한 사실이다. 건축 진행 과정 중 수많은 우여곡절이 있었지만 많은 사람이 지금의 후대를 위해 그 길을 곧게 펴고자 영웅다운 업적을 남긴 것 역시 사실이다.

고속도로를 운전하며 달릴 때 도로를 건설하기 위해 수고한 사람들을 생각하는 사람은 거의 없다. 문제는 영적인 고속도로의 경우에도 마찬가지라는 것이다. 우리는 신앙의 선조들을 존경해야 한다. 그들은 충분히 우리의 존경을 받을 만하다.

나는 여러 분야에서 활동했던 위대한 사상가들의 업적이 담긴 글을 읽으려고 부단히 노력했다. 그러나 거의 매번, 나는 내가 발견한 사실들에 실망하고 말았다. 물리학을 제외하고는 거의 대부분의 영역에서 뉴턴이나 아인슈타인과 같은 천재들이 나타나지 않는 것 같기 때문이다. 과학 혹은 지식의 영역에서 참된 천재들이 등단하여 큰 영향력을 발휘하면 과학 지식의 '기준선'(baseline)이 한층 상향된다. 그러면 이후에 등장할 후대들은 선대의 노력을 발판으로 삼고 훨씬 더 높은 위치로 지식수준을 상향시킬 수 있다. 그러나 어떠한 이유에서인지는 모르겠지만 가장 위대한 천재들은 물리학이나 수학 영역, 가끔씩 천문학의 영역에서 등장할 뿐, 다른 영역에서는 등장하지 않는 것 같다. 이들은 명석함을 토대로 다른 사람들과는 비교조차 되지 않을 정도의 큰 영향력을 펼쳤다. 이쯤 읽고 난 후 독자들은 물리학자들이 가질지도 모르는 우월감을 감지할는지도 모르겠다. 혹은 다른 지식 영역에 종사하는 식자들을 향해 내가 다음과 같은 미묘한 비난을 가할 것이라고 생각할는지도 모르겠다: "너희들은 지적 수준이 낮아. 너희가 주장하는 이론은 유치하군. 심지어 멍청해 보인단 말이야." 그러나 이러한 태도는 지식 영역 전반의 평판을 나쁘게 만들 뿐이다.

내가 지적하고자 하는 문제는 역사학은 매우 중요한 지식의 영역임에도 이를 위해 헌신된 위대한 사상가들이 너무도 적다는 현실 상황이다. 장차 온전한 모습, 성경에 기록된 원형의 모습 그대로 기독교가 변화될 수 있도록 이 책을 읽는 사람들 중에 영감을 받고 교회사 전반의 지식수준을 상향시키기로 결심하는 위대한 인물들이 나타나기를 기도해본다.

제2장

처음
The Beginning

Church History: The First Century

제2장
The Beginning

처음

태초에 하나님이 천지를 창조하시니라(창 1:1)

In the beginning God created the heavens and the earth(Gen 1:1)

성경의 첫 구절은 전체 성경에서 가장 중요한 말씀이다. 그리고 이 구절의 처음 네 단어는 인류가 가진 언어 중 가장 중요한 단어의 조합일 것이다-In the beginning God(태초에 하나님이). 이 구절에 대한 올바른 이해가 있어야 이후의 모든 진리를 깨달을 수 있다. 마지막 날이든 지금이든, 우리가 나아가야 할 방향을 이해하기 전에 먼저 '처음'을 이해해야 한다. '처음'에 대한 이해의 기반이 있어야 그 위에 모든 것이 쌓일 수 있다. 하나님은 모든 존재의 근원이시다. 우리의 전(全) 존재 및 우리가 소유한 모든 것은 하나님으로부터 기인했다. 그러므로 오직 하나님만이 우리의 예배와 헌신을 받기에 합당하시다.

역사의 끝자락에 서있는 지금도, 철학 계에서는 여전히 존재의 근원을 두고 열렬한 논쟁을 펼치고 있다. 결코 놀랄 일이 아니다. 역사의 마지막 날이 이르러도 논쟁의 핵심은 결국 '시작'에 관한 것일 테니까. 존재의 근원에 대해 올바른 해답을 찾는다면 다른 모든 문제의 올바른 답도 얻을 수 있다. 그러나 그른 답을 얻을 경우, 온갖 어둠과 속임이 찾아들 것이다. 그러므로 이 책은 태초에 하나님께서 하셨던 일부터 다루고자 한다. 이후, 역사 가운데 하나님께서 하신 일들을 살펴볼 것이다. 물론 교회의 역사 속에서 인간이 행한 일을 상당량 살펴볼 것인데 그 경우에도 초점은 하나님께서 어떤 일을 하셨는지, 왜 그것을 하셨는지에 맞춰질 것이다.

인류의 망상
The Human Delusion

"하나님께서 우리를 창조하셨다"-이 단순한 진리를 붙드는 대신 인류는 이 세상의 연원에 대한 수많은 이론을 창조해냈다. 종종 사람들은 확신에 찬 어조로 자신만의 이론을 피력하곤 한다. 그러나 아무리 획기적이고 또 널리 인정받는 이론이라 할지라도 그 가운데 어떤 것은 어린이의 논리만으로도 쉽게 무너져, 이내 설 자리를 잃고 말 것들이다. 문제는 진리가 아니라는 사실을 알면서도 사람들이 허황된 이론들을 만들어냈다는 것이다. 이처럼 믿도록 강요된 '망상 이론'의 어리석음을 흐뭇하게 바라보며 마귀는 회심의 미소를 지을지도 모를 일이다. 이러한 사실로 미루어볼 때, "하나님께서 우리를 창조하셨다!"는 단순하고도 확실한 진리를 붙잡는 데에는 '지적 정직성'(intellectual honesty)이 필요하다는 것을 알 수 있다. 하지만 여기에도 문제가 있다. 이 진리를 믿을 경우 엄청난 의무를 지게 된다는 것이다-만일 우리가 하나님의 창조를 기정 '사실'로 받아들인다면, 그분을 섬겨야 하는 일에 있어서 조금도 핑계를 댈 수 없게 된다.

창조주를 섬겨야 하는 의무 수행은 지식에 반(反)하는 걸림돌처럼 보일 수도 있다. 이와 반대로 '생각의 자유'는 우리가 경험할 수 있는 '가장 큰 자유'로 다가올 것이다. 그러나 존재의 근원이라는 인류 본원의 궁극적 문제가 해결된다면 어떨까? 우리는 모든 지식 가운데 가장 신나고 흥분되는 지식을 얻게 될 것이다-이 우주의 존재 목적을 깨닫는 지식 말이다! 그렇다. 모든 것은 존재하는 이유가 있다! 이 놀라운 메시지는 다른 모든 지식을 상회한다. 이처럼 가장 원초적인 문제가 해결되면, 우리의 정신은 하나님께서 창조하셨던 목적에 걸맞게, 자유로이 사고(思考)할 능력을 회복하게 된다.

하지만 사람들은 창조주 없이도 '존재의 문제'를 해결할 수 있다고 생각했다. 여기서 잠시, 어떻게 그들이 이처럼 어리석은 논리를 펴게 되었는지 살펴보고자 한다. 먼저 창조주가 없다고 가정해보자. 그렇다면 모든 물질세계가 '우연'이라는 메커니즘에 의해 발생했다고 주장할 수밖에 없을 것이다. 물론 우연에 의한 발생 이론은 큰 장벽에 부딪히고 말았다. 어떤 물리학자가 말했듯이 이 세상의 조화와 질서가 우연에 의해 이루어졌다고 말하는 것은 토네이도가 고철 쓰레기 더미에 불어닥쳤을 때, 고철들이 '우연히' 질서정연하게 한데 어우러지는 바람에 멋진 보잉747기가 완성되었다고 말하는 것보다 훨씬 가능성이 적다. "우연에 의해 이 세상이 발생했다"라고 말하는 것보다 "원숭이 한 마리가 칠판을 향해 분필 한 움큼을 집어던졌더니 상대성 이론이, 그것도 필기체로, 칠판 한 가득 적혀지더라!"라고 말하는 편이 낫다. 이제 존재에 대한 기초 사실들 몇 가지를 살펴보고자 한다. 지금 당장은 "도대체 이게 교회사랑 무슨 상관인데?"라며 의문을 표할 수도 있겠다. 하지만 결국엔 상관이 있음을 알게 될 것이다.

지구와 태양과의 거리를 측량한 뒤, 그 거리를 100마일(약 1,600km)로 축소해보자. 지구와 태양 간의 거리가 100마일일 때, 지구의 공전궤도가 태양 쪽으로 약 8분의 1인치만 가까워지더라도 지구의 모든 생명체는 태양열에 의해 완전히 소멸될 것이다. 반대로 8분의 1인치만 멀어진다면 지구 전체는 꽁꽁 얼어붙을 것이다. 이 땅에 생명체가 살아갈 수 있도록 지구의 공전궤도가 그 협소한 공간에 놓이게 된 것이 순전히 '우연'에 의해서라면 이것은 엄청난 '확률'임이 틀림없다. 한 가지 더 살펴보자. 지구의 자전축이 어떤 이유로 적당한 기울기를 갖게 되었는지, 또 적당한 공전 속도 덕택에 계절의 변화가 생기게 되었는지 생각해본 적이 있는가? 만일 공전 속도가 적당치 않았다면 지구의 한쪽 표면은 완전히 얼어붙었을 것이다. 그러면 지구는 얼음 무게를 못 견디고 '뒤뚱뒤뚱' 거리며 회전하다가 궤도를 이탈해버렸을 것이다. 그러나 지구는 완벽한 조화 가운데 공전과 자전을 멈추지 않고 있다. 이것이 정말 '우연' 때문인가? 인간은 우연에 의해 이처럼 완벽한 조화를 이룰 수 있는 확률을 계산할 만한 컴퓨터를 아직 만들지 못했다. 어떤 연구 자료에 의하면, 현대과학은 아직까지 어떻게 해서 대기권의 기체(가스)들이 완벽한 성분비로 구성되어 지구 상에 생명체가 살 수 있게 되었는지조차 밝힐 수가 없다고 한다. 또한 '우연'이라는 메커니즘에 의해 이처럼 완벽한 기체 구성 비율이 발생할 확률조차 계산할 능력이 없다.

위에서 예로 든 것은 이 땅에 생명체가 나타나기 위해 '지구'라는 행성이 반드시 갖춰야 할 수천의 조건 중 한두 가지에 불과하다. 게다가 지구마저 완벽한 타이밍에 완벽한 정확성을 기하여 발생해야만 지표 상에 생명체가 나타날 수 있었다. 이러한 조건들 중 어느 것 하나라도 우연에 의해 이루어졌다라고 믿는다면 그 믿음은 실로 대단한 믿음이리라! 우주 전체가 전적으로 우연에 의해 발생되었다고 믿는다면 그 믿음을 '과대망상증'의 지표로 삼아야 할 것이다. 그러나 아직도 수많은 사람이 이처럼 비이성적인 믿음을 고집하고 있다. 그들의 비이성적인 믿음을 참다못한 내 친구 노먼 가이슬러(Norm Geisler)와 프랭크 터렉(Frank Turek)은 결국 『I Don't Have Enough Faith to Be an Atheist』 (내겐 무신론자가 되기 위한 충분한 믿음(증거)이 없다)를 집필하기에 이르렀다. '우연발생'과 같이 어리석은 이론들이 출현하자 이에 분노한 최고 수준의 과학자들이 대중 앞에서 고백하기 시작했다. "We are not alone!"(우리는 홀로 있지 않습니다!-창조주의 존재 사실을 넌지시 언급함.) 그리고 그 숫자는 점점 증가하고 있다.

과학은 인류의 발전을 위해 많은 업적을 남겼다. 그러나 '진화가설'과 같은 설들이 엄연한 사실처럼 받아들여지고 학교에서 교육될 때, 또한 인간이 원숭이로부터 진화되었다는 주장을 뒷받침할 유일한 근거로서 "많은 사람이 그렇게 생각한다"는 점을 내세울 때, 과학은 더 이상 과학이 아니라 그리 오래지 않은 기간 동안 진화된 '사고체계' 일 뿐이다. 오해하지 마라. 나는 야비하게 굴거나 우스꽝스러운 태도로 과학을 비하하는 것이 아니다. 하지만 『벌거벗은 임금님』 우화에서 보았듯, 누군가는 임금님에게 다가가 진화가설을 주장하는 과학자들이 벌거벗고 있다는 사실을 말해야만 한다. DNA 연구 결과는 다윈의 가설을 '유통기한 지난' 가설로 만들었을 뿐만 아니라 그가 주장한 대로 이루어지는 것이 불가능하다는 점도 알려주었다. 물론 다윈의 연구에 의해 도출된 결론은 꽤나 뒤틀린 것이긴 했지만 그는 나름대로 찬란한 아이디어를 학계에 내놓았다. 그러나 만일 그가 DNA에 대해서만 알았어도 그러한 결론들을 입 밖에 내지도 못했을 것이다.

  DNA의 발견으로 인해 이제 진화가설을 믿는 일은 다음과 같은 어리석은 일로 치부되었다: "누군가 해변에 벤츠 승용차가 놓인 것을 보았다. 방금 출고된 세단이다. 엔진에는 기름이 가득 차있다. 조수석 여닫이 서랍 안에는 사용 매뉴얼이 있다. 당장에라도 시동을 걸 수 있도록 열쇠가 구멍에 꽂혀있다. 그 사람은 이렇게 생각했다. '바다가 이 자동차를 만들었구나!'" 현재 다윈을 추종하는 '훌륭한' 제자들은 수백만 년에 걸쳐 바다가 그 자동차를 만들어냈다고 주장한다. 하지만 수백만 년을 기다려본들 바다는 타이어 하나도 만들어내지 못할 것이다. 한 번 생각해보라. 만일 진화가설이 '가설' 이 아니라 검증된 '사실' 이라면, 화석 증거물이 도처에서 발견되었어야 할 것이다. 그러나 다윈의 가설이 세상에 고개를 내민 지 200년이 지난 지금도 진화론자들은 '중간 단계 화석' (missing link: 개체 간의 변이를 보여주는 중간 단계의 화석, 이를테면 조류에서 포유류로 진화되는 과정을 보여주는 중간 화석을 지칭한다. 그러나 중간 단계의 화석은 단 한 점도 학계에 보고되지 않았다. 발견되지 않았다는 뜻이다. 이러한 이유로 중간 단계의 화석을 missing link '끊어진 고리'라고 부른다-역자 주)을 한 조각도 찾지 못해 쩔쩔매고 있다. 물론 그들은 중간 단계 화석을 발견했노라고 수없이 주장해왔다. 그러나 그러한 화석을 면밀히 검사해본 결과 그들의 주장은 거짓으로 탄로났다.

간단하다. 하나님이 우리를 만드셨다. 그분이 창조하셨다. 창조주 하나님은 태초 이전부터 놀라운 계획을 갖고 계셨다. 그러므로 인간의 영과 정신이 닿을 수 있는 궁극적인 목적지는 '하나님'이다. 또한 '하나님의 사랑'이다. 하나님을 알면, 하나님을 사랑하게 된다. 아니, 그분을 사랑할 수밖에 없다. 시편, 로마서, 그리고 성경 여러 곳에서 명시하고 있듯, 피조물은 창조주 하나님을 드러낸다(계시한다). 하나님은 그분이 만든 것 가운데 분명히 드러나신다. 근대 교육의 아버지라 불리는 요한 에이머스 코메니우스(Jon Amos Comenius)가 "자연은 하나님이 지으신 두 번째 책이다"라고 말한 것처럼 우리는 피조물을 통해 하나님의 손길을 감지할 수 있다.

피조물을 통해 하나님의 손길을 이해하는 것이 '기초'다. 그런데 성경은 교회를 가리켜 '새 피조물'이라고 말한다. 그러므로 교회는 자연(옛 피조물)보다 훨씬 더 위대한 피조물(새 피조물)이다. 교회는 '자연'(nature)의 피조물이자 또 '영'적인(spiritual) 피조물이기 때문에 자연물이 계시하는 것보다 훨씬 더 높은 차원으로 하나님의 손길을 나타내 보일 수 있다. 교회를 향한 하나님의 목적을 이해한다면 우리의 정신은 고양될 것이다. 이 세상을 향한 하나님의 가장 큰 목적에 부합하기 위해 우리는 부단히 노력하게 될 것이다.

빛과 어둠의 전쟁은 결국 사람들의 마음을 샅샅이 들춰낼 것이다. 우리는 이 사실을 이해해야만 한다. 교회는 '진리의 기둥과 터'(the pillar and support of the truth)로 부름을 받았다(딤전 3:15 참조). 진리의 기둥과 터인 교회는 인류를 멸망으로 인도하는 어둠을 대적하여야 한다. 이것이 바울 사도가 예언한 '세상 끝에 일어날 일'이다.

형제들아 우리 주 예수 그리스도의 강림하심과 그분 앞에 모이는 것에 관하여 너희에게 구하는 것이 있는데 주의 날이 이미 이르렀다 하는 말을 영으로 듣거나 말로 전해 듣거나 아니면 누군가가 주장하기를 내가 바울에게서 편지를 받았는데 그리스도가 강림했다더라 하더라도 그 말에 쉽게 흔들리거나 두려워하거나 하지 마라 어떤 경로로든 그들이 너희를 미혹하게 하지 마라 주의 재림 전에 먼저 배도하는 일이 있을 것이다 그리고 저 불법의 사람 곧 멸망의 아들이 나타나기 전에는 주의 재림이 이르지 아니할 것이다 그는 매사에 대적하는 자라 게다가 그는 사람들이 신으로 일컫는 존재 혹은 사람들로부터 숭배받는 자 위에 스스로를 높여 하나님의 성전에 앉아 자기를 하나님으로 나타낼 것이니라 내가 너희와 함께 있을 때에 이 일을 말한 것을 기억하지 못하느냐 또한 너희는 무엇이 그의 출현을 막고 있는지도 알고 있다 즉 그가 자기의 때에 이르러서야 나타날 수 있도록 무언가가 그를 막고 있는 것이다 불법의 비밀이 이미 활동하였으나 지금 누군가가 그를 막아서고 있다 그리고 그는 앞으로도 계속 자기의 사명을 다할 때까지 불법한 자를 막아설 것이다 하지만 언젠가 그를 막던 누군가가 옮겨질 때가 오리니 그때 비로소 불법한 자가 나타날 것이다 그러면 주 예수께서 재림하사 그 입의 기운으로 불법한 자를 죽이시고 그를 폐하시리라 악한 자의 임함은 사탄의 역사를 따라 모든 능력과 표적과 거짓 기적을 보이며 불의의 모든 속임 가운데 멸망하는 자들에게 임할 것이다 이는 저희가 진리의 사랑을 받아들이지 아니하여 구원을 얻지 못했기 때문이니라 그러므로 하나님이 유혹의 영으로 하여금 그들 가운데 역사하게 하사 거짓 것을 믿도록 하시는데 이는 진리를 믿지 않고 불의를 좋아하는 모든 사람을 심판하려 하심이니라 주의 사랑하시는 형제들아 우리가 항상 너희를 위하여 마땅히 하나님께 감사할 것은 하나님이 처음부터 너희를 택하사 성령의 거룩하게 하심과 진리를 믿는 믿음으로 구원을 얻게 하셨기 때문이다 이를 위하여 하나님께서는 우리가 전한 복음을 통해 너희를 부르사 우리 주 예수 그리스도의 영광을 얻게 하셨느니라 이러므로 형제들아 굳게 서서 우리가 전한 가르침 즉 우리의 말로나 편지를 통해 너희가 받게 된 유전을 지키라 우리 주 예수 그리스도와 우리를 사랑하시고 영원한 위로와 좋은 소망을 은혜로 주신 하나님 우리 아버지께서 너희 마음을 위로하시고 모든 선한 일과 말에 굳게 하시기를 원하노라(살후 2:1-17 참조, 역자 번역)

기초가 얼마나 견고한지에 따라 그 위에 세울 수 있는 건물의 크기가 결정되듯, 존재의 기원에 관한 유일한 진리를 얼마만큼 믿고 확신하느냐에 따라 우리 삶 속의 영적 능력의 강도(强度)도 결정될 것이다. 우리가 '시작'을 하나님께 둘 때, 즉 하나님께서 자기의 목적대로 우리를 지으셨음을 믿을 때 비로소 우리는 하나님을 향해 나아갈 수 있고 또 우리가 행하는 모든 일 가운데 하나님을 높일 수 있다. 우리의 '시작'(근원)에 관련된 이 진리는 모든 진리의 시작이다. 하나님께서 우리를 창조하셨다면, 우리는 그의 소유다. 이 점을 깨달을 때, 그분의 목적과 계획이 우리를 인도할 것이다.

시작과 끝
The Beginning and the End

하나님께서 우리를 창조하셨다면 더 이상 우주의 중심이 인간이라고 주장할 수 없다-하나님이 우주의 중심이시다. 예수님이 알파와 오메가, 시작과 끝이시다. 그분이 바로 "스스로 있는 자"(I Am)이시다. 만물이 그 안에서 연합된다. 이 세상의 모든 나침반 바늘이 자북(磁北)을 가리키듯, 우리 삶의 모든 요소도 우리의 자북 되신 예수님을 향한다. 주님을 가리키는 나침반 바늘을 가슴에 품을 때, 우리는 향후 내리게 될 모든 결정의 지침을 얻을 수 있다-"그분의 뜻대로!" 그가 우리를 만드셨기에 우리는 그의 소유다. 모든 것이 주님으로부터 왔기에 모든 것이 그분께로 돌아갈 것이다. 이것이 우리의 운명이자 삶의 목표다-우리를 창조하신 분께로 돌아가는 것, 그를 사랑하는 것, 그를 섬기는 것!

'천 리 길도 한 걸음부터' 라는 속담이 말해주듯, 전체 여정 가운데 처음 내딛는 걸음이 가장 중요하다. 종종 어떻게 시작하느냐에 따라 그 일의 결과가 달라지곤 한다. 충동으로 시작한 일은 쉽게 중단되게 마련이다. 훌륭하게 끝낸 프로젝트들을 살펴보면 그것을 고안한 사람의 원대한 비전과 전략이 그 안에 스며있음을 볼 수 있다. 하나님의 계획을 보라. 땅 위 하늘 아래 인간이 만든 모든 계획을 합치더라도 창조주의 계획을 당해낼 수는 없다. 영원히! 솔로몬이 이해했듯이 하나님의 계획은 영원부터 영원에 이르는 계획이다. "무릇 하나님의 행하시는 것은 영원히 있을 것이라 더 할 수도 없고 덜 할 수도 없나니 하나님이 이같이 행하심은 사람으로 그 앞에서 경외하게 하려 하심인 줄을 내가 알았도다"(전 3:14, 개역한글). 그러므로 우리가 경영하는 일들의 성공 여부는 우리의 삶이 하나님의 계획과 얼마만큼의 조화를 이루고 있는지에 달려있다.

두 번째 시작
The Second Beginning

이제 교회의 출발점으로 들어가겠다. 교회사를 연구하는 우리의 목적은 교회 자체를 아는 것보다 교회를 창조하신 창조주를 아는 데에 있다. 창세기에 기록된 '태초' 만큼이나 중요한 시작, 곧 '두 번째 시작'을 연구해 '교회'는 하나님께 많은 복을 받고 또 그분에 의해 선택된 몇몇 사람의 새로운 모임을 대변하지 않는다. 오히려 교회의 출범은 전체 피조물의 새로운 시작을 알리는 위대한 사건이다. 사도 바울이 "피조물의 고대하는 바는 하나님의 아들들의 나타나는 것이니…피조물이 다 이제까지 함께 탄식하며 함께 고통하는 것을 우리가 아나니"(롬 8:19, 22 참조)라고 말한 이유도 여기에 있다.

교회를 창조하신 분이 누구인지를 깨닫는 것은 모든 피조물이 하나님을 창조주로 깨닫는 것만큼이나 중요하다. 그러므로 교회는 교회의 창조자에 대한 진리를 '회복'해야 한다. 어쩌면 이 말이 이상하게 들릴지도 모르겠다. 무엇보다 먼저 하나님을 알아야 교회의 구성원이 되기 때문에 교회는 하나님을 아는 사람들의 모임이라 말할 수 있다.

그렇다면 이미 교회는 하나님을 알고 있지 않은가? 교회가 이 진리를 '회복' 해야 한다니, 잃어버리기라도 했다는 말인가? 안타깝게도 교회는 1세기 이후로 지금까지 계속 교회의 창조주에 대한 진리를 혼동해 왔다. 이러한 이유로 수많은 교회에서 여러 영역이 하나님이 아닌 사람에 의해 서게 되었다. 사람이 창조한 교회, 하나님이 창조하신 교회-이 둘을 어떻게 구분할 수 있는가?

가장 기본이 되는 이 진리를 붙들지 않았기에 교회는 성경적 진리의 토대를 벗어나 표류하기 시작했다. 교회는 가끔씩 인류 역사가 경험한 가장 큰 문제와 혼동의 주범 역할을 톡톡히 수행하기도 했다. 하나님을 믿지 않는 사람들이 그토록 어리석은 진화가설을 붙드는 이유 중 하나는 이처럼 하나님을 믿는 사람들(교회)이 저질러온 문제들 때문일 것이다. 다른 이유는 없고, 다만 교회가 전하는 가르침으로부터 멀리 떨어져 있고 싶은 마음에 여러 가지 '썩은 동아줄'을 붙드는 것이다. 물론 교회가 항상 이러한 모습을 보이지는 않을 것이다. 장차 교회는 명확한 시각으로 자신의 사명을 인식할 것이고 마지막 때에 교회가 해야 할 임무를 온전히 수행할 것이다. 이에 모든 나라가 진리를 얻기 위해 교회로 나아올 것이다. 이것은 성경이 전하는 확실한 이야기다(사 2:1-4, 60:1-5 참조).

우리(교회)의 사명, 또 우리의 존재 이유를 알기 원한다면 무엇보다 먼저 하나님께서 그분의 목적을 위해 우리를 창조하셨다는 단순한 진리, 그분이 태초 이전부터 우리를 향한 계획을 갖고 계셨다는 이 진리를 회복해야 한다. 하나님은 그분이 세운 계획대로 그분의 교회를 세우시는 분이다. 하나님은 이 일에 우리를 사용하기 원하신다. 하지만 그분의 사업에 동참하려면 먼저 모든 상황, 모든 일 가운데 하나님을 좇는 법을 배워야 한다. 교회는 하나님의 집이다. 그러므로 하나님은 그분의 계획대로 이 집을 세우기 원하신다. 그분의 계획이 아닌 다른 계획으로 세워진 교회에는 거하시지 않을 것이다. 우리 생각에 아무리 화려한 모습이라 할지라도 그러한 교회에는 하나님이 거하실 수 없다.

순종하는 자유
Freedom to Follow

하나님의 지혜는 실로 놀랍다. 지혜로우신 하나님께서 만물의 영장(the crowning glory of His creation)인 인간의 마음속에 '선택할 수 있는' 자유의지를 심어주셨다. 하나님은 인간을 지으실 때, '관계를 맺는 존재'로 만드셨다. 지혜가 풍부하신 하나님은 인간에게 '선택의 자유'를 허락하지 않는 한 인간과의 참된 관계가 이루어질 수 없다는 사실도 알고 계셨다. 마찬가지로 '순종하기를 거부하는 자유'가 보장되지 않으면 참된 순종 역시 불가능하다. 하나님께서는 인간을 타락시키기 위해 '선악을 알게 하는 실과'의 나무를 동산 중앙에 배치해두신 것이 아니다. 이는 인간 스스로가 자유의지를 발휘하여 불순종의 마음을 대적하고 하나님께 헌신하며 그분의 뜻에 순종할 수 있는 기회였다. 하나님은 인간 스스로가 이것을 증명할 수 있도록 선악과나무를 심어 놓으셨다. 마찬가지로 이 세상을 살아가는 모든 사람은 이 나무의 실과를 먹을지, 아니면 하나님의 말씀에 순종해야 할지 결정해야 한다.

물론 하나님께서는 처음부터 인간이 그릇된 선택을 통해 선악과를 따 먹고, 그 죄로 인해 모든 피조물이 하나님을 대적하게 될 줄 이미 알고 계셨다. 인간이 타락하면 죽음과 속임이 피조물의 아름다움을 훼손할 것도 알고 계셨다. 이 모든 사실을 알고 계셨지만 그래도 하나님께서는 선악과를 만드셨다. 죄로 인한 어둠으로 인해 언젠가 하나님의 영광의 빛이 더욱 밝게 빛날 것을 아셨기에, 또한 그것을 바라볼 사람들에게 더욱 찬란한 빛이 될 것임을 아셨기에 하나님은 동산 중앙에 선악과나무를 심으셨다. 물론 하나님은 첫 번째 피조물(온 우주)을 사랑하셨다. 그러나 첫 번째 피조물의 영광을 훨씬 상회할 새 피조물의 창조 역시 태초부터 계획해두신 상태였다. 그리고 첫 번째 피조물이 구속되고 회복된 결과가 '새 피조물의 영광'이라는 점 역시 하나님께서 미리 계획해두신 시나리오였다.

교회의 역사를 이해하기 원한다면, '하나님의 계획 전체'라는 기초를 먼저 깔고 교회사를 연구해야 할 것이다. 하나님의 전체 계획을 이해한다면, 왜 하나님께서 첫 번째 피조물들이 그토록 심한 타락과 부패로 전락하도록 허락하셨는지, 그리고 왜 새 피조물들 역시 타락과 부패를 경험하도록 허락하셨는지 깨닫게 될 것이다. 그렇다. 새 피조물들 역시 타락했다. 놀랍게도 새 피조물 역시 첫 번째 피조물이 타락했던 경로 그대로를 답습했다. 이러한 이유로 예수님을 가리켜 '마지막 아담'(고전 15:45 참조)이라고 부르는 것이다. 마지막 아담 예수의 반려자인 교회는 첫째 아담의 반려자였던 하와처럼 선악을 알게 하는 금단의 열매를 취했고 이어 극심한 타락의 길에 발을 들여놓았다.

그러나 첫째 아담과 달리 예수님은 하와를 따르지 않으셨다. 그래서 예수님을 '두 번째 아담'(second Adam)이 아닌 '마지막 아담'(last Adam) 이라고 부르는 것이다. 예수님은 그분의 자리를 지키셨다. 하나님께 순종함으로써 죄의 열매를 먹는 것을 거부하셨다. 그러므로 오직 예수님만이 첫 번째 피조물과 새 피조물 모두를 구원하실 수 있다. 예수님은 신부인 교회를 회복하실 것이다. 그리고 교회는 장차 '흠도 점도 없는'(엡 5:27 참조) 모습으로 나타날 것이다. 먼저 회복된 교회가 나머지 피조물들의 회복을 이끌 것이다.

둘이 연합하여 한 몸을 이루리라
The Two Will Become One

새 피조물의 역사를 이해하기 위해 먼저 첫 번째 피조물을 이해해야 하고, 또한 이 둘의 관계를 알아야 한다. 하나님께서 첫 번째 피조물을 창조하신 이유는 이들을 그리스도의 신부로 만들기 위해서였다. 물론 이들은 자주 넘어졌다. 그러나 언젠가는 자신의 삶을 뒤덮은 죄와 속임의 늪에서 일어날 것이다. 가장 어두운 시대의 성난 조류(潮流)를 등지고 하나님께 충성된 모습으로 결의를 다지며 일어설 것이다. 자신의 헌신을 입증할 것이다. 첫 번째 하와는 빛과 진리를 알았고, 완벽한 낙원에서 살았지만 불순종하기로 선택했다. 그러나 마지막 하와, 곧 교회는 가장 어두운 때 가장 열악한 환경을 살아가면서도 순종하기로 선택하며 주와 함께 다스릴, 심지어 천사들까지도 다스릴 자격이 있음을 스스로 증명해낼 것이다.

새 피조물인 교회는 태초로부터 하나님의 마음의 중심을 가득 메우고 있었다. 그래서 창세기의 처음 두 장에 걸쳐 언급된 7일간의 창조 이야기 속에서, 아주 명확히 예언된 교회 역사의 기록을 발견할 수 있다. 이후 성경 전반에 걸쳐 교회에 대한 예언이 반복되어 등장하는 것을 볼 수 있는데, 각각의 경우, 반복되는 예언이지만 저마다 독특한 통찰을 전달하고 있다. 그 모든 예언은 주님께서 장차 일어날 모든 일을 이미 계획해두셨다는 사실을 입증한다. 예언의 말씀이 실현될 때 우리의 마음속에서는 우리가 따르기 원하는 계획의 창시자, 곧 우리가 섬기는 '그분'에 대한 깊은 신뢰가 자라게 된다.

하나님은 영광스러운 계획을 갖고 계신다. 그리고 우리는 그 계획의 일부다. 그는 태초부터 우리를 알고 계신 하나님, 우리의 삶을 통해 그분의 계획을 이루실 능력의 하나님이시다. 그래서 우리는 과거를 되짚어본다-우리가 어떠한 과정을 통해 지금 이 위치까지 이르게 되었는지 또 앞으로 어떠한 방향으로 나아가게 될지를 알기 위해서 말이다. 진정한 예언의 질(質)은 우리가 얼마나 깊이 성경을 이해하고 있는지, 또 역사를 통해 드러난 하나님의 계획과 성경의 내용이 일치한다는 사실을 얼마나 깊이 인식하고 있는지에 달렸다.

마지막이 처음이 되리라
The Last Will Be First

교회사에 대한 지식이 없다면, 지금 이 순간부터 세상 끝 날까지 창세기를 거듭해서 읽는다손 치더라도 거기에 예언된 교회의 역사를 찾을 수 없을 것이다. 그렇기 때문에 잠언서는 "지식(knowledge)은 이해(understanding)보다 선행되어야 한다"라는 이야기를 반복한다. 지식의 습득은 이 책이 추구하는 목표다. 이해하기 위한 기초 지식의 습득 말이다. 이후 지식과 이해는 지혜의 기반이 된다. 지식, 이해, 지혜의 '삼겹줄'(전 4:12 참조)은 쉽게 끊어지지 않을 것이다.

이러한 이유로 하나님은 다니엘에게 "마지막 때까지 이 말을 간수하고 이 글을 봉함하라"라고 명령하셨다(단 12:4 참조). 역사 공부를 통해 우리가 얻은 지식으로는 세상 마지막 날까지 도무지 이해할 수 없는 수많은 예언의 말씀이 다니엘서, 요한계시록, 그리고 그 외 성경의 여러 곳에 나온다. 만일 이러한 책들이 '열렸거나', '이해된다'면, 이는 실로 우리가 마지막 때에 이르렀다는 증거이리라. 시작을 이해하지 못하면 마지막도 이해할 수 없다는 것은 하나님 지혜의 영광이자 위대한 패러독스 중 하나일 것이다. 그러나 하나님은 처음이자 마지막(알파와 오메가)이시다. 하나님을 하나님으로 알기 위해 우리는 반드시 시작의 하나님, 마지막의 하나님으로 그분을 바라봐야 할 것이다. 물론 그분의 계획을 바라볼 때도 처음을 위한 계획이자 동시에 마지막을 위한 계획으로 인식해야 한다.

과거 하나님께서 행하신 일들에 대해 상당한 지식을 갖고 있는 사람도 있고, 마지막 때에 하나님께서 행하실 일들에 대해 알고 있는 사람도 있다. 만일 하나님을 하나님으로 알고자 한다면, 우리는 태초(太初)부터 세말(世末)까지 역사하셨고, 역사하시고, 역사하실 하나님을 만나야 한다. 우리가 지닌 과거의 지식, 미래에 대한 지식이 현재 하나님과 맺고 있는 관계를 조금도 진전시키지 못한다면 우리는 여전히 '죽이는 문자' (고후 3:6 참조-역자 주)의 덫에 발목을 내어준 상태이리라.

과거에 나타나셨던 하나님, 미래에 나타나실 하나님을 더욱 명확하게 살펴보는 노력은 오늘 역사하고 계신 하나님을 더욱 명확하게 보기 위해서다. 그러므로 우리는 과거 역사의 교훈을 오늘의 상황에 꾸준히 적용하고 이를 통해 미래에 나아갈 방향을 바라볼 수 있어야 한다.

제3장

새 피조물의 창조
Creating the New Creation

Church History: The First Century

제3장
Creating the New Creation

새 피조물의 창조

　새 피조물의 시작을 살펴봤듯이 시작은 매우 중요하기 때문에 이제 시작과 관련된 중요한 진리들을 다룰 것이다-시작에 대한 우리의 지식과 이해의 기반 위에 다른 나머지 이해와 지식이 차곡차곡 쌓이도록 하기 위해서 말이다. 건물을 세우는 과정 중 기초를 파는 것은 매우 어려운 작업이다. 하지만 전체 건물의 안정성을 위해 반드시 수행해야 하는 작업이기도 하다. 그러므로 기초 작업에 세심한 주의를 기울여야만 한다. 이 책 역시 여타의 시기보다 교회의 기초가 놓이는 시기의 역사를 다룰 때 더 많은 지면을 할애했다.

　첫 번째 피조물, 그리고 새 피조물, 이 둘 모두의 기초(시작)는 한 마디 말로 요약할 수 있다-예수. 예수님은 '하나님의 창조의 근본(시작)이신 이'로 불린다(계 3:14 참조). 여기서 이 말씀을 오해해서는 안 된다. '하나님의 창조의 근본'이라는 말은 예수님이 피조 된 첫 번째 존재라는 뜻이 아니다. 창조의 모든 계획이 성자이신 예수님과 더불어 시작되었다는 뜻이다. 성경은 예수님께서 창조주이심을 명확히 하고 있다. 다음의 성경 구절에서 이 사실을 확인할 수 있다.

> 태초에 말씀이 계시니라 이 말씀이 하나님과 함께 계셨으니 이 말씀은 곧 하나님이시니라 그가 태초에 하나님과 함께 계셨고 만물이 그로 말미암아 지은 바 되었으니 지은 것이 하나도 그가 없이는 된 것이 없느니라(요 1:1-3)

> 만물이 그에게 창조되되 하늘과 땅에서 보이는 것들과 보이지 않는 것들과 혹은 보좌들이나 주관들이나 정사들이나 권세들이나 만물이 다 그로 말미암고 그를 위하여 창조되었고 또한 그가 만물보다 먼저 계시고 만물이 그 안에 함께 섰느니라(골 1:16-17)

예수님은 첫 번째 피조물, 그리고 새 피조물, 이 모든 경우에 있어서 창조의 근원이시다. 이것이야말로 우리가 이해해야 할 가장 중요한 진리다. 창세기 1장 1절의 처음 네 단어 In the beginning God(태초에 하나님이)의 의미가 바로 이것-예수 그리스도가 창조주-이다. 바울은 에베소로 보내는 편지에 다음의 글을 기록하였다.

> 그 뜻의 비밀을 우리에게 알리셨으니 곧 그 기쁘심을 따라 그리스도 안에서 때가 찬 경륜을 위하여 예정하신 것이니 하늘에 있는 것이나 땅에 있는 것이 다 그리스도 안에서 통일되게 하려 하심이라(엡 1:9-10)

예수님은 성부 하나님이 사랑하시는 모든 것 되시며 하나님 아버지 마음의 갈망이 되신다. 성부 하나님은 피조 된 모든 만물이 성자 예수님의 모습을 드러내기를 기대하신다. 그래서 하나님은 우리 가운데 예수 그리스도의 모습이 나타나기를 바라신다. 옛 피조물이든, 새 피조물이든, 하늘이든 땅이든, 그 모든 피조물의 궁극적인 종착지는 예수 그리스도 안에서 통일되는 것이다. 이러한 이유로 역사 연구의 기초 공사 단계에서 다음 성경 구절이 내포하는 진리를 이해하는 것이 중요하다.

> 이 닦아 둔 것 외에 능히 다른 터를 닦아 둘 자가 없으니 이 터는 곧 예수 그리스도라 만일 누구든지 금이나 은이나 보석이나 나무나 풀이나 짚으로 이 터 위에 세우면 각각 공력이 나타날 터인데 그날이 공력을 밝히리니 이는 불로 나타내고 그 불이 각 사람의 공력이 어떠한 것을 시험할 것임이니라(고전 3:11-13)

교회는 본래 하나님의 심장에 담겨있던 계획으로서 성자를 위한 신부로 예정되었다. 하와가 첫 번째 아담의 완벽한 배우자로 예정되었던 것처럼 말이다. 여기에 반드시 놓쳐서는 안 될 진리가 있다: 신부가 신랑을 위해 예비된 것이지, 신부를 위해 신랑이 예비된 것이 아니다. 교회가 예수님을 위해 존재한다는 것, 곧 이것이 교회의 궁극적인 목표라는 점과 우리가 행하는 모든 것이 예수 그리스도 안에서 하나로 연합된다는 사실에 계속해서 초점 맞추지 않는다면 우리는 그보다 덜 중요한 목표들에 시선을 돌리게 되고 결국 길을 잃고 말 것이다. 교회를 향한 하나님의 궁극적인 목적이 설 자리를 잃고 그보다 덜 중요한 목적들이 엄습하기 시작할 때, 속임의 역사가 시작된다.

우리는 '사실들'(truths)을 기반으로 다져서는 안 된다. 우리가 쌓을 모든 것은 '단 하나의 진리-곧 예수 그리스도'(The Truth Himself)의 기반 위에 올려야 할 것이다. 우리는 하나님의 선물(그것이 영적인 은혜이든 물질적인 축복이든)이라는 터 위에 교회를 세워서는 안 된다. 은사주의적인 설교자들의 터(그들의 설교가 얼마나 진실한지, 그들의 은사가 얼마나 위대한지에 상관없이) 위에 하나님의 교회를 세워서도 안 된다. 참된 교회는 오직 예수 그리스도라는 유일한 기초 위에 서야 한다.

우리는 항상 다음의 질문을 던져야 한다: "왜 사람들이 우리가 세운 곳에 모이는가? 우리가 표방하는 '사실들'에 동의하기 때문인가? 역동적인 목회 프로그램이 있기 때문인가? 사용하기 편리한 시설 때문인가? 음악이 좋아서?" 아니면 "오직 예수 그리스도가 우리 가운데 계시고, 우리 모두가 그분께 연결되었기 때문인가?"

참된 교회 생활
True Church Life

사도행전을 읽어보라. 교회가 태동한 이유를 '주께서 그들과 함께 하셨기 때문'이라고 지적하고 있다. 초대교회 성도들은 매일같이 주님과 만났다. 그들이 선포하는 메시지가 예수 그리스도였고 예수님께서는 그들 안에 놀라운 일들을 행하셨다. 초대교회의 생활상을 보면 예수님께서 일부러 '좀 모자란 사람들'을 지도자로 세우신 것만 같다. 그러므로 지도자들이 그리스도의 임재로 기름 부음을 받지 않는 한 그 어떤 누구도 그들을 따르려 하지 않았을 것이다. 교회 역시 그리스도의 임재를 체험하지 않고서는 세상으로부터 조롱만 당했을 것이다.

　1세기의 교회는 오직 한 가지만을 붙들었다-하나님. 하나님이 그들과 함께하셨다: 이것 말고는 당시에 일어났던 일들을 설명할 방법이 없다. 주님께서 가장 필요로 하실 때 주님을 배신했던 충성되지 못하고 신뢰하지 못할 어부들, 매국노 같은 세리, 가난한 농민 출신들을 지도자로 인정하고 따를 사람은 아무도 없을 것이다. 그러므로 주님이 함께하시지 않았다면, 이 같은 '좀 모자란' 초대교회의 리더들은 교회를 세워야 하는 사명을 감당할 수 없었을 것이다. 이처럼 하나님께서는 초대교회의 지도자들이 주님을 의지하지 않고는 어떠한 일도 수행할 수 없도록 만드셨다. 주님이 나타나지 않으셨다면, 그들은 그저 무력한 사람에 불과했을 것이다. 이것이 바로 우리가 회복해야 할 기초-'태초에 하나님이'(In the beginning, God)를 설명해주고 있다(창 1:1 참조).

　교회의 태동은 '태초에 하나님이'라는 의심할 여지없는 방법으로 나타난 현실 상황이다. 하지만 그 후 교회의 역사는 다음과 같이 요약된다: "태초 이후엔 사람이…" 새 피조물인 교회의 역사는 하나님과의 친밀함 가운데 태동하였다. 동산에서 아담과 하와가 하나님과 거닐었던 것처럼, 교회 역시 하나님과 동행했다. 하지만 동산에서 첫 번째 하와가 하나님을 등졌던 것처럼 교회 역시 금단의 열매를 맛보기로 선택했다. 이후 교회는 스스로를 바라보며 스스로를 가리기(보호하기) 시작했다. 이 모든 보호의 노력은 하나님으로부터 숨기 위한 죄의 일환이었다.

우리는 거듭나야 한다. 거듭나야!
We Must Be Born Again, Again

지금은 교회가 거듭날 때다. 다시! 다시금 '출발점'으로 돌아가야 한다. 수년 동안 많은 사람이 다시 시작하라는 부르심을 들어왔다. 그러나 그들은 종종 1세기 초대교회가 행했던 것과 동일한 '길'로 행하라는 명령으로 이 부르심을 해석하곤 했다. 물론 그렇게 하는 데엔 많은 이점이 따를 것이다. 하지만 그렇게 하면 그보다 더 중요한 것을 놓치게 될 것이다. 우리는 1세기의 초대교회로 돌아갈 것이 아니라 그 모든 역사를 행하신 '그분'께로 돌아가야 한다. 하나님은 그분의 식양대로 그분의 집을 세울 것을 주장하신다.

만일 주님께서 회중 가운데 '짠' 하고 나타나 그분의 방법대로 교회를 개수(改修)하려 하신다면, 교회가 운영하는 프로그램은 말 그대로 '엉망'이 될 것이다. 내 친구 목사 중 한 명은 설교할 때마다 항상 다음과 같이 풍자적인 말로 서문을 열며 회중에게 경각심을 불러일으킨다: "음… 만일 오늘 주님께서 우리와 함께하지 않으신다 하더라도 걱정하지 마십시오. 여전히 우리는 좋은 프로그램을 즐길 수 있을 겁니다." 이 말이 충격적인 것은 사실이지만, 성도들 대부분의 생각, 곧 "우리가 운영하는 프로그램은 모두 하나님을 위한 것이다"보다는 훨씬 정직한 발언이다. 우리는 사람을 기쁘게 하고 그들이 계속해서 교회에 출석하도록 만드는 일에 노련해졌다. 실제로는 하나님께서 손대지 않을 법한 일들을 하면서 '그래, 하나님께서 이 일을 행하셨지' 라고 생각하는 데에 전문가가 되어버렸다. 이러한 현상을 두고 주님께서 다음과 같이 말씀하셨다.

> 내 백성은 잃어버린 양 떼로다 그 목자들이 그들을 곁길로 가게 하여 산으로 돌이키게 하였으므로 그들이 산에서 작은 산으로 돌아다니며 쉴 곳을 잊었도다(렘 50:6)

하나님의 백성이 출발점으로부터 멀어져 방황하게 되는 가장 흔한 형태가 바로 이런 것이 아닐까 한다-산에서 언덕으로 유리하고, 혼미한 정신에서 혼미한 정신으로, 감정적으로 흥분된 상태에서 더 높은 흥분 상태로 이어지는 방황. 백성은 항상 움직이기는 하지만 결코 쉼을 얻는 장소로는 인도되지 않는다-안식의 주인이신 하나님과의 친밀함으로 나아가지 못한다.

이것은 라오디게아 교회가 미지근해진 주된 원인이기도 하다. 문제는 오늘날의 교회 전반에 걸쳐 이러한 양태가 너무도 흔히 발견된다는 것이다. 수많은 사람이 온갖 종류의 프로그램과 흥분거리를 체험하도록 강요당했다. 하나님이 함께하시지 않는 이러한 프로그램들에 지쳐버렸다. 물론 그들은 하나님을 위한다는 명목으로 교회에서 제공하는 프로그램에 참여하지만 어떤 이유에선지, 그들이 경험하게 되는 것은 '하나님' 이 아니라 '사람' 이다! 우리는 온갖 종류의 기반을 다지고 그 위에 교회를 세우려고 노력해왔다. 하지만 하나님께서 인정하시는 유일한 기반은 오직 주 예수 그리스도뿐이다.

　요한계시록 3장 20절에서는 주님께서 교회에 들어가시려고 문밖에 서서 기다리시는 모습을 그리고 있다. 주님은 온화하신 분이기 때문에 절대로 자신의 신부에게 문을 열 것을 강요하지 않으신다. 예수님의 기반 위에 교회를 세운다는 말은 단지 예수님에 대해 가르치는 것을 뜻하지 않는다. 그 이상이다. 주님께 문을 열어드리는 것 정도가 아니라 주님께서 들어오셔서 직접 교회를 세우실 수 있도록 허락해 드리는 것을 뜻한다.

　오늘날, 우리가 사람들의 이목을 집중시킬 만한 수많은 방법을 알고 있다면, 온전히 하나님만을 의지하는 것은 참으로 어려운 일처럼 다가올 것이다. 중세 시대의 성자 성 프란시스(St. Francis)가 친구와 함께 길을 걷고 있었다. 그 친구는 도심에 자리한 영화로운 자태의 대성당 건물을 손가락으로 가리켰다. 화려한 교회의 외양과 부(富)에 감탄한 그 친구는 "이보게, 더 이상 교회는 '은과 금은 내겐 없지만' 이라는 말을 하지 못할 걸세"라고 말했다. 그러자 프란시스가 대답했다. "그런가? 내 생각에 교회는 더 이상 '곧 나사렛 예수의 이름으로 일어나 걸으라' 라는 말도 하지 못할 걸세." 역사상 수많은 위대한 일이 그리스도의 이름으로 행해졌다. 그러나 그중에서 정말로 예수님에 의해 이루어진 일이 얼마나 되겠는가?

　주님은 수많은 위대한 사역과 운동 위에 복을 내려주셨다. 때때로 놀라운 임재로 몇몇 사람을 만나주시기까지 했다. 그러나 1세기 이후로 '진정 주님께서 그 안에 거하시도다' 라는 평가를 받은 교회는 단 한 번도 존재한 적이 없었던 것 같다. 그러한 교회를 세우는 것이 우리의 천로역정이 아닌가? 하나님께서 세우시는 도성을 찾는 것이 우리 여행의 목적이 아닌가? 교회와 관련하여 우리 스스로 자문해야 할 궁극적인 질문 중 하나는 이것이다: "하나님이 어디에 거하시는가?"

바울의 기초
The Foundation of Paul

교회사의 처음 천 년 동안 교회는 서서히 제도화되기 시작했다. 스스로 베드로의 반석 위에 세워졌다고 천명하며 정통성을 중시하는 모습을 보였다. 따라서 교회는 베드로의 사역과 그가 전한 메시지에 집중하였다. 하지만 교회의 놀라운 역사와 승리를 뒤이은 것은 까무러칠 만큼 끔찍한 실수들이었다. 이어 종교개혁이 일어났다. 종교개혁은 바울 서신의 재발견으로 시작되었다. 이후 교회는 바울 신학을 중시하게 되었다.

의심의 여지없이 사도 바울은 신약 교회의 위대한 개척자들 가운데 하나였다. 게다가 다른 어떤 사람의 신학보다 바울 신학이 기독교를 참된 방향으로 이끌었노라고 말할 수 있다. 하지만 바울이 교회의 기초인 것은 아니다. 물론 베드로도 아니다. 교회의 기초는 예수님이다. 종교개혁 이후 우리는 예수님을 이해하기 위해 바울의 글을 사용하였지, 바울을 이해하기 위해 예수님의 말씀을 사용하지 않았다. 기독교 진리의 기반은 예수님의 가르침이다. 바울의 가르침도, 베드로의 가르침도, 그 어떤 누구의 가르침도 아니다.

그렇다고 해서 바울 서신들을 순수한 하나님의 말씀이라고 볼 수 없다든가, 혹은 그 서신들이 정경에 포함될 자격이 안 된다고 말하는 것은 잘못이다. 물론 바울의 서신은 정경이며 하나님의 말씀이다. 그러나 예수 그리스도의 가르침이라는 기반 없이 바울의 가르침을 받아들이고자 한다면, 우리는 그의 글을 곡해할 뿐만 아니라 잘못 적용할 수밖에 없을 것이다. 마찬가지로 예수 그리스도의 가르침을 모든 것의 기초로 삼지 않은 채, 오히려 어떤 사람의 신학이나 해석을 통해 예수님의 말씀을 해석하려할 때, 우리는 그분의 가르침을 곡해할 것이며 그릇되게 적용할 것이다.

바울의 가르침에는 하나님 나라에 대한 깊은 통찰과 위대한 언급들이 많이 내재해있다. 그러나 당시 교회와 관련된 실질적인 문제들을 다루는 내용이 주를 이루며 몇몇 기초 교리가 포함되었을 뿐이다. 물론 교회는 하나님 나라의 일부다. 그러나 말 그대로 '일부' 일 뿐이다. 반면, 예수님의 가르침은 전적으로 하나님 나라를 주제로 하고 있다. 교회에 대한 약간의 가르침이 있긴 하지만 그의 교훈은 모두 하나님 나라를 향해있다. '교회는 하나님 나라의 일부분일 뿐' 이라는 시각으로 교회를 이해하지 못하면 우리는 그리스도 중심의 신앙이 아닌 교회 중심의 신앙을 갖게 될 것이다.

교회가 '자기중심' 적인 양태를 보이기 시작할 때, 그 안에는 하나님의 영광을 바라보는 능력, 그 영광으로 변화될 가능성이 모두 사라지고 없을 것이다. 하나님 나라에 대해 왜곡된 시각을 가질 것이며 따라서 하나님 나라가 임하게 될 세상에 대해서도 그릇된 관점을 갖게 될 것이다.

한 덩어리 떡
The One Loaf

많은 사람은 복음서를 초신자들에게 읽히는 '젖' 정도로 생각하고 그들이 성숙하면 서신서라는 '단단한 음식'을 제시하곤 한다. 이것은 끔찍한 착각이다. 성경에서 가장 깊고 심오한 계시는 복음서에서 발견되기 때문이다. 예수님의 모든 비유가 깊은 이해력을 요구한다. 게다가 복음서에 기록된 기적의 의미를 제대로 이해하는 사람이 거의 없을 정도다. 심지어 요한복음 6장은 전체 성경의 전환점 역할을 한다. 나는 그 장의 내용이 오늘을 살아가는 우리들에게 특별한 의미가 있다고 생각한다.

요한복음 6장은 예수님께서 베푸신 표적 때문에(2절 참조) 수많은 군중이 그를 따르는 장면으로 시작한다. 시간적 배경은 유월절 무렵이었다. 예수님은 성부께서 보내신 유월절 어린양으로서 상징적으로 볼 때, 사람들이 먹을 '음식'이셨다. 표적(혹은 기적)에 대해 간과하는 점이 있다면, 표적 자체에 의미가 있는 것이 아니라 표적이 가리키고 있는 '무언가 다른 것'에 더 큰 중요성이 있다는 것이다. 예수님께서 행하신 모든 기적은 그 자체로 메시지이자 설교였다. 예수님이 오천 명을 먹이신 기적 역시 예수님께서 전달한 하나의 메시지였다.

오병이어의 표적을 행하신 후 예수님은 호숫가 건너편으로 가셨다. 수많은 사람이 그분을 따랐다. 예수님은 그들이 표적의 의미를 깨달았기 때문이 아니라 떡을 먹었기 때문에(26절 참조) 자신을 좇는 줄 아시고 그들을 꾸짖으셨다. 이어서 전체 성경 가운데 가장 중요한 가르침을 전하신다. 예수님께서 선포하시기를 "나는 하늘에서 내려온 떡이니 나를 먹지 않고는 생명을 얻지 못한다"라고 하셨다. 그 결과는 이러했다: "이러므로 제자 중에 많이 물러가고 다시 그와 함께 다니지 아니하더라"(66절).

이외에도 기독교의 수많은 기본 진리가 이 장 안에 기록되어있다. 하지만 요점은 이것이다: 기적을 보고 많은 사람이 예수님을 좇았고 그가 제공해주시는 의식주 때문에 더 많은 사람이 예수님을 좇았다는 것이다. 하지만 예수님이 어떤 분이신지를 깨닫고 추종하는 사람을 모아봤더니, 얼마 남지 않았다.

자신이 경영하는 목회에 구름떼처럼 많은 사람이 모이기를 원하는가? 하나님의 공급하심에 대한 표적과 기사(signs and wonders)를 선포하면 된다. 결코 '인원 부족'이라는 어려움을 겪지 않을 것이다. 표적과 기사(奇事)가 잘못이라는 말은 아니다. 사실 그것들은 위대한 성경적 진리다. 하지만 예수님을 따르는 목적이 표적이나 기적 때문이라면 그것들은 더 이상 성경적 진리가 아니라 우상, 또는 신앙의 그릇된 기초로 전락해버린다. 물론 우리는 하나님의 공급하심을 보기 원하고 표적과 기사를 선포하기 원한다. 그러나 그보다 먼저 예수님이 누구이신지를 알고 또 그분께 연합되는 것이 중요하다.

표적과 기사 혹은 하나님의 공급하심이 개개인의 삶에 나타날 수도 있다. 그러나 그 기반 위에 신앙을 쌓는다면, 그 위에 아무것도 남지 않을 날이 곧 도래할 것이다. 예수님께서 떼어 나눠주신 떡 덩어리는 그것을 받아먹은 사람에게는 '사실'이고 실제였다(그들은 실제로 떡을 먹었다). 각 사람이 개인적으로 이 기적을 체험하였다. 받아든 떡을 다 먹은 후 그들에게 남은 것이 있었는가? 그렇다. 떡 조각들이 남았다! 이후 예수님은 자신이 '한 덩어리의 떡'이라고 가르치셨다. 그들이 먹었던 것은 예수님이라는 '한 덩어리'의 떡을 쪼개어 나눈 조각들이었다!

우리는 개개인의 삶에 나타난 하나님의 역사 곧 개인의 체험, 개인적인 '사실들'(truths)을 기반으로 하여 그 위에 교회를 세우지 않도록 주의해야 한다. 오직 '유일한 진리'(the Truth)이신 예수님과의 관계 위에 교회를 세워야 한다. 그럴 때에만 교회에 소속된 각 사람이 큰 덩어리의 떡으로부터 조각을 취해 먹을 수 있다. 그러한 교회에서만 각자 체험한 하나님의 역사들이(individual truths) 아름답게 조화를 이룰 수 있다. 그렇지 않을 경우, 각자가 체험한 개인적인 역사들은 회중 가운데 분열을 조장할 뿐이다. 예수 그리스도와 분리된 채, 개개인이 경험한 '사실들'은 성경이 말씀하는 대로 분열의 원인이 된다.

> 옛적에 선지자들로 여러 부분과 여러 모양으로 우리 조상들에게 말씀하신 하나님이 이 모든 날 마지막에 아들로(아들 안에서) 우리에게 말씀하셨으니 이 아들을 만유의 후사로 세우시고 또 저로 말미암아 모든 세계를 지으셨느니라 (히 1:1-2 참조)

> 너희가 성경에서 영생을 얻는 줄 생각하고 성경을 상고하거니와 이 성경이 곧 내게 대하여 증거하는 것이로다(요 5:39)

> 하나님의 약속은 얼마든지 그리스도 안에서 예가 되니 그런즉 그로 말미암아 우리가 아멘 하여 하나님께 영광을 돌리게 되느니라(고후 1:20)

> 이 약속들은 아브라함과 그 자손에게 말씀하신 것인데 여럿을 가리켜 그 자손들이라 하지 아니하시고 오직 하나를 가리켜 네 자손이라 하셨으니 곧 그리스도라(갈 3:16)

만일 우리가 하나님의 약속을 개인적으로 취하거나 혹은 예수 그리스도와 관계없는 것으로 생각한다면, 그래서 그 약속을 예수 그리스도와의 연합 안에서 취하지 않는다면, 아무리 하나님의 약속이라 할지라도 그것은 우상이 될 것이며 생명나무이신 예수님으로부터 우리를 멀어지게 만들 것이다. 그 어떤 약속도 개인에게 주어진 것이 아니다. 심지어 교회 위에 주어진 것도 아니다. 그 모든 약속은 오직 '그분 안에서' 우리 모두에게 주어졌다.

사람의 아들(인자)되신 예수님께서는 아직도 자신의 머리 둘 곳을 찾고 계신다. 자신이 머리가 될 수 있는 곳 말이다. 우리가 사람들을 기쁘게 할 만한 교회가 아니라 하나님이 기쁘시게 여길 만한 교회를 세우는 일에 헌신한다면, 올바른 출발선에서 시작하는 것이다. 이것이 우리의 여정이다: 그리스도가 기초석인 교회, 그리스도가 머리 되신 교회를 만드는 것. 단지 사람들에게 권위를 부여하는 제도를 만드는 것이 아니라 그리스도를 사람들 위의 권위자로 높이는 것, 그것이 우리의 목표다. 그러므로 예수 그리스도를 왕으로 소개하며 그분의 왕국을 선포해야 한다.

기초를 이루는 머릿돌
The First Stone in the Foundation

예수님이 탄생하셨을 때, 성부 하나님께서 그 사실을 사람들에게 알리는 방법은 오직 '계시' 뿐이었다. 이 방법은 지금도 여전하다. 마태복음 16장 13-18절을 보라. 이 구절에서 교회의 기초를 위해 놓아둔 첫 번째 돌이 무엇인지 알 수 있다. 또한 그 위에 돌들이 쌓이는 방법도 알 수 있다.

> 예수께서 가이사랴 빌립보 지방에 이르러 제자들에게 물어 가라사대 사람들이 인자를 누구라 하느냐 가로되 더러는 세례 요한 더러는 엘리야 어떤 이는 예레미야나 선지자 중의 하나라 하나이다 가라사대 너희는 나를 누구라 하느냐 시몬 베드로가 대답하여 가로되 주는 그리스도시요 살아계신 하나님의 아들이시니이다 예수께서 대답하여 가라사대 바요나 시몬아 네가 복이 있도다 이를 네게 알게 한 이는 혈육이 아니요 하늘에 계신 내 아버지시니라 또 내가 네게 이르노니 너는 베드로라 내가 이 반석 위에 내 교회를 세우리니 음부의 권세가 이기지 못하리라

교회가 설 수 있었던 기초석은 하늘에 계신 아버지께서 허락해주신 '계시'였다. 그것은 사람들이 예수님에 대해 한 말이 아니었다. 그것은 하나님께서 알려주신 지혜의 말씀이다. 그러므로 우리 각 사람은 예수님에 대한 '계시'를 받아야만 한다. 저마다 생명수를 마시기 위한 우물을 갖고 있어야 한다. 성전을 건축하고 난 후 솔로몬 왕이 타락했

던 주요 원인은 그에게 자신만의 비전이 없었기 때문이리라. 그는 아버지 다윗의 비전만을 지니고 있었다. 그래서 성전(다윗의 비전)을 다 짓고 난 후 딱히 이루어야 할 비전을 찾지 못했다. 교회 공동체의 저력은 성도 한 사람 한 사람이 주님과 얼마나 친밀한 관계를 유지하느냐에 달렸다.

예수님이 누구이신지에 대한 지혜의 말씀을 이야기한 뒤, 베드로는 야고보와 요한과 더불어 변화 산으로 올라간다. 그곳은 장차 초대교회의 지도자가 될 제자들에게 임한(그리고 오늘을 살고 있는 우리에게 주어진) 두 번째로 중요한 계시의 장소였다.

> 엿새 후에 예수께서 베드로와 야고보와 그 형제 요한을 데리시고 따로 높은 산에 올라가셨더니 저희 앞에서 변형되사 그 얼굴이 해 같이 빛나며 옷이 빛과 같이 희어졌더라 때에 모세와 엘리야가 예수로 더불어 말씀하는 것이 저희에게 보이거늘 베드로가 예수께 여짜와 가로되 주여 우리가 여기 있는 것이 좋사오니 주께서 만일 원하시면 내가 여기서 초막 셋을 짓되 하나는 주를 위하여 하나는 모세를 위하여 하나는 엘리야를 위하여 하리이다 말할 때에 홀연히 빛난 구름이 저희를 덮으며 구름 속에서 소리가 나서 가로되 이는 내 사랑하는 아들이요 내 기뻐하는 자니 너희는 저의 말을 들으라 하는지라 제자들이 듣고 엎드리어 심히 두려워하니 예수께서 나아와 저희에게 손을 대시며 가라사대 일어나라 두려워 말라 하신대 제자들이 눈을 들고 보매 오직 예수 외에는 아무도 보이지 아니하더라(마 17:1-8)

맨 먼저 제자들의 눈에 들어온 광경은 예수님의 모습이 영광스럽게 변화된 것, 그리고 그가 모세와 엘리야와 더불어 말씀을 나누는 모습이었다. 모세와 엘리야는 율법과 선지서를 대표한다. 구약 전체를 표현할 때 사용되는 율법과 선지서는 결국 예수 그리스도에 대한 기록이다. 흥미롭게도 이 광경을 바라 본 베드로의 첫 번째 반응은 다음과 같았다: "나는 내가 받은 이 놀라운 계시를 기념하기 위해 무언가를 지어야만 해." 이후 성부 하나님의 질책과도 같은 말씀이 들렸다. "이는 내 사랑하는 아들이요 내 기뻐하는 자니 너희는 저의 말을 들으라." 제자들은 얼굴을 묻고 땅에 엎드렸다. 그들은 두려워했다. 그들에게 이 훈계는 얼마나 적절했는가? 우리에게도 필요한 질책의 말씀 아닌가? 하나님께서는 우리가 받은 계시 위에 무언가를 세우는 것을 원치 않으신다. 심지어 예수님에 대한 계시일지라도 그것을 기념하기 위해 무언가를 만든다면 하나님께서 혐오하실 일이다. 계시(혹은 깨달음)가 임할 때 우리의 반응은 '짓는 것'이 아니라 '듣는 것'이어야 한다. 계속해서 청종하는 것-여기에는 듣는 것 이상의 깊은 뜻이 담겨있다!

　하나님의 질책을 들은 후 제자들은 고개를 들었다. "예수 외에는 아무도 보이지 않았다." 이것이야말로 우리가 누릴 수 있는 가장 중요한 계시가 아니겠는가? 예수님을 온전한 계시로, 그분을 온전한 떡 덩어리로, 하나님의 온전한 목적으로 이해하기 전에 우리는 아무것도 지어서는 안 된다. 준비가 안 되었기 때문이다.

제4장

지상명령(至上命令)
The Great Commission

Church History: The First Century

제4장
The Great Commission

지상명령(至上命令)

　전 장에서 교회의 기초에 대해 살펴보았다. 교회는 오직 예수 그리스도와의 관계라는 초석 위에 세워져야 한다. 이번 장에서는 교회가 표방하는 근본적인 메시지를 살펴보고, 1세기 교회가 어떤 방법으로 이 메시지를 세상에 전달했는지 또 그들이 끼친 영향력은 무엇인지를 연구해보겠다. 오늘날의 교회 역시 1세기 교회가 전한 것과 동일한 메시지, 세상 끝까지 결코 변할 수 없는 내용의 메시지를 선포해야 한다. 비록 전달 방법은 시시때때로, 그리고 세대에 따라 변화될 수 있겠지만 변치 않는 내용의 메시지를 선포하는 것이 바로 우리에게 맡겨진 사명이다.

운명임을 깨닫는 감각
A Sense of Destiny

사도행전의 기록이 증언하는 초대교회의 탄생은 오직 하나의 동인(動因)에 의해서였다-"예수님께서 그들 가운데 계신다!" 초대교회는 날마다 예수 그리스도와 만났다. 초대교회 성도들이 전했던 메시지가 예수 그리스도였다. 그리고 예수님은 그들 가운데 놀라운 일들을 행하셨다. 성공적인 교회의 가장 중요한 요소가 여기에 있다-"하나님이 우리와 함께 계신다!"

교회의 지도자들은 엄청난 실패를 경험한 직후(이를테면, 주님께서 그들을 가장 필요로 하셨던 순간에 그를 부인하고 도망친 것) 그들의 사명을 감당하기 시작했다. 겉으로 보기에 예수님께서는 일부러 이러한 실패자들을 선택하셔서 새 교회의 리더로 세우신 것 같다. 이들이 날마다 성령의 기름 부으심으로 충만치 않으면 그 어떤 누구도 이들을 따르지 않았을 것이다. 생각해보라. 이들이 저질렀던 과거의 실수나 결격사유들이 엄청난데 누가 그들을 좇겠는가? 이들이 내세울 것은 아무것도 없었다. 오직 예수님 한 분 뿐이었다. 하지만 놀랍게도 그들에게 필요한 유일한 것 역시 예수님뿐이었다. 어느 시대든 상관없이 예수님은 여전히 그리스도인 지도자들에게 가장 필요한 요소이시다.

역사를 살펴볼 때 위대한 교회의 지도자들 중 상당수가 과거 한때 엄청난 실수를 저질렀던 사람들이다. 그것은 마치 그들로 하여금 스스로를 겸비케 하며 예수님을 전적으로 의존하게 만드는 장치와도 같다. 오늘날도 연배가 지긋하고 지혜가 많은 크리스천들은 지도자들이

'절뚝거리기 전에는' 그들을 신뢰하지 않으려 한다. 여기서 말하는 '절뚝거림'은 야곱이 얍복 강가에서 하나님의 사자와 씨름하다가 환도뼈를 다쳐 다리를 절게 된 사건에서 기인했는데, 절뚝거리게 된 그 사건 이후 하나님은 야곱의 이름을 이스라엘 곧 '하나님을 대면한 왕자'로 바꾸어주셨다. 사람들 사이에서 주권을 얻고 그들에게 영향력을 행사하는 것은 손쉽게 얻을 수 있는 것이지만, 하나님으로부터 권위를 인정받고 주권을 위임받는 것은 전혀 다른 이야기다. 주 안에서의 참된 리더십이란 사람이 아닌 하나님과 함께 다스리는 것을 뜻한다. 예수님을 부인했던 비극적인 사건 이후 베드로가 오순절 성령의 감동으로 복음의 메시지를 설교하고 교회의 출범에 영향력을 미칠 만큼 그 권위가 격상된 것처럼, 예수님은 지금도 겸손한 자, 통회하는 자, 참된 권위의 기초를 이해하는 지혜로운 자들을 사용하신다.

1세기의 교회가 존재했던 유일한 이유, 유일한 목적은 '예수님'이었다. 초대교회는 예수님 말고는 다른 계획도 2차 방안도 없었다. 사람들의 이목을 끌 만한 흥미 위주의 프로그램도 없었다. 다만 교회로 모인 사람들에게 '진정한' 박해와 죽음의 위협만을 선사해줄 뿐이었다. 만일 주님께서 그들 가운데 거하시기를 멈추셨다면, 성도들은 뿔뿔이 흩어졌을 것이다. 하지만 주님께서 그들 사이에 계셨다. 오직 주님만이 그들을 세워주시는 역할을 담당하셨다. '새 피조물'의 태동을 알리는 이 새로운 '창세기' 역시 오직 처음의 네 단어로써 설명될 수 있다. "In the beginning, God"(태초에 하나님이). 주께서 그들 가운데 거하셨다. 그리고 이들의 존재 이유가 되셨다.

하지만 교회는 단지 '모이는 것'보다 더 큰 목적, 사명을 안고 있었다. 그것은 매일같이 주님을 체험하는 것이었다. 승천하시기 전 예수님은 그들에게 말씀하셨다. 그 당부의 말씀을 가리켜 지상명령(The Great Commission)이라고 부른다.

> 예수께서 나아와 일러 가라사대 하늘과 땅의 모든 권세를 내게 주셨으니 그러므로 너희는 가서 모든 족속으로 제자를 삼아 아버지와 아들과 성령의 이름으로 세례를 주고 내가 너희에게 분부한 모든 것을 가르쳐 지키게 하라 볼지어다 내가 세상 끝 날까지 너희와 항상 함께 있으리라 하시니라(마 28:18-20)

지상명령의 전제조건은 하늘과 땅의 모든 권세가 예수님께 있다는 것이다. 그러므로 지상명령은 본질상 예수님의 권위를 선포하는 것이다. 교회가 전파할 메시지는 교회가 아니다. 교회는 자신의 권세를 세우기 위해서가 아니라 예수님의 권세를 선포하기 위해 부름 받았다. 예수님께서 이 땅을 거니시던 모든 시간 동안 교회를 언급하셨던 것은 고작 한두 차례뿐이었다. 예수님이 전하신 메시지는 교회보다 훨씬 더 큰 무언가-하나님 나라-였다. 1세기의 교회가 메시지를 들고 세상을 향해 나아갔을 때, 그것은 교회에 관한 메시지가 아니라 하나님 나라의 왕에 관한 메시지였다.

사도들의 영적 부담은 교회를 특정한 형태(form)로 빚어가는 데에 있지 않았다. 오히려 백성의 삶 가운데 예수님의 형상이 나타나도록(formed) 인도하는 데에 있었다. 이 둘 사이에는 차이가 있다. 하나는 사람 중심이고 다른 하나는 그리스도 중심이다. 교회가 점점 교회 중심적으로 변해갈 때, 교회는 점점 더 빨리 성경에 예언된 바, 배교의 늪에 빠지게 되었다. 하지만 교회의 메시지가 그리스도를 향해있는 한, 교회는 순결한 모습으로 올바른 길을 걸을 수 있다. 건물을 세우는 것이 교회의 주요 목적으로 변해갈 때, 교회는 정도(正道)에서 이탈했다. 물론 교회를 세우는 것은 매우 중요하다. 하지만 그리스도와 그의 나라를 선포하는 것 외에 다른 일에 헌신하는 것은 문젯거리다.

이렇게 말한다고 해서 성경에 제시된 교회의 영광을 백안시하려는 것은 절대 아님을 알아주기 바란다. 교회는 어린양의 신부로 부름 받았다. 교회의 참된 운명은 영광-현재 우리의 이해를 넘어서는 영광-이다. 그러나 현재 우리의 모습을 보고 "그래, 지금 우리의 모습이 바로 성경에 제시된 교회의 영광이지"라며 오해하지 말기를 바란다. 장차 그리스도의 영광을 목도할 때, 우리는 부르심 받은 그대로의 모습, 그 영광된 모습으로 변화될 것이다.

> 우리가 다 수건을 벗은 얼굴로 거울을 보는 것같이 주의 영광을 보매 저와 같은 형상으로 화하여 영광으로 영광에 이르니 곧 주의 영으로 말미암음이니라 (고후 3:18)

자신의 모습에 더 많이 집중하면 집중할수록, 그리스도를 닮아가고 그분이 하신 일들을 행해야 하는 교회 본연의 목적이 이루어질 가능성은 점점 희박해진다. 교회의 앞길을 가로막고 혼란을 야기하는 가장 큰 장애물 중 하나는 '내 안에 계신 그리스도'께 집중하는 대신 '그리스도 안에 있는 나'를 지나치게 강조하는 양태일 것이다. 물론 자신을 향한 부르심을 깨닫고 부르신 모습대로 변화되며 그 길을 따라 나아가

는 것은 매우 중요하다. 그러나 우리의 모든 헌신이 '부르심'에 집중
된다면 우리는 절대로 그렇게 변화되지 않을 것이다.

교회가 하나님 나라의 메시지에 충성을 다할 때 교회는 부르심에 합
당한 모습으로 변화되고 그 모습 그대로 유지할 수 있다. 그 메시지란
간단히 말하자면, "예수 그리스도가 왕이시다"이다. 사도들의 임무는
단지 사람들을 교회 안으로 들이는 것이 아니다. 백성의 삶에서 예수
님의 모습이 나타나도록, 그리고 온 세계 가운데 그분의 이름이 영광
받도록 인도하는 것이다. 지상명령이 단지 "회심자를 양성해내라"가
아니라 "제자를 만들라"였던 이유가 여기에 있다. 참된 제자는 예수님
이 말씀하신 모든 명령을 지키도록 훈련된 사람이다.

사도들은 날마다, 명령대로, 사람들을 가르쳤다. 이것은 영혼 구원
의 복음을 전파하는 일이었기에 지상명령의 성취로 볼 수 있었다. 수
많은 영혼이 거듭나는 것을 목격하는 것은 참으로 놀라웠다. 그러나
탄생이 삶의 시작인 것처럼 거듭남 역시 거듭난 삶의 시작일 뿐이었
다. 거듭남은 긴 여정의 스타트 라인이지 피니시 라인이 아니다. 사도
들이 맡은 궁극적인 임무는 거듭난 성도들이 예수님께 연합되어 결국
예수님의 모습이 그들의 삶 가운데 나타나도록 인도하는 것이었다.
그리스도의 모습을 닮아가도록 돕는 것-그 수준 이하의 사역은 단지
복음의 메시지를 희석시키는 헛수고일 뿐이다.

"예수 그리스도가 구세주다"-이것을 선포하기만 하면 지상명령이
성취될까? 결코 그렇지 않다. 사람들에게 예수님은 '모든 것의 주인'
이거나 '전혀 주인'이 아니거나 둘 중 하나여야 한다. 지상명령의 정
수(精髓)를 한 단어로 압축한다면 그것은 '모든'(all)이다. 예수님은 하

늘과 땅의 '모든' 권세를 부여받으셨다. 참된 제자는 예수님께서 명하신 '모든' 것을 지키도록 가르침 받은 사람이다. 복음을 받아들인 사람에게, 복음의 메시지는 삶의 '모든' 영역을 주도하는 지침이다. 이들에게 있어서 신앙은 특정한 모임에 참석하기 위해 필요한, 삶 가운데 부가된 '부록'이 아니었다. 예수님을 알고 그분을 좇는 것, 언제 어디든, 어떤 상황에서든 날마다 그분을 따르는 것-이것은 초대교회의 삶을 이루는 근간이었다. 예수님은 그들의 '모든' 것이었다.

예수님은 길이요, 진리요, 생명이시다. 그러나 예수님께서 우리의 삶(생명)이 되실 때까지 우리는 길도, 진리도 알 수 없다. 예수님에 대한 몇 가지 사실을 안다고 해서 그것을 '길'이라고 부를 수는 없다. 길은 예수님 자신을 가리키기 때문이다. 몇몇 교리 혹은 기독교 전체 교리에 고개를 끄덕이며 동의를 표했다고 해서 그것을 '진리'라고 할 수는 없다. 진리는 우리의 생명 되신 예수님을 가리키기 때문이다. 예수님을 나의 생명, 나의 삶, 나의 인생으로 인식하기 시작할 때 비로소 길을 깨닫고 진리를 알게 된다.

전체를 먹어야 한다
We Must Eat the Whole Thing

교회의 첫 번째 멤버들은 모두 유대인이었기에 예수님을 유월절 하나님의 어린양으로 이해하는 데에 별 어려움이 없었다. 이스라엘이 애굽의 고센 땅에서 첫 번째 유월절을 지켰을 때, 하나님께서는 죽음의 사자가 이스라엘의 장자들을 '넘어가도록'(유월) 하기 위해 그들에게 유월절 어린양을 취식하도록 명령하셨다. 유월절 어린양은 그리스도를 상징하는데, 당시 하나님의 지침에 의하면 이스라엘 백성은 양의 머리와 꼬리를 포함하여 고기 전체를 먹어야 했고 다음 날 아침까지 조금도 남겨두어서는 안 되었다(출 12:7-10 참조). 이것은 예언적인 성명이었다. 하나님의 유월절 어린양이신 예수님을 취하고자 할 때, 우리는 원하는 부분만을 고를 수 없고 그분의 전체를 취해야 한다. 다시 말해 이것은 예수님께서 행하라고 명령하신 모든 것을 받아들이고 또 제자들에게 그 전부를 가르쳐야 한다는 뜻이다.

그리스도 예수 안에서 하나님이 예비해두신 좋은 것들을 공급받고자 한다면, "구원은 좋지만 예수님의 주권이나 성령, 혹은 나를 범사에 예수님처럼 성장하도록(엡 4:15 참조) 교회에 허락하신 사역 등은 거절할게요"라고 말할 수 없다. 기억하라. 그리스도의 형상을 닮고 그가 하신 일들을 행하기까지 우리는 아직 온전치 못하다는 사실을 말이다.

바울은 고린도 교회의 성도들에게 "그리스도의 증거가 너희 중에 견고케 되어 너희가 모든 은사에 부족함이 없노라"(고전 1:6-7 참조)라고 선포했다. 성령의 모든 은사와 사역은 육체로 오신 그리스도께서 이 땅에서 행하신 사역의 모든 모습을 대변한다. 어떠한 사역이든 그것이 행하는 기능은 그리스도께서 우리에게 행하신 역사하심을 나타내는 것이다. 우리가 어떤 특정한 은사나 사역을 제한한다면 그것은 해당 영역에서 그리스도의 모습을 제한하는 것과 같다. 하나님께서 우리를 부르신 모습대로 변화되기 원한다면, 우리는 마음을 열고 그분의 '전부'를 받아들여야 한다.

그러므로 모든 사역이 조화를 이루어 '동역'의 차원에 이르기까지, 지상명령은 효과적으로 진행될 수 없을 것이다. 지상명령의 성취는 구원의 복음을 선포하는 복음 전도자로부터 시작될지도 모른다. 그러나 복음이 전파된 이후엔 교회에게 맡겨진 다양한 사역들이 이어져야 할 것이다. 성경에 기록된 바, '순수한 복음 전도자'는 오직 빌립뿐이다(행 8:4-8 참조). 빌립은 다른 사람들(베드로와 요한)의 도움이 필요했다. 빌립은 그들이 사마리아 성에 와서 새롭게 회심한 사람들을 돌보고 훈련하는 사역을 감당하기를 원했다. 사마리아 사람들이 '회심자'로 남지 않고 '제자'로 변화되기까지 기초가 놓였다고 볼 수 없었다.

교회의 태동에 대한 신약성경의 이야기를 살펴보면, 회심자들의 수와 교회에 일원이 되는 사람의 수가 같음을 볼 수 있다. 하지만 오늘날 상황은 다르다. 가장 위대한 복음 전도자들의 추산에 의하면 그리스도를 영접한 사람들 중 오직 5% 정도만이 교회를 찾는다고 한다. 물론 우리는 교회를 찾는 소수의 새신자들에 대해 하나님께 감사드려야 한다. 하지만 교회에 접붙임 되는 회심자의 수가 그렇게 적은데, 과연 이것을 지상명령의 성취로 간주할 수 있겠는가? 예수님을 주로 시인한 모든 사람이 교회에 소속되었던 1세기, 그리고 스무 명의 회심자 가운데 단 한 명만이 교회를 찾는 지금 이 시대… 과연 무엇 때문에 '모든'에서 '5%'로의 감소 현상이 나타난 것인가? 성경적 정의대로라면, 교회에 소속되지 않은 사람들을 '회심자'라고 부르는 것이 과연 옳은가?

어떻게 가르쳐야 제자들이 그 모든 것을 행할 수 있을까?
How Do We Teach Disciples to Observe All?

제자들이 예수님께서 명하신 모든 것을 지킬 수 있도록 사도 바울은 어떻게 그들을 교육해야 하는지 명쾌하게 제시해주고 있다.

> 그가 혹은 사도로 혹은 선지자로 혹은 복음 전하는 자로 혹은 목사와 교사로 주셨으니 이는 성도를 온전케 하며 봉사의 일을 하게하며 그리스도의 몸을 세우려 하심이라 우리가 다 하나님의 아들을 믿는 것과 아는 일에 하나가 되어 온전한 사람을 이루어 그리스도의 장성한 분량이 충만한 데까지 이르리니 이는 우리가 이제부터 어린아이가 되지 아니하여 사람의 궤술과 간사한 유혹에 빠져 모든 교훈의 풍조에 밀려 요동치 않게 하려 함이라 오직 사랑 안에서 참된 것을 하여 범사에 그에게까지 자랄지라 그는 머리니 곧 그리스도라 그에게서 온몸이 각 마디를 통하여 도움을 입음으로 연락하고 상합하여 각 지체의 분량대로 역사하여 그 몸을 자라게 하며 사랑 안에서 스스로 세우느니라(엡 4:11-16)

위의 말씀에서 보듯이 한 사람으로는 교회를 세우기 위해 필요한 모든 사역을 감당하는 것이 불가능하다. 그러나 예수님이라면 가능하다. 예수님은 사도이고, 선지자이고, 복음 전하는 자이며, 목사이자 교사이셨기 때문이다. 승천과 동시에 예수님은 자신이 수행했던 5중 사역의 은사를 각각의 사람에게 나누어주셨다. 이 다섯 가지의 사역이 한데 어우러지면 제자들을 준비시키고 모든 면에서 그들을 성숙시키기에 충분한 '예수님의 온전한 사역'이 이루어진다. 그러므로 1세기의 교회에서처럼 각각의 사역이 연합되고 동역의 차원에 이를 때까지는 교회가 부르심 받은 모습 그대로 변화될 수 없다. 너무도 자명한 사실 아닌가?

그뿐만이 아니다. 교회가 그러한 모습으로 변화되지 못하고 성숙하지 못한 상태라면, 위의 성경 말씀에 의거하여 여전히 그 모든 사역이 필요하다고 할 수 있다. 이 사역들은 우리가

1) 신앙의 조화를 이룰 때까지
2) 하나님의 아들을 아는 지식에 이를 때까지
3) 성숙한 사람이 될 때까지
4) 그리스도의 장성한 분량에 이를 때까지

우리에게 허락되었다.

이 세상에 1-4번 항목을 전부 다 갖춘 교회가 있을까? 우리 모두는 각각의 영역에서 제대로 기능할 그 모든 사역이 필요하다.

교회를 끊임없이 분열시키고, 부르심 받은 그 모습대로 변화되지 못하도록 가로막는 주된 요소는 복음 중 원하는 부분만을 취하고 나머지는 거절하거나 간과하는 성향일 것이다. 회심자가 아닌 제자를 만들 때까지는, 그리고 그 제자들을 가르쳐 그들이 주님의 모든 명령을 지키게 될 때까지, 지상명령은 완수될 수 없다.

연약함의 능력
The Power of Weakness

1세기 교회가 전했던 복음의 메시지는 무엇인가? 그들은 어떻게 복음을 제시했는가? 그들이 선포했던 '복음'과 오늘날 우리가 일반적으로 생각하는 '복음'은 어떻게 다른가? 사도 바울은 자신이 선포한 복음의 메시지에 대해 아래와 같이 설명하였다.

> 형제들아 내가 너희에게 나아가 하나님의 증거를 전할 때에 말과 지혜의 아름다운 것으로 아니하였나니 내가 너희 중에서 예수 그리스도와 그의 십자가에 못 박히신 것 외에는 아무것도 알지 아니하기로 작정하였음이라 내가 너희 가운데 거할 때에 약하며 두려워하며 심히 떨었노라 내 말과 내 전도함이 지혜의 권하는 말로 하지 아니하고 다만 성령의 나타남과 능력으로 하여 너희 믿음이 사람의 지혜에 있지 아니하고 다만 하나님의 능력에 있게 하려 하였노라 (고전 2:1-5)

> 하나님의 나라는 말에 있지 아니하고 오직 능력에 있음이라(고전 4:20)

오늘날 우리가 전하는 복음과 어떻게 다른가? 복음을 전할 때 우리는 성령과 능력을 제시하기보다는 설득하는 말이나 방법론을 훨씬 더 신뢰하지 않는가? 1세기의 교회가 거두어들인 복음의 열매와 비교했을 때, 우리가 거둔 열매들이 그다지 시원찮은 것은 바로 이러한 이유 때문이 아닐까?

어쩌면 이 이유 때문에 주님께서는 베드로를 유대인들에게, 바울을 이방인들에게 보내셨을는지도 모른다. 우리의 육신적인 생각으로는 주님께서 베드로를 이방인에게, 바울을 유대인에게 보내셨어야 함이 옳다. 왜냐하면 바울은 베드로보다 유대인들에게 훨씬 더 호소력이 있었다. 생각해보라. 베드로는 무식한 어부였다. 그는 아마도 유대교의 지식을 알지 못하는 이방인들과 함께 있을 때 훨씬 더 편안함을 느꼈을 것이다. 이방인들도 마찬가지였을 테고 말이다. 하지만 주님은 이 두 사람을 각기 가장 불편함을 느낄 만한 민족으로 파송하셨다. 그래야만 이들이 주님을 더더욱 의지할 수 있기 때문이었다. 그러므로 사도 바울이 이방인들에게 나아갔을 때 "내가 너희 가운데 거할 때에 약하며 두려워하며 심히 떨었노라"(고전 2:3 참조)라고 고백했던 것은 조금도 이상한 일이 아니었다.

갈라디아 사람들에게 설교할 때, 바울은 자신의 육체가 그들에게 시험거리가 된다는 점을 알고 있었다(갈 4:14 참조). 베드로와 바울 모두는 자신들을 쫓아낼 사람들에게 복음을 전하도록 부름 받았다. 이들이 맡은 바 사명을 감당할 수 있는 유일한 방법은 철저하게 성령을 의지하는 것뿐이었다. 베드로가 이방인들에게 나아가려 했을 때 그는 안디옥에서 어려움을 겪었다(갈 2:11-14 참조). 바울은 유대인에게 나아갈 경우 그가 받게 될 고난에 대해 성령으로부터 수차례 경고를 받았지만 유대인들을 포기하지 않고 계속해서 그들에게 나아가려고 했다. 결국 그러한 끈질김 때문에 바울은 고난을 겪게 된다. 그는 로마에 가서 가이사에게 복음을 전하도록 부름 받았다. 그가 로마에 도착하기까지의 과정은 유대인으로부터 받은 핍박으로 점철되어있다. 그러한 고난을 겪지 않고 로마에 갈 수 있는 훨씬 더 쉬운 길이 있었는데도 말이다.

아직도 크리스천들은 자신과 가장 친근한 사람들(동일 민족, 친족)에게 복음을 전하도록 부름을 받았거나 혹은 그들에게 사역해야 할 부담감이 있다고 생각하는 경향을 보인다. 바울이 자신의 동족에 대해 엄청난 부담감을 가졌다는 점은 의심할 여지가 없다. 이는 "만일 내가 받은 구원을 포기하는 것이 내 민족을 구원으로 이끈다면, 나는 지체 없이 그렇게 하겠노라"라고 말했던 바울의 말에 의해 입증된다. 동족을 향한 그의 열정에도 불구하고 바울은 유대인을 위한 사도로 부름 받지 않았다. 우리도 마찬가지로 부담감을 갖고 복음을 전해야 할 대상으로 생각하는 사람들을 위해 부름 받지 않았을 수도 있다. 자신과 가장 비슷한 부류의 사람들에게 나아가려는 열정은 하나님으로부터 온 참된 부르심이라기보다 종종 '친근함의 폭정'(Tyranny of the familiar)에 뿌리를 내리고 있는 속임수일 수 있다.

동족 유대인을 향한 바울의 마음속 부담감은 자연스러운 것이다. 육체로만 본다면, 그는 히브리인 중의 히브리인이다. 그러나 이 점에 대해 바울 스스로가 했던 말들을 살펴보자.

> 육신의 생각은 사망이요 영의 생각은 생명과 평안이니라 육신의 생각은 하나님과 원수가 되나니 이는 하나님의 법에 굴복치 아니할 뿐 아니라 할 수도 없음이라 육신에 있는 자들은 하나님을 기쁘시게 할 수 없느니라(롬 8:6-8)

> 그러므로 형제들아 우리가 빚진 자로되 육신에게 져서 육신대로 살 것이 아니니라 너희가 육신대로 살면 반드시 죽을 것이로되 (혹은 '죽은 일'들을 하게

될 것이로되) 영으로써 몸의 행실을 죽이면 살리니 무릇 하나님의 영으로 인도함을 받는 그들은 곧 하나님의 아들이라(롬 8:12-14)

맡은 사명을 성취하지 못하도록 많은 사람을 방해하고 가로막는 주된 장애물은 가장 친근한 사람들에게 사역하려 하는 우리의 성향, 혹은 육체적으로 우리와 가장 비슷한 사람들에게 다가가려는 우리의 태도다. 바로 이 기초적인 타협에서 시작하여 결국 우리는 아무 생각 없이, 아주 쉽게 결정을 내리며 복음을 희석시키는 타협의 강을 건넌다.

제 **5** 장

제자 만들기
Making Disciples

Church History: The First Century

제5장

Making Disciples

제자 만들기

바라건대 이전 장들을 읽고 난 후 독자들의 마음에 다음과 같은 의문점이 일어나길 기대해본다: "회심자들을 제자로 만들고자 할 때, 우리는 정말 그들을 참된 제자로 변화시키는가? 그들이 회심한 것은 십자가 때문인가, 아니면 우리가 사용했던 프로그램 때문인가? 그들은 예수님께로 인도되었는가, 아니면 우리의 교단, 우리가 내세운 교리 혹은 그저 우리에게로 인도되었는가?"

오늘날의 복음에는 미미하지만 아주 심각한 변질이 발생했다. "죄로부터 우리를 구원하시기 위해 예수님께서 오셨다"라는 메시지에서 "문제들로부터 우리를 구원하시기 위해 예수님께서 오셨다"라는 메시지로 변질된 것이다. 물론 예수님께서 우리의 문제를 해결해주지 않으신다는 뜻은 아니다. 하지만 그저 문제의 해결을 얻고자 예수님을 믿기로 선택한 '회심'이라면 매우 값싼 회심이 아니겠는가? 복음에 이러한 변질이 생겼기 때문에 수많은 크리스쳔은 극심한 곤경에 처한 사람을 만날 때까지 복음 전하는 일을 주저하게 되었다. 우리는 필사적으로 주님을 만나야 한다. 그러나 그것은 문제의 해결책을 얻기 위해서가 아니라 죄의 책망 때문임을 인지해야 할 것이다.

오직 성령님만이 참된 제자를 만드실 수 있다. 성령님께서는 죄를 책망하심으로써 사람들의 마음을 불안케 하신다. 이에 그들은 마음의 안식을 얻고자 필사적으로 십자가를 붙들게 된다. 만일 우리의 회심이 이러한 절박함에 기인하지 않았다면, 그래서 죄를 용서받으려고 평안의 유일한 근원인 십자가를 붙든 것이 아니었다면, 출발부터가 잘못된 것이다. 십자가 이후에는 부활이 있다. 하지만 먼저 죽어야만 부활을 경험할 수 있다. 부활의 전제조건이 죽음 아닌가? 십자가에 자아를 못 박지 않고 부활의 소망과 유익을 마음에 새겨두려고 한다면 그 노력은 끔찍하고도 비극적인 환각일 뿐이다. 이에 도취된 수많은 사람은 자신의 영적인 처지가 나아졌다고 느끼지만 실상 그들의 영혼은 여전히 영원한 위험에 처해있다.

예수님은 손에 모자를 쥐고 "나를 영접해주세요"라며 구걸하는 분으로서 이 땅에 오신 것이 아니다. 예수님은 과거에 이 땅을 거니실 동안 사람들을 부르셨던 그 방법 그대로, 지금도 사람들을 부르신다.

> 또 무리에게 이르시되 아무든지 나를 따라 오려거든 자기를 부인하고 날마다 제 십자가를 지고 나를 좇을 것이니라(눅 9:23)

> 이와 같이 너희 중에 누구든지 자기의 모든 소유를 버리지 아니하면 능히 내

제자가 되지 못하리라(눅 14:33)

그리스도의 사랑이 우리를 강권하시는도다 우리가 생각건대 한 사람이 모든 사람을 대신하여 죽었은즉 모든 사람이 죽은 것이라 저가 모든 사람을 대신하여 죽으심은 산 자들로 하여금 다시는 저희 자신을 위하여 살지 않고 오직 저희를 대신하여 죽었다가 다시 사신 자를 위하여 살게 하려 함이니라(고후 5:14-15)

나더러 주여 주여 하는 자마다 천국에 다 들어갈 것이 아니요 다만 하늘에 계신 내 아버지의 뜻대로 행하는 자라야 들어가리라 그날에 많은 사람이 나더러 이르되 주여 주여 우리가 주의 이름으로 선지자 노릇하며 주의이름으로 귀신을 쫓아내며 주의 이름으로 많은 권능을 행치 아니하였나이까 하리니 그때에 내가 저희에게 밝히 말하되 내가 너희를 도무지 알지 못하니 불법을 행하는 자들아 내게서 떠나가라 하리라(마 7:21-23)

예수님께서 제자들을 부르셨을 때 그들로부터 온전한 헌신을 요구하셨다. 그들은 예수님을 따르기 위해 기꺼이 모든 것을 버려야 했다. 우리라고 다르겠는가? 모든 것을 버릴 수 있는 것-그 이하의 조건이라면 참된 제자도가 아니다. 현대인의 입맛에 맞게 십자가의 메시지를 변형시킨다면 진정 구원의 능력을 지닌 복음의 진수를 파괴하는 것과 같다. 그러므로 사도 바울은 말했다. "그리스도께서 나를 보내심은 세례를 주게 하려 하심이 아니요 오직 복음을 전케 하려 하심이니 말의 지혜로 하지 아니함은 그리스도의 십자가가 헛되지 않게 하려 함이라"(고전 1:17). 사람에게 좋게 보이려고 십자가의 메시지에 우리의 '유식함'을 첨가하는 것은 사람들을 구원할 복음의 진한 능력에 물을 타는 행동이리라.

첫 번째 계명을 먼저 지키기
Keeping the First Commandment First

참된 복음은 잃어버린 영혼에 대한 사랑보다는 구세주에 대한 사랑의 기반에 세워진다. 복음은 인간 중심의 메시지가 아니라 그리스도 중심의 메시지이기 때문이다. 교회가 아니라, 교리가 아니라 오직 예수님이 높아질 때, 모든 사람이 관심을 갖게 된다. 그리스도를 높이기 위해 우리는 그분께 관심을 기울여야 한다. 잃어버린 영혼에 대한 사랑과 관심마저도 예수님을 향한 헌신을 가려서는 안 된다. 그렇지 않으면 복음이 변질될 것이다.

참된 기독교는 하나님의 영(성령)으로 거듭남을 전제한다. 거듭남은 하나님과의 연합을 회복시킨다. 하지만 거듭남은 회복 과정의 시작일 뿐 결론이 아니다. 참된 기독교는 예수 그리스도를 통해 하나님 아버지와의 친밀한 교제로 나아가는 여정이다. 아담이 타락한 결과 인류가 겪게 된 가장 비극적인 손실은 '하나님과의 교제'를 잃어버린 것이다. 참된 영적 성숙도를 측정할 방법이 있다면, 참된 구원이 우리 삶에 끼친 영향력을 측량할 방법이 있다면, 그것은 하나님과 우리 사이의 거리를 재어보는 방법, 즉 우리가 하나님과 얼마나 가까운 관계인지를 살펴보는 것이리라.

예수 그리스도의 제자가 된 후, 하나님께 더 가까이 나아간다면 우리의 삶을 변화시킬 주님의 영광이 눈에 들어오기 시작할 것이다. 잠시 고린도후서 3장 18절의 말씀을 살펴보자. "우리가 다 수건을 벗은 얼굴로 거울을 보는 것같이 주의 영광을 보매 저와 같은 형상으로 화하여 영광으로 영광에 이르니 곧 주의 영으로 말미암음이니라."

위 구절이 말하는 것처럼, 우리는 우리가 필요로 하는 영광을 보는 것이 아니라 '수건을 벗은 얼굴로' 그분의 영광을 보는 것이다. 여기서 수건은 '육체'이다. 거듭날 때 우리는 영적으로 할례를 받기 때문에 하나님 나라를 볼 수 있다. 하나님을 만나려면 먼저 육체를 잘라내야만 한다. 하지만 우리는 하나님과 교제하기 위해 변화를 꾀하는 것이 아니라 하나님과 교제하기 때문에 변화되는 것이다.

역사학자 윌 듀런트(Will Durant)는 다음의 사실을 발견했다: "시저는 제도를 바꿈으로써 사람들을 변화시키고자 했다. 하지만 예수님은 사람을 변화시킴으로 제도를 바꾸셨다." 복음은 제도를 세우는 것이 아니다. 복음은 사람을 세우는 일이다. 참복음의 진수가 선포될 때 사람들이 변화를 입는다. 그들에 의해 새로운 제도가 쏟아져 나온다. 마치 헌 가죽부대에서 새 포도주가 터져 나오는 것과 같다. 참된 복음은 매우 강력한 생명이기에 우리 손으로 지은 초라한 제도 안에 가둘 수 없다.

그렇다고 해서 교회가 제도를 갖추지 말아야 한다는 뜻은 아니다. 하지만 성령의 참된 포도주를 담아내려면 제도라는 것은 '완전한 융통성'을 지녀야 할 것이다. 생명(사람)이 제도를 창출해내야지 제도가 생명(사람)을 창출해내도록 만들어서는 안 된다. 초대교회는 공동체였고 또 삶(생명)이 있었기 때문에 서로가 서로의 집을 방문하며 만나고 또 모이는, 일종의 '제도'를 창출해낼 수 있었다. 그러나 잊지 말아야 할 것은 그들에게 생명력이 있어서 모이고 만났던 것이지 생명을 얻기 위해 만났던 것은 아니라는 점이다. 초대교회 성도들이 지닌 생명의 힘은 매우 강렬했기 때문에, 단지 두 성도가 어떤 도성에 발을 들여놓았을 뿐이었지만 인간이 세운 가장 위대한 제국의 권세 있는 공직자마저도 그들의 도래를 두려워하며 다음과 같이 공표해야 했다: "온 세계를 뒤흔든 사람들이 방금 이 도시에 도착했노라!" 1세기의 교회는 그만큼 강력했다. 그것은 교회가 '교회생활'이라는 제도에 사로잡히지 않고 '예수'에게 사로잡혀있었기 때문이었다. 그들은 공식이나 제도를 좇은 것이 아니라 예수님을 좇았다.

다시 한 번 큰 역사를 이루시기 전, 다시 한 번 '수면 위를 운행'하시기 전(창 1:2 참조), 성령님께서는 여전히 제도화 되지 않은 사람, 정해진 패턴 없이 그저 '혼돈하고 공허한'(창 1:2 참조) 사람들을 찾으시는 것 같다. 이미 답을 알고 있다고 생각하는 사람, 성령님께서 함께하실 만한 제도와 방법으로 일을 처리할 줄 안다고 생각하는 사람들 대부분은 뒤처지고 만다. 반면 하나님께서는 구제불능인 사람, 그래서 겸손할 수밖에 없는 사람, 본래 겁이 많은 사람, 하지만 기름 부음이 무엇인지를 알고 사모하는 사람, 기꺼이 그리스도를 따르는 사람과 함께 새로운 일을 시작하신다.

오랜 후에 다윗의 글에 다시 어느 날을 정하여 오늘날이라고 미리 이같이 일

렀으되 오늘날 너희가 그의 음성을 듣거든 너희 마음을 강퍅케 말라 하였나니(히 4:7)

여호와께서 이같이 말씀하시되 하늘은 나의 보좌요 땅은 나의 발등상이니 너희가 나를 위하여 무슨 집을 지을꼬 나의 안식할 처소가 어디랴 나 여호와가 말하노라 나의 손이 이 모든 것을 지어서 다 이루었느니라 무릇 마음이 가난하고 심령에 통회하며 나의 말을 인하여 떠는 자 그 사람은 내가 권고하려니와(사 66:1-2)

제 **6** 장

'사도' 라는 기초

The Foundation of Apostles

Church History: The First Century

제6장
The Foundation of Apostles

'사도' 라는 기초

　차차 알게 되겠지만 이 책에는 내가 의도적으로 되풀이한 내용이 더러 있다. 앞에서 다루었던 기초적 원리의 개념을 확장시키고 또 다음 단계의 원리들과 연결하려는 목적에서다.
　반복해서 언급하지만 1세기 교회의 생명은 "하나님께서 그들 가운데 계시다"라는 기초 원리에 놓여있었다. 초대교회는 날마다 예수 그리스도를 만났다. 그들의 메시지는 예수 그리스도였고, 예수님은 그들 가운데 놀라운 일을 행하셨다. 제자들은 큰 실수를 저지른 직후(예수님이 그들을 가장 필요로 하셨을 때, 그들은 예수님을 부인했고 도망쳤다) 교회의 지도자가 되어 자신들의 사명을 감당하기 시작했다. 그러므로 지도자들에게 기름 부음의 증거들이 나타나지 않았다면 아무도 그들을 따르려 하지 않았을 것이다. 이들은 받은 사명을 감당하기 위해 주님을 온전히 의지해야만 했다. 이것이야말로 참된 리더십의 본질이다. '지도자' 라는 타이틀을 받았지만 그들은 그저 흙으로 빚은 그릇일 뿐이다. 그러므로 우리는 그릇을 신뢰하는 것이 아니라 그릇 안에 담긴 그리스도의 영광-주님은 자비로우셔서 그분의 영광이 지도자의 그릇에 담기는 것을 허락하셨다-을 신뢰해야 한다.

예수 그리스도께서 교회 공동체 안에 계셨으므로 교회는 존재할 수 있었다. 그들에겐 예수님 외의 다른 대안도 차선책도 없었다. 주께서 그들 안에 거하시기를 멈추신다면 그들은 모일 이유를 상실하게 된다. 하지만 주님은 그들 안에 거하셨다. 교회 내에서 '세우는' 작업을 하시는 분은 예수님뿐이었다. 오직 그분만이 1세기 교회가 존재할 수 있었던 이유였다. 복음 전도자 빌리 그레이엄(Billy Graham)이 다음과 같은 말을 전했다고 한다. "오늘날 성령님께서 교회를 떠나셔도 대부분의 성도는 어떠한 변화가 일어났는지조차 모를 것이다." 내가 들었던 중 가장 끔찍한 발언이었다. 하지만 슬프게도, 사실이다! 교회 공동체로 모인 우리들 모두가 추구해야 할 하나의 목표는 그리스도의 임재를 구하는 것이다.

전체 성경 구절 중 가장 충격적인 말씀 하나는 요한계시록 3장 20절일 것이다. 그 말씀에는 예수님이 그분의 교회 문밖에 서서 인기척하시는 모습이 그려져 있다. 누군가 자신의 음성을 듣고 문을 열어주지 않을까 기대하시는 모습이다. 그것도 그분의 교회에서⋯ 오늘날 주님은 오직 자신을 필요로 하는 곳, 자신을 환영하는 곳만을 골라 방문하실 것이다. 존 윔버(John Wimber)가 빈야드(Vineyard Movement) 집회 중 성령을 초청한 것에 관하여 '비(非)성경적' 이라고 말하며 비판하는 사람들이 더러 있다. 그들을 보면서 나는 놀라움을 금치 못한다. 어쩌면 존 윔버의 말이나 행동 모두가 옳았다고는 할 수 없을지도 모른다. 하지만 당시 성령님께서는 이 세상 어느 곳보다도 빈야드 운동의 모임에 훨씬 더 많이 임재하셨다. 하지만 비판하는 사람들의 모임에 참석한다면 그 삭막함과 건조함 때문에 수통(水桶)을 건네고 싶은 충동이 생길지도 모른다.

그리스도의 성품에 대해 우리가 내릴 수 있는 한 가지 기본 사실은 죄인을 향한 주님의 은혜는 우리가 생각하는 것보다 훨씬 더 풍성하다는 것이다. 하지만 주님은 '위선적인' 종교 보수주의자들에 대해서만큼은 '인내'를 보이시지 않는다. 나 역시 보수주의(성경의 표준을 고수하는 입장-역자 주)의 입장을 표방하기 때문에 이 점을 훨씬 더 잘 이해할 수 있다. 종교 보수주의자들 가운데 자비나 은혜를 베푸는 사람이 있다는 게 가능할까? 가능하다고 대답한다면 그것은 분명 혁명적인 생각이리라! 하지만 우리의 교회가 부르심을 받은 본연의 모습으로 변화되려면 이러한 생각을 가능한 일로 붙잡아야 한다. 도덕, 정절, 견고한 교리의 성경적 표준을 확고하게 붙들면서 동시에 은혜와 긍휼이 마음 가득 충만할 수 있는 방법이 있는가? 그래서 죄인들이 우리에게 매력을 느끼고 다가오게 만들 방법이 있는가? 성경에 충실하면서 은혜가 풍성하셨던 예수님의 삶처럼 말이다.

사도적 사역
The Apostoloic Ministry

인간이 죄를 범하면서 잃어버렸던 가장 소중한 것은 하나님과의 친밀한 '관계'였다. 선악과 사건 이후 하나님께서 베푸셨던 그 모든 구원의 행적은 인간과의 관계를 회복하기 위한 계획의 산물이었다. 하나님은 '사귀기 위해' 인간을 창조하셨다. 그분의 궁극적인 목표는 인간 안에 거하시는 것이다. 그러므로 하나님의 거처가 되는 것은 인간의 궁극적인 소명이다. 교회 안에 사도적인 사역을 허락하신 이유는 건설 전문가(사도적 사역자들)로 하여금 성도들을 도와 하나님의 거처가 되도록 하기 위해서다.

구원은 하나님과의 사귐을 회복하는 과정 중 첫 번째 단계일 뿐이다. 그러나 그의 구원 계획은 그저 타락 이전의 상태로 우리의 지위를 복구시키는 것에 그치지 않는다. 일단 거듭나면, 우리는 '새 피조물'이 된다(갈 6:15 참조). '새 피조물'은 '옛 피조물'의 상태를 훨씬 뛰어넘는다. 이제 우리는 단지 하나님과의 사귐을 회복하는 것만이 아니라 하나님께서 거하실 처소가 된다.

하나님은 새 피조물과 교제하는 것에서 멈추시지 않고 아예 그들 안에 들어가 거주하시기로 결심하셨다. 하나님이 우리 안에 거하신다-이것은 아담, 모세 혹은 성령을 받기 전의 열두 제자들이 체험한 것보다 훨씬 더 위대한 일이 아닌가? 그래서 예수님은 제자들에게 "내가 떠나는 것이 너희에게 유익이라. 곧 성령님께서 오시리니…"라고 말씀하셨다. 창조주께서 우리에게 걸어오신다. 그가 우리 안에 거하시기로 결정하셨다. 인류 역사 가운데 단연 영광스럽고 또 가장 놀라운 순간이 아닌가!

 그렇다고 해서 구원의 가치를 떨어뜨리려는 의도는 조금도 없다. 하나님과의 교제를 회복하기 위해서는 구원이 선행되어야 하기 때문이다. 하나님께서 구원의 계획을 베풀지 않으셨다면 그분의 거처가 될 사람의 수는 지금보다 현저하게 감소했을 것이다. 이처럼 구원의 역사가 중요하지만, 구원은 목적지가 아니라 출발선이라는 점을 기억해야 한다. 구원은 우리를 출발선(ground zero)으로 복귀시킨다. 과거 아담은 그 출발선에서 넘어졌다. 그러나 이제 다시 출발선에 서게 된 우리는 더 높은 곳으로 오를 것을 명령받았다. 참된 기독교는 몇몇 진리를 믿고 그에 따라 살아가는 삶이 아니다. 참된 기독교의 정수는 '새 피조물'로 변화되는 것, 과거 옛 피조물이 창조주 하나님과 맺었던 관계보다 더 높은 차원의 관계와 연합을 이루는 것에 있다. 하나님이 우리 안에 거하신다! 그는 우리의 사고나 습관을 변화시키려고 오신 것이 아니다. 우리 안에 거하시기 위해 오셨다!

 사도적인 사역을 간단히 설명하면, 교회를 '하나님의(하나님이 거하시는) 전'으로 변화시키는 일에 특별한 노력을 기울이는 사역이다. 그러므로 이 사역의 성패는 '교회 안에 하나님의 임재가 머무는지'의 여부로 판가름날 것이다. 사역자들은 다음의 질문을 끊임없이 되풀이해야 한다: "하나님께서 우리에게 임재하실 수 있도록 이 교회는 주님 안에 거하고 있는가?" 항상 기억해야 할 진리는 우리가 변화되어야 하나님과 사귈 수 있는 것이 아니라, 하나님과의 사귐을 통해 변화될 수 있다는 것이다. 이 사귐은 십자가 보혈을 통해 가능해졌다. 우리가 얼마나 의롭게 되고 또 성숙해지는지 관계없다. 우리의 노력으로는 절대 주님의 임재 안으로 들어갈 수 없다-오직 피(보혈)가 있어야만 그 안으로 들어갈 수 있다.

이 세대가 끝나기 전, 참된 사도적 기독교의 모습을 회복하려는 운동이 일어날 것이다. 이 일은 사도적 사역의 회복으로만 가능하다. '교회 시대'의 문을 열었던 바로 그 사역이 그 문을 닫을 것이다. 지금 성령님께서는 '사도적'인 사역을 향해 거침없이 달려가신다. 참된 사도적 기독교가 회복되는 것-이것이 우리 여정의 목표다. 그래야만 교회가 자신의 부르심에 따라, 하나님의 임재가 머무는 장소로 변화될 수 있다.

하나님께서 우리 안에 거하신다는 말은 무엇을 의미하는가? 첫째, 예수님께서 과거 이 땅에서 하셨던 그 일들을 이제 우리를 통해 행하신다는 뜻이다. 둘째, 교회가 세상을 향해 하나님의 모습을 온전하게 나타낼 것이라는 뜻이다. 우리가 하는 말은 그분이 하신 말씀이어야 하며 우리가 행하는 일들은 그분이 하실 일이 되어야 한다.

에베소서 4장의 내용처럼, 교회 안에서 모든 사역이 온전히 회복되고 제대로 기능할 때 우리는

1) 사역을 위해 제대로 준비될 것이다.
2) 신앙의 연합(특정 교리를 받아들임으로 연대를 이루는 차원이 아닌)을 경험하게 될 것이다.
3) 하나님의 아들, 예수 그리스도에 대한 충만한 지식을 얻게 될 것이다.
4) 성숙한 사람이 될 것이다(그리스도께 속한 성품의 특징을 보여주는 척도

가 성숙이다).

5) 더 이상 어린아이가 아니다(혹은 미성숙한 사람).
6) 교리의 파도나 바람에 휘둘리거나 인간의 속임수에 놀아나지 않을 것이다.
7) 모든 면에서 성숙하여 머리되신 그리스도의 분량에까지 자라갈 것이다.

이것이 바로 '사도적 사역'의 임무다. 물론 인간의 능력이나 탁월한 재능으로 해낼 수 있는 성질의 것은 아니다. 성령의 능력으로 가능하다. 우리가 사도적 사역에 몸담고자 한다면, 그리스도의 모습이 백성의 삶 가운데 나타나기까지 노력을 게을리해서는 안 된다. 삶에서 그리스도의 모습이 나타나는 것-이 목표가 다른 것에 가려져서는 안 된다. 우리는 단지 '하나님의 아들들'(sons of God)이 나타나는 것만을 기대하지 않는다. '하나님의 아들들'의 삶 속에서 '하나님의 아들 예수'(Son of God)가 나타나기를 기대한다. 정말로 사도적인 사역을 하기 원한다면 언제나 예수님만을 사역의 중심으로 삼아야 할 것이다.

앞에서 진술했듯이, 사도들의 사역은 성도들의 삶에서 다른 어떤 이의 모습이 아닌 '그리스도'의 모습이 나타날 때까지 수고하고 고난받는 것이다(갈 4:19 참조). 물론 1세기의 사도들도 회중 안에 질서를 세우기 위해 특정한 일들을 행했다. 하지만 그들이 제도를 강조한 것은 아니다. 다만 교회 안에서 예수 그리스도의 모습이 나타나도록 노력했을 뿐이다.

외양을 바꾸는 것, 이를테면 모임 장소나 세팅을 바꾸는 것 자체는 우리의 삶에 아무런 영향을 끼치지 못한다. 초대교회는 공동체였고 이 집 저 집을 돌아다니며 모임을 하는, 나름의 제도를 취했지만 그들이 모인 것은 그들 안에 '삶'(생명)이 있었기 때문이지, 삶(생명)을 얻고자 모였던 것은 아니었다. 교회가 교회의 모델이 되어서는 안 된다. 예수님이 교회의 모델이자 따라야 할 패턴이어야 한다. 물론 교회에는 질서가 있고 제도가 있다. 그러나 제도가 주(主)가 될 때, 거의 모든 경우, 교회는 은혜로부터 떨어져나가는 참상을 겪게 된다.

제 7 장

사도를 시험하기
Testing Apostlest

Church History: The First Century

제7장
Testing Apostles

사도를 시험하기

 예수 그리스도라는 기초 위에 교회를 세운 사람들이 바로 사도였기 때문에, 교회사를 제대로 연구하기 위해 '사도'가 누구인지를 정의해야 한다. 또한 부름 받은 원래의 모습대로 교회가 변화되는 것을 위해, 열린 마음으로 사도적 사역을 대해야 할 것이다. 지금은 사도적 사역의 필요성이 크게 계시되는 때이기에 자칭 사도라고 하는 사람이 여기저기 속출하고 있다. 너 나 할 것 없이 스스로를 사도라고 주장하기에 군중 사이에 돌을 던졌을 때 사도가 아닌 사람이 맞을 확률이 거의 없을 정도다. 1세기에도 이와 동일한 문제가 있었다. 그래서 주님은 에베소 교회가 "자칭 사도라 하되 아닌 자들을 시험하여 그 거짓된 것을 드러내었던 일"을 칭찬하셨다(계 2:2 참조). 이 장에서는 진도를 나가기에 앞서 신약성경의 근거를 통해 사도적 사역을 정의해보도록 하겠다.

사도는 영적 아비다
Apostles are Spiritual Fathers

바울은 "스승은 많되 아비는 적으니라"(고전 4:15 참조)라고 말했다. 오늘날 교회의 상황도 마찬가지다. 교회 안에 뛰어난 교사와 훌륭한 설교자는 많지만 아비는 많지 않다. 대부분의 남성은 젊은 시절 아빠가 된다. 젊었을 때부터 '아버지'로 불린다. 하지만 영적 아비가 되는 것은 나이와 별 상관없다. 참된 영적 아비는 다른 사람을 자식처럼 양육하고 그들에게 자신의 사역을 전수한다. 즉, 사역의 재생산이 이루어진다. 하지만 이렇게 하는 사람은 극히 드물다.

사역의 재생산이 시급한 때이긴 하지만 다른 사람에게 사역을 전수하고 재생산할 능력이 있다고 해서 그에게 사도라는 타이틀을 붙여줄 수는 없다. 물론 모든 분야의 사역자가 재생산의 역할을 감당해야 한다. 그러나 사도적 사역은 단지 사역의 재생산만을 의미하지 않는다. 사도는 온 교회가 그리스도의 모습을 나타내도록 인도하는 사람이다.

사도는 교회를 세운다
Apostles Establish Churches

확실히 '교회 개척'은 1세기 사도적 사역의 열매였다. 교회를 세우는 것은 '기독교 가맹점'을 여는 것과 다르다. 1세기의 교회는 저마다 독특한 특성을 지니고 있었다. 그렇기에 요한계시록에 등장하는 교회들은 모두 동일한 시대, 동일한 지역에 소재해있었지만 이들은 주님으로부터 각기 다른 메시지를 들었다. 우리 하나님은 단 하나의 눈꽃도 특별한 모양(똑같은 모양은 하나도 없다)으로 만드시는 창조주이시다. 우리가 하나님을 잘못 나타내는, 가장 비극적인 방법 중 하나는 '단조로움'일 것이다. 삶에서 창조주의 모습을 반영하고자 한다면 각각의 회중, 각 사람, 그리고 각각의 모임은 영광스러운 '독특성'을 지녀야 하며 흥미로워야 한다.

그분의 교회를 세울 수 있는 분은 오직 주님뿐이다. 주님은 이 일을 사도, 곧 '지혜로운 건축 숙련공'들을 통해서 수행하신다. 그렇다 해도 그분의 집을 설계하고 세우시는 분은 여전히 주님이시다. 만일 참된 사도적 교회의 일원이 되고자 한다면, 현재 우리가 세우고 있는 것이 주님이 거하실 처소인지 아니면 그저 사람들의 마음을 끌 만한 장소인지 항상 의심해봐야 할 것이다. 우리의 주된 동인(動因)이 사람을 끌어 모으는 것이라면, 우리가 세우는 곳에 하나님의 임재가 나타나기는 힘들다. 그러나 주님이 원하시는 것을 세운다면, (많은 사람이 몰려들 수도 있고 그렇지 않을 수도 있지만), 사람의 숫자는 우리의 관심사가 되지 않을 것이다.

숫자는 주님이 신경 쓰신다. 그분은 '모든' 사람이 구원을 얻고 또 진리를 아는 지식의 소유자가 되기를 원하신다. 하지만 주님의 임재가 있다고 해서 많은 사람이 모이지 않는 경우도 있고 또 인간의 제도로는 감당할 수조차 없을 만큼 많은 사람이 모여드는 경우도 있다. 큰 규모의 조직 혹은 작은 규모의 조직의 숫자는 우리가 상관할 바가 아니다. 우리는 다만 하나님께서 우리 안에 거하실 수 있도록 그분의 뜻을 행하고 그분 안에 거할 뿐이다.

교회를 개척했다고 해서 사도가 되는 것은 아니다. 복음 전도자, 목사, 교사, 혹은 선지자, 위에 열거된 '세우는 사역자'(equipping ministries)에 포함되지 않은 사람들까지 이들 모두가 교회를 세우는 일에 쓰임 받을 수 있다. 안디옥 교회는 사도에 의해 세워진 교회가 아니다. 오히려 이 교회에서 사도들이 세워지고 새로운 형태의 사도적 사역(선교)이 탄생하기까지 하였다. 만일 안디옥 교회가 예루살렘 출신의 사도들에 의해 개척되었다면, 이 교회에서는 새로운 형태의 사도적 사역자들이 나오지 못했을지도 모른다. 오직 새로운 가죽부대만이 하나님의 새 포도주를 담을 수 있다. 물론 주님은 "만민을 위하여 오래 저장하였던 맑은 포도주로 연회를 베푸시" 기도 하신다(사 25:6 참조). 우리는 그 둘 다 수용할 줄 알아야 한다!

사도들은 '하나님의 통치'를 전수한다
Apostles Impart God's Government

그리스도가 '왕 중의 왕' 이심을 이해하지 못한다면, 그가 누구이신지에 대한 계시도 얻을 수 없다. 예수님은 하늘 아버지의 권위를 온전히 대변하신 분이다. 그러므로 이 땅에서 예수님을 닮고자 한다면, 하늘 아버지의 권위를 세우는 일에 동참해야 한다.

그러나 주님께서는 그분의 권세가 그 당시 이방인들의 것과는 다르다는 점을 명확히 하셨다. 그의 권세는 사랑과 섬김에 근간하였기 때문에 어떠한 인간의 권세와도 같지 않았다. 교회 역사를 통해 자행되었던 가장 파괴적인 실수는 교회의 지도자들이 하나님 나라의 권세가 아닌 작금의 인간 권세를 따라 교회 정치를 했다는 것이다. 오늘날 세상이 보여주는 인간 권세는 주님의 성품, 주님의 영(정신)과 정반대의 양태를 띠고 있다. 이러한 인간 권세는 결코 사람들 안에서 의의 열매를 맺지 못한다.

예수님이 보여주셨던 리더십 스타일은 교회사를 통해 나타났던 대부분의 교회 혹은 기독교 운동이 표방한 리더십 스타일과 현격한 대조를 이룬다. 그러므로 우리는 주님의 리더십을 주의 깊게 살펴보고 연구해야 한다. 주님은 통치 제도(government system)를 세우시지 않았다. 그 대신 '하나님의 통치'를 진심으로 받아들였던 사람들을 지도자로 세우셨다. 아무리 훌륭한 통치 제도를 구축했다 하더라도 훌륭한 사람이 그 안에 포진되지 않으면 그 제도는 필시 '악'(惡)으로 전락해버린다. 반대로 아무리 엉성한 통치 시스템이라 하더라도 훌륭한 사람이 운영하면 좋은 열매가 나타나게 마련이다.

분명히 하나님의 통치 방법은 시스템이나 조직체의 구현이 아니다. 그의 통치 방법은 기름 부음이다. 계량화하는 것은 무리가 있겠지만 우리는 왕이신 그리스도가 우리 가운데 거하시는 만큼, 딱 그만큼만 참된 영적 권위를 갖게 된다. 그러나 인간이 만든 제도나 지위로부터 오는 권세를 붙든다면(그것은 참된 영적 권위가 아니다) 성령의 기름 부음이 사라진 후에도 오랫동안 권위를 유지할 수 있다. 바로 이 한 가지 이유 때문에 교회가 오랫동안 똑같은 비극을 반복해서 겪어야 했다.

하지만 이 사실도 기억해야 한다. 불법과 무질서는 이 세상 역사의 마지막 장(章)에 등장할 가장 큰 원수 중 하나라는 것을 말이다. 오늘날의 교회가 하나님의 통치 방법의 진리를 발견하고 그것을 이 땅에 세워야 하겠지만, 현존하는 시스템을 부숴버리는, 이른바 '반항의 방법'을 택해서는 안 된다. 그리스도의 성품에 적대적인 통치 제도라 할지라도 그것은 하나님 나라가 완성될 때까지 사회의 질서를 유지하고 안정을 꾀하기 위해 하나님께서 허용하시고 인정하신(ordained) 제도다. 하나님의 권세는 사랑과 섬김에 근간하고 있다는 사실을 잊지 말자. 하지만 사랑과 섬김이라고 해서 훈계와 심판이 배제될 것이라는 착각은 금물이다.

사도는 주님을 본 사람이다
An Apostle Has Seen the Lord

이것은 바울이 언급한 사도적 정통성의 근거 중 하나다. 바울 스스로가 자신의 사도권(사도적 권위의 당위성)을 변론하기 위해 내세운 조건이기도 하다(고전 9:1). 이 조건은 사도라면 반드시 문자 그대로 예수님을 만났어야 한다는 의미다. 다시 말하자면 예수님과 대면하는 것(직접 눈으로 보는 것)이 사도적 직무를 수행할 수 있는 전제조건이라는 뜻이다.

사도는 '예수'라는 식양(설계도)대로 사람들을 변화시키는 사역자로 부름 받은 자다. 처음으로 이 땅 위에 하나님이 거하실 처소를 지었던 모세가 성막의 설계도를 보기 위해 먼저 시내 산에 올라가야 했던 것처럼, 사도 역시 사람들을 예수님의 형상으로 변화시키는 일을 하기 위해 먼저 그리스도의 영광을 목도해야만 했다. 누구보다 먼저 예수님의 형상을 생각과 마음에 새겨 설계도로 삼아야만 했다.

주님의 영광에 사로잡혀야만, 겉으로 보기에 좋으나 여전히 인간의 수단인 것들에 속지 않는다. 패턴과 공식에 매달리는 것은 영적 권위의 특성이 아니다. 이것은 기본적으로 '주술'(witchcraft)의 특성이다. 주술은 영적 권위의 모조품이다. 하나님의 뜻을 이룬다는 명목으로 인간의 방법을 사용해왔던 습관 혹은 성향으로부터 자유하기 원한다면 보좌에 앉으신 하나님을 바라보아야 한다. 보좌에 앉으신 하나님을 보는 것-이것은 단순히 교리를 받아들이는 차원이 아니다. 사도적 사역을 위해서는 부활하신 그리스도와의 실제적 만남(실제로 그를 우리의 두 눈으로 보는 것)이 선행되어야 한다.

사도는 그리스도의 부활을 목격한 사람이다
The Apostle Is a Witness of His Resurrection

이 조건은 바로 전에 제시된 조건과 연관된다. 사도는 부활의 영광 가운데 계신 예수님을 만나고 그분의 부활을 선포하는 사람이다. 부활의 영광을 볼 때에만 우리의 복음 선포에 능력이 실린다.

사도행전 1장 22절을 보면 사도의 직책은 그리스도의 부활을 선포할 사람에게 부여된다는 것을 알 수 있다. 또한 사도행전 4장 33절에는 교회가 그리스도의 부활을 선포할 수 있도록 하나님께서 교회 위에 능력을 부어주시는 장면이 나온다. 로마서 1장 4절은 예수님을 "죽은 자들 가운데서 부활하여 능력으로 하나님의 아들로 인정되신" 분으로 소개하고 있다.

예수 그리스도의 부활 사건은 1세기의 사도들이 선포했던 복음의 중심 주제였다. 하지만 교회사에 나타난 위대한 사람들의 글과 메시지를 연구해본 결과 이 위대한 진리(부활)에 대해 제대로 설파한 경우를 찾아볼 수 없었다. 그저 엉성하고 조악한 기록들뿐이다. 수천 편의 설교를 들어봤지만-그중 다수는 '이 시대가 낳은 최고의 설교자' 가 전했던 설교임에도-매년 부활절에 전하는 의무적인 설교를 제외하고는 이 주제를 심도 있게 다루었던 설교는 한 차례도 없었다. 기독교의 가장 기본적 진리인 부활을 외면하는 태도가 오늘날의 교회를, 1세기 초대교회가 보였던 사도적인 능력으로부터 멀어지게 한 주된 요인이 아닐까?

이 주제에 관련하여 찰스 스펄전(Charles Spurgeon)은 기록하기를 "그리스도의 부활을 믿는 그리스도인은 거의 없다"라고 했다. 이러한 글귀가 담긴 그의 책을 처음 읽었을 때, 나는 그 문장이 잘못 인쇄된 줄로 알았다. 하지만 이후 성령님께서 그것이 사실임을 알려주셨다. 참된 믿음은 특정한 사실에 지적인 동의를 표하는 것이 아니다. 참된 믿음은 그 사실을 '생각' 이 아닌 '마음' 으로 받아들이는 것이다. 마음으로 믿는 믿음만이 '의' (righteousness)라는 열매를 맺는다(롬 10:10 참조). 우리는 마음으로 받아들임 없이 부활을 교리적으로 믿을 수 있다. 그러나 부활을 정말 마음으로 믿었다면 우리 모두의 삶은 지금과는 현저하게 달랐을 것이다. '현실' 이라는 '폭군' 에게 잠식당하지 않았을 것이며 '영원'이라는 나라를 위해 온전히 헌신했을 것이다. 스펄전이 했던 말의 참된 뜻은 우리가 부활 사건에 지적으로만 동의할 뿐, 실제로는 예수님이 부활하시지 않은 것처럼 이 세상을 살아가고 있다는 뜻이다. 바울은 고린도전서 15장 13-14절에서 이렇게 말했다. "성도 여러분, 만일 우리가 부활을 믿지 않는다면 우리의 믿음은 헛된 것입니다."

사도적 비전
Apostolic Vision

모세는 '비전의 사람'(혹은 '보는 사람')이었다. 성막을 짓기 전 그는 시내 산에서 실제로 성막의 식양을 보았다(출 25:40 참조). 진정한 영적 비전은 우리가 '생각'의 작용을 빌려 무언가를 떠올리는 과정이 아니다-진정한 영적 비전은 하나님이 보여주시는 것이다.

학개 선지자는 당시의 성전(스룹바벨의 성전)을 보며 말했다. "이 전의 나중 영광이 이전 영광보다 크리라"(학 2:9 참조). 그는 솔로몬 성전보다 스룹바벨의 성전이 빼어나거나 훨씬 더 수려하다고 말하지 않았다. 그가 말한 것은 그 성전 안에 깃들 영광이 이전의 영광보다 크다는 것이었다. 사도적인 사역자는 집의 크기나 아름다움보다는 그 안에 거하실 분의 영광에 집중해야 한다. 그러므로 진정한 사도적 비전은 '그리스도 중심'(Christocentric)이지 '교회 중심'(church-centered)이 아니다. 사도적 사명은 사람들을 주께로 인도하는 것이지 그들을 교회로 인도하는 것이 아니다.

사람들을 그리스도와의 참된 만남으로 인도하면 그들은 분명 교회에 출석할 것이다. 그러나 교회에 나온다고 해서 그리스도와의 참된 만남이 이루어지는 것은 아니다. 교회에 발을 들여놓았지만 다양한 이유로 여전히 주님을 만나지 못한 사람이 부지기수다. 만일 주님께서 거하시지 않는다면 아무리 영화로운 성전을 짓는다 한들 무슨 소용이 있겠는가? 이와 반대로 만일 하나님께서 내주하시어 우리를 만나 주신다면, 성전의 위용과 규모는 관심 밖의 일이 될 것이다. 그러므로 위대한 사도적 기도는 아래와 같다.

> 너희 마음 눈을 밝히사 그의 부르심의 소망이 무엇이며 성도 안에서 그 기업의 영광의 풍성이 무엇이며 그의 힘의 강력으로 역사하심을 따라 믿는 우리에게 베푸신 능력의 지극히 크심이 어떤 것을 너희로 알게 하시기를 구하노라 (엡 1:18-19)

위의 말씀을 자세히 살펴보라. 바울은 우리가 우리의 '부르심'이 무엇인지, 우리의 '유업'(기업)이 무엇인지 알게 될 것이라고는 이야기하지 않았다. 게다가 우리의 능력으로 참되고 영원한 가치의 일들이 이루어질 것이라고 이야기하지 않았다. 우리가 쉽게 걸려 넘어질 수 있는 가장 미묘한, 그러나 가장 파괴적인 속임수 중 하나는 '내 안에 계신 그리스도' 대신 '그리스도 안에 있는 나'를 지나치게 강조하는 태도다. 물론 우리는 우리가 누구인지, 또 우리가 받은 부르심이 무엇인지 알 필요가 있다. 하지만 우리의 정체성이나 소명이 주님을 향한 헌신보다 더욱 중요하게 다뤄져서는 안 된다.

사도적 은사
Apostolic Gifting

사도는 하나님의 거처(교회)를 세우도록 부름 받은, '으뜸 건축공' (ma-ster builder)이기 때문에 이 일을 수행하기 위해 그들에게 요구되는 특정한 자질들이 있다. 하나님의 집을 건축했던 성경 인물들의 삶을 연구함으로써 그들이 갖춰야 했던 자질들이 무엇인지 알아보도록 하자. 맨 처음 하나님의 처소를 세웠던 모세에 대해 성경은 이렇게 증언하고 있다.

> 믿음으로 모세는 장성하여 바로의 공주의 아들이라 칭함을 거절하고 도리어 하나님의 백성과 함께 고난받기를 잠시 죄악의 낙을 누리는 것보다 더 좋아하고 그리스도를 위하여 받는 능욕을 애굽의 모든 보화보다 더 큰 (영적) 재물로 여겼으니 이는 상 주심을 바라봄이라(히 11:24-26)

위 구절에 나오는 그대로 모세는 하나님을 섬기기 위해 바로의 공주의 아들이라 칭함 받을 기회, 세상적인 안목으로 볼 때 가장 좋은 기회를 희생하기로 선택했다. 성경적 사도의 모범을 보인 사도 바울 역시 그와 동일한 결정을 내렸다. 그는 예수님을 섬기려는 목적으로 바리새인 중 바리새인으로서 얻을 수 있었던 영향력과 높은 지위를 내던져버렸다.

　모세는 하나님의 백성과 함께 고난의 길에 동참하기로 결심했다. 그는 그리스도를 위해 받는 고난을 이집트의 모든 보화보다 '훨씬 더 값진' 보물로 여겼다. 바울 역시 끊임없는 핍박과 위협과 훼방을 겪었다. 하지만 그는 이 모든 고난을 '더할 나위 없는' 복음 전파의 기회로 삼았다. 심지어 자신의 사도적 권위를 고난(그리스도를 위한)에 두었다.

　로마의 시민이었던 바울은 세계의 가장 위대한 제국 안에서 꽤나 높은 자리의 관직에 오를 수 있었다. 그러나 그는 자신이 가진 모든 타이틀과 특권을 한데 모아 '배설물' 이라고 불렀다(빌 3:7 참조). 하나님이 창조하신 광활한 우주에서 지구는 단지 조그마한 점으로밖에 보이지 않는 것처럼, 하나님의 영원한 처소에서는 이 세상의 모든 부와 값진 보화를 한데 모아둔다 해도 조그마한 점으로밖에 보이지 않는다. 그러므로 그리스도의 복음을 위해 고난을 감내한다면 그것은 이 땅의 어떤 보물보다 훨씬 더 값나가는 일이다.

　모세는 죄가 가져다줄 현세의 쾌락을 거절했다. 또한 사도들 모두는 질책할 것 없는 인생, 하나님 앞에서 성결하고 거룩한 삶을 살았다. 그들은 교회가 따를 만한 모범이었다. 하지만 그들 중 어떤 누구도 '롤-모델' (role model)이 되기 위해 그러한 삶을 살지는 않았다. 그들은 그저 거룩한 하나님의 임재 안에 거했다. 일단 하나님의 거룩함, 그 아름다운 맛을 알게 되면 죄에 살짝 얼룩진 옷조차 혐오하게 된다. 하나님은 거룩하시다. 그러므로 정결함을 사랑하지 않고는 하나님을 사랑할 수 없다. 하나님의 뜻을 위해 모세가 고난을 '선택' 했던 것처럼 우리 역시 죄를 지을지 아니면 죄에 대해 "No"라고 말할지 양자 간에 선택할 수 있다. 사도적인 교회가 되려면 하나님 앞에서 정직하게 행하기로 선택해야 한다.

모세의 비전은 영적인 보상(상급)에 있었다. 어떤 사람은 천국에 깊이 마음을 둔 나머지 이 땅에서 누릴 좋은 것들에 관심을 두지 않는다. 만일 그러한 사람이 있다면 사도에 가깝지 않을까 생각한다. 예수님 이후로 이 땅을 걸었던 사람 가운데 사도들만큼 천국에 깊이 마음을 둔 사람이 있겠는가? 오늘날 사역 현장에서 발견되는 가장 큰 문제는 거의 모든 사람의 마음이 세상살이에 너무 깊이 빠져있기에 영적인 것들에 대해서는 별 관심을 두지 않는다는 것이다.

"믿음으로 모세는 애굽을 떠나 임금의 노함을 무서워 아니하고 곧 보이지 아니하는 자를 보는 것같이 하여 참았으며…"(히 11:27 참조) 영적인 비전의 전제조건은 마음의 눈으로 보는 것이 육체의 눈으로 보는 것보다 더욱 실제적이라는 사실을 깨닫는 것이다. 우리는 다른 사람에게 보이지 않는 것을 볼 줄 알아야 한다.

에베소서 4장은 이 시대의 끝이 도래하기 전 교회에서 사도적 사역이 회복되어야 한다는 점을 명확하게 설명해주고 있다. 사도적인 메시지는 단지 말로 끝나지 않고 성령과 능력의 현현으로 이어진다. 이러한 이유로 위에 제시된 모든 조건을 충족했다 하더라도 여전히 사도라고 불릴 수 없는 경우가 있다. 사도적 사역은 하나님으로부터의 위임(commission)을 전제로 하고, 하나님의 위임은 영적 권위와 동반되기 때문이다. 그러므로 진정한 사도는 이론, 제도, 방법, 공식을 들고 나타나는 것이 아니라 참된 교회를 양산할 수 있는 그리스도의 생명력을 들고 나타난다. 이러한 교회가 바로 '하나님의 전'이다. 이러한 교회는 하나님의 임재 안에 거하며, 가는 곳마다 그리스도를 아는 지식의 '달콤한 향기'를 풍기는 교회다. 이 세상의 마지막 날이 이르기 전 언젠가 이러한 교회는 온 세계를 한바탕 뒤흔들어놓을 것이다.

"자칭 사도라 하되 아닌 자들을 시험하여 그 거짓된 것을 드러낸" 행위에 대해 주님은 에베소 교회를 칭찬하셨다(계 2:2 참조). 자격 없는 사람들을 '사도'로 추앙하면서 우리가 가진 영적 화폐의 가치를 떨어뜨리는 것은 해서는 안 될 일이다. 하지만 '선지자의 이름으로' 선지자를 대접해야 선지자의 상급을 받을 수 있는 것처럼, 진정한 사도를 교사처럼 대접한다면 사도를 대접한 일에 대한 상급을 받을 수 없다- 그렇게 할 때 우리가 받는 보상은 '교사의 가르침'일 것이다. 스스로를 사도라고 부르는 모든 사람을 시험해야 하는 것이 옳다. 또한 거짓 사도로 판명된 사람을 거절해야 함이 옳다. 하지만 참된 사도로 판명되었다면 기대하는 마음으로 그에 합당한 대우를 해야 한다. 그래야 그들의 사역을 통한 온전한 상급을 얻게 된다.

---

*사도적 사역에 대해 더 많은 것을 알기 원하는 사람은 이 사역에 대한 더욱 깊은 내용을 담은 책 『사도적 사역』(The Apostolic Ministry, 순전한나드)을 보기 바란다.

제 **8** 장

'선지자' 라는 기초
The Foundation of Prophets

Church History: The First Century

제8장
The Foundation of Prophets

'선지자' 라는 기초

선지자 역시 초대교회에서 아주 중요한 부분을 차지한다. 하지만 신약성경을 기준으로 살펴본다면, 선지자의 수는 사도만큼 많지 않았다. 그 통계치를 두고서 "틀림없는 사실이다"라고는 호언장담할 수 없겠지만, 문서상 선지자들이 사도보다는 언급된 횟수가 적은 것이 사실이다. 이러한 현상은 이해할 만하다. 교회 개척의 주된 업무를 담당한 사람은 선지자가 아니라 사도였기 때문이다. 그뿐만이 아니다. 모든 사도는 사도이자 선지자이기도 했다(그 역은 성립되지 않는다). 그러므로 선지자보다는 사도들이 스포트라이트를 받은 것 같다. 하지만 신약성경은 선지자들에게도 깊은 관심을 가졌다. 그리고 때때로 선지자들의 사역은 매우 놀라웠다.

신약성경이나 1세기의 교회사 문헌에 의하면 당시의 선지자들은 교회에 매우 중요한 영향력을 끼쳤고 또 그들의 영향력도 멀리 퍼져 나갔음을 알 수 있다. 그럼에도 불구하고, 당시의 성도들은 이러한 선지자들이 곁에 있다는 것을 지극히 당연한 일로 받아들인 것 같다. 바울은 에베소로 보내는 서신에 다음의 글을 남겼다.

> 그러므로 이제부터 너희가 외인도 아니요 손도 아니요 오직 성도들과 동일한 시민이요 하나님의 권속이라 너희는 사도들과 선지자들의 터 위에 세우심을 입은 자라 그리스도 예수께서 친히 모퉁이 돌이 되셨느니라 그의 안에서 건물마다 서로 연결하여 주 안에서 성전이 되어가고 너희도 성령 안에서 하나님의 거하실 처소가 되기 위하여 예수 안에서 함께 지어져 가느니라(엡 2:19-22)

선지자들이 수행했던 주된 사역은 하나님을 대신하여 성도들(교회)에게 말씀을 선포하는 것이었다. 모든 사역이 하나님의 말씀 전하는 일을 어느 정도는 감당했지만 선지자들이 건네는 예언(대언)의 말씀은 일반적인 사역자들의 말씀 선포와 달랐다. 선지자들의 대언은 장래에 일어날 큰 사건의 경고가 많았다. 혹은 특별한 상황에 대한 특별한 말씀-그 상황이 일어나도록 허락하신 하나님의 뜻과 목적의 계시-을 전하는 경향을 보였다.

새 언약 아래에서 이루어지는 예언 사역
New Covenant Prophetic Ministry

구약의 선지자와 신약의 선지자 사이에는 차이가 있다. 구약시대 선지자들은 개인적으로 활동하거나 소수로 이루어진 그룹으로 활동하며 국가와 열방을 향해 말씀을 선포했다. 하지만 신약시대의 문이 열리고 교회가 태동함과 동시에 선지자들은 교회를 세우는 여러 사역 팀원 중 일부가 되었다. 그러므로 신약성경에서 선지자들의 활동을 가장 두드러지게 그린 기록은 그들이 사도들과 함께 교회를 세우는 일에 동참했을 때의 기록이었다.

구약시대 선지자들은 막중한 영향력과 큰 지위를 가졌다. 구약의 많은 부분을 차지하는 선지서는 이들에 의해 집필되었다. 신약시대의 선지자들은 종종 구약의 선지자들과 비교되며, 그들과 같은 일을 행할 것으로 기대되곤 했다. 하지만 초대교회에서는 그런 일이 일어나지 않았다. 구약시대 선지자들은 장차 임할 하나님의 심판을 경고로 알리며 백성에게 회개할 것을 촉구하는 임무를 감당했다. 하나님께서 심판에 대한 경고와 회개로의 권면을 전하시는 주된 매개체가 바로 선지자였다. 그러나 신약에 이르러는 상황이 달라졌다. 교회에서 선지자들이 이 같은 일을 수행했다는 단 한 차례의 기록도 찾아볼 수 없다. 사도행전을 보면 아가보 선지자가 전 세계를 휩쓸고 갈 기근에 대해 예언하는 장면이 나오기는 한다. 하지만 그 예언은 임박한 하나님의 심판을 경고한 것이 아니었다. 그러므로 기근을 피하기 위해 회개해야 한다는 강권의 말씀도 뒤따르지 않았다. 심지어 내가 읽었던 초대교부(사도 이후 교회를 이끌었던 리더들-역자 주)들의 글에서는 선지자가 교회의 성도들에게 회개할 것을 촉구했다는 기록조차 없었던 것으로 기억한다. 훈계와 회개에의 촉구는 선지자가 아니라 사도가 담당할 일이 된 것처럼 보였다. 아마도 선지자들은 더 이상 무거운 짐을 지지 않아도 되었기에 기뻐하지 않았을까 생각해본다.

초대교회를 우리의 신체에 비유한다면 선지자들은 뇌의 명령 신호를 온몸에 전달하는 신경체계(신경계)의 기능을 담당한 것과 같다. 신경의 주된 기능은 뇌의 신호를 온몸에 전달하며 머리와 몸을 연결하는 것이지만, 몸이 보내는 신호(이를테면 통증)를 뇌에 전달하는 일도 담당한다. 마찬가지로 선지자 역시 신경조직처럼 '메신저'와 '중보자'의 역할을 담당한다.

주님은 '선지자'라 불리는 일련의 사람들을 통해서만 말씀하겠노라고 스스로를 제한하신 적이 없다. 그러나 주님의 말씀을 받아 사람들에게 전달하는 것은 선지자의 주된 기능이다. 이런 것과 비슷하다고 볼 수 있다: 아픈 사람을 치유하시기 위해 주님께서는 원하시는 사람은 누구든 치료의 도구로 사용하실 수 있다. 그가 치유의 은사를 받았든지 아니든지, 주님이 원하실 때 그는 치료 도구로 쓰임 받을 수 있다. 그러나 치유의 은사를 받은 사람은 이 사역을 위해 특별하게 헌신할 수 있다. 사도 바울은 모든 사람이 다 발이 될 수 없고 모든 사람이 다 눈이 될 수 없다고 말했다. "만일 온몸이 눈이면 듣는 곳은 어디며 온몸이 듣는 곳이면 냄새 맡는 곳은 어디뇨?"(고전 12:17 참조)

하지만 바울은 이렇게도 말했다. "너희는 다 모든 사람으로 배우게 하고 모든 사람으로 권면을 받게 하기 위하여 하나씩 하나씩 예언할 수 있느니라"(고전 14:31). 발은 눈이 될 수 없지만 깜깜해서 아무것도 보이지 않을 때엔 발을 내밀어 조금씩 더듬거리면 나아갈 방향을 '볼 수' 있다. 주님께서는 어느 한 사역에 특화된 성도들을 세우기도 하시지만, 그렇다고 해서 그들이 그 사역에 쓰임 받는 유일한 사람이라는 뜻은 아니다. 모두가 선지자인 것은 아니지만, 모두가 선지자의 일을 수행할 수는 있다(혹은 모두가 예언할 수 있다).

몸의 각 지체는 서로 다르다. 선지자가 아닌 사역자들이 선지자와 같아질 것을 기대할 수 없다. 마찬가지로 선지자가 다른 사역자들과 똑같으리라고 기대하는 것은 금물이다. 심지어 성경에 기록된 선지자들도 동종 사역의 종사자들이지만 서로 달랐다. 이것은 창조성을 지니신 하나님의 본성에서 유래된 현상이다. 하나님은 모든 사람, 모든 나무 심지어 모든 눈송이도 서로 다른 모양으로 창조하신다. 그러므로 주님을, 혹은 주님이 하시는 일을 어떤 특정한 패턴이나 공식의 틀에 가둔다면 하나님을 알 수 있는 길도 그만큼 제한되며 하나님의 음성을 듣는 우리의 청력도 나빠질 것이다.

신약시대 선지자들이 행했던 사역이 구약시대 선지자들이 했던 사역과 큰 차이를 보이는 것이 사실이지만 그들이 받은 예언의 은사나 하나님으로부터 계시를 받았던 방법에는 차이가 없다. 신약, 구약-두 시대의 선지자들 중 어떤 이는 환상, 꿈, 하나님께서 구두로 주신 말씀, 문자로 기록된 말씀을 통해 혹은 현실에서 일어난 사건 속에 담긴 하나님의 목적을 분별함으로 계시를 취득했다. 반면 어떤 선지자는 입신(trance, 깨어있는 동안 꿈속으로 들어가는 것과 같은 현상) 가운데 하나님으로부터 계시를 받았다. 영적인 영역으로 들림을 받아(환상을 본 것이 아님, 실제로 들림 받음) 계시를 받은 선지자들도 있었다. 천사로부터 혹은 하나님으로부터 직접적으로 계시를 받은 선지자도 있었다. 하나님께서는 오늘은 이렇게 말씀하시지만, 다음번에 말씀하실 때에는 오늘과 전혀 다른 방법을 선택하실지 모를 일이다. 하나님께서 다양한 방법을 취하시는 것은 우리를 혼란에 빠뜨리기 위함이 아니라 우리로 하여금 매 순간 그분만을 찾고 그분만을 의지하게 하기 위해서다.

그리스도의 선지자들
Prophets of Christ

"예수의 증거는 대언의 영이라"(계 19:10 참조). 참된 예언은 그리스도께서 하신 '증언'(testimony)의 말씀이다. 그것은 그리스도에게서 나와 우리를 그리스도께로 인도한다. 또한 예언은 자기의 교회를 향한 그리스도의 말씀이다. 예수님은 다양한 방법으로 그분을 계시하셨다-그분은 사자로, 양으로 스스로를 나타내셨다. 그분은 '평화의 왕'이시지만, '검'(劍)을 주기 위해 오셨다. 그분의 성품을 나타내는 각각의 상징은 상충하지 않는다. 오히려 상호보완적이어서 이를 통해 예수님의 성품에 대한 훨씬 더 완성된 계시를 얻을 수 있다.

이러한 이유로 사도 바울은 로마의 성도들에게 "하나님의 인자와 엄위(엄격하심)를 보라"라고 간청했다(롬 11:22). 하나님의 성품을 정확하게 알기 원한다면 우리는 그분의 인자하심과 엄격하심 모두를 살펴보아야 한다. 하나님의 인자, 자비, 용서의 성품만을 아는 사람들은 필연적으로 하나님의 귀한 은혜를 '마땅한 것'으로 간주하며 그의 자비를 '속된 것들 위에 내리시는 하나님의 복'으로 착각하는 오류를 범하게 된다. 하나님이 싫어하시는 일을 행하고도 그분의 자비를 기대하는 행위가 이러한 오류에 속한다. 반면, 하나님의 엄격하신 성품만을 아는 사람들은 '양을 때리는 목자'가 되기 십상이다. 우리를 위해 중보하시는 예수의 영(히 7:25 참조) 대신 '형제들을 참소하는 자'(계 12:10 참조)의 영으로 사역하는 사람이 된다.

신약시대의 선지자는 '은혜의 선지자'도 '심판의 선지자'도 아니고 '예수의 증언'을 전하는 선지자다. 예수님께서는 서로 다른 나라, 지역, 교회를 향해 각각의 지역에 합당한 서로 다른 증언의 말씀을 전하실 수 있다. 그러므로 어느 지역을 방문하여 그곳에서 설교를 하거나 예언의 말씀을 전할 선지자라면 해당 지역을 향한 주님의 말씀에 민감해야 한다. 그저 일반적인 하나님의 자비하심과 엄위하심에 대해 설교하면서 그것을 예언의 말씀이라고 전해서는 안 될 것이다. 이미 '참소하는 자'에 의해 심령이 상할 대로 상한 사람들에게 다가가 하나님의 엄위하심에 대한 상투적 메시지를 전하면서 그것을 예언이라고 말한다면, 우리는 예수의 증언도, 예수의 영도 아닌 정죄의 영을 전하게 된다. 하나님의 자비하심에 대한 상투적 메시지를 전하는 경우도 마찬가지다. 참된 선지자는 자비나 심판, 혹은 어떤 또 다른 입장의 메시지에 '갇혀있는' 설교자가 아니다. 각각의 상황과 사정에 대한 주님의 마음을 시시각각 깨닫고 그것을 '현재형'으로 전달하는 것이 참된 선지자의 모습이리라.

요한이 계시(계시록)를 받았을 때, 소아시아에 소재한 각각의 일곱 교회는 같은 지역, 같은 시대에 존재했던 교회였지만 서로 다른 메시지가 필요했다. 이것은 모든 교회에 한 가지 동일한 메시지를 전할 경우, 그 메시지로 주님의 마음을 보여주는 것이 어렵다는 점을 암시한다. 요한은 일곱 교회를 차례로 방문하여 각각이 처한 상황이나 필요를 깨달은 것이 아니라 성령에 의해 들림을 받아 예수님으로부터 이들 교회를 향한 메시지를 받은 것이다. 목사와 교사는 특정 교회에 머물거나 그 교회를 관찰함으로써 해당 교회에 양육과 교육이 필요하다는 사실을 깨닫기도 한다. 그러나 선지자는 이러한 방법으로 일하지 않는다. 교회를 향한 예언적 메시지를 전하기 위해 선지자들은 교인이 아닌 주님을 바라본다.

예수님은 사자와 어린양이시다. 때때로 '세미하고 작은 음성'(왕상 19:12 참조)으로 말씀하시지만 '시온에서 부르짖기도 하신다'(욜 3:16 참조). 만일 세미한 음성만 듣는다면 그분이 부르짖으실 때 그분의 음성을 분별할 수 없다. 그 역도 마찬가지다. 하나님께서 말씀하시는 '방법'을 안다고 해서 그분을 인식할 수 있는 것이 아니다. 그분을 알아야만 그분의 음성을 분별할 수 있다('분별' 하라고 말씀하시는 분은 성령이시다). 나는 내 아내를 알기 때문에 아내의 목소리를 안다. 속삭이는 소리도 큰 소리로 말하는 것도 다 알 수 있다. 주님을 알면 그분이 말씀하시는 방법에 상관없이 그분의 음성을 알 수 있다.

예언 사역의 목적: 사람을 세움

The Equipping Purpose of Prophetic Ministry

예언 사역을 통해 주께서 이루고자 하시는 궁극적인 목표는 교회를 '모든 사람이 예언할 수 있는'(고전 14:31 참조) 장소로 만드시는 것이지 단지 교회를 향해 예언의 말씀을 전하는 것이 아니다. 교회를 세우고 사람을 세우는 여러 다른 은사와 마찬가지로 선지자의 은사 역시 '선지자의 사역'만 하도록 허락된 것이 아니다. "이는 성도를 온전케 하며 봉사의 일을 하게 하며 그리스도의 몸을 세우려 하심이라"(엡 4:12). 신약시대 선지자들의 주된 기능은 교회가 예수님의 사역(선지자로서 예수님께서 행하셨던 사역)을 행할 수 있도록 길을 여는 것이다. 하나님의 백성에게로 선지자로서의 예수님의 일들이 흘러가도록 만드는 것이 선지자가 할 일이다. 모든 사람이 선지자로 부름 받은 것은 아니다. 그러나 교회 전체는 이 세상을 향해 말씀을 선포하는 선지자로 부름 받았다. 교회는 하나님의 대변인으로서 그리스도의 사역을 세상에 나타내야 한다.

하나님께서 이스라엘 민족에게 유월절을 지키도록 명령하셨다. 그들은 유월절의 음식인 어린 양을 통째로 먹어야 했는데, 문자 그대로 전부를 먹어야 했다. 조금도 남겨선 안 되었다(출 12:10 참조). 만일 주님을 받아들이고자 한다면 그분의 전부를 받아야만 한다. 바울은 고린도의 성도들에게 다음과 같이 가르쳤다. "그리스도의 증거가 너희 중에 견고케 되어 너희가 모든 은사에 부족함이 없이 우리 주 예수 그리스도의 나타나심을 기다리느니라"(고전 1:7). 그리스도께서 원하시는 대로 행하실 수 있을 때, 교회 안에 그리스도의 참된 증거가 나타날 것이다. 교회 안에 그리스도의 증거가 나타난다면, 이는 주님께서 머리 둘 곳을 찾으셨다는 증거다-그가 머리를 두실 곳이자 머리가 되실 곳.

사역이 우리의 예상대로 풀리지 않으리라는 점을 이해해야 한다. 주님은 이 세상의 미련한 것을 택하셔서 지혜로운 자들을 어리둥절케 하신다(고전 1:27 참조). 앞에서 언급했듯이 주님은 너무도 엄격했던 바리새인 중의 바리새인, 바울을 택하셔서 은혜의 사도로 삼으셨다. 열두 제자 중 가장 성미가 급하고 심리가 불안정했던 시몬(베드로)을 택하셔서 '페트라'(베드로) 곧 '반석'이 되게 하셨다. 하나님께서 그분의 은혜대로 역사하시도록 우리가 그분께 무대를 내어드린다면 하나님은 가장 가능성이 희박한 사람들을 택하셔서 강력한 사도와 선지자로 삼으실 것이다. 이와 마찬가지로, 우리 눈에 가장 좋아 보이고 미래가 밝아 보이는 어떤 그릇은 '거짓 것'으로 판명되곤 한다.

'마른 뼈' 테스트
The 'Dry Bones' Test

선지자로 부름 받은 모든 사람은 에스겔 37장의 테스트를 통과해야만 하는 것 같다. 오늘날 마른 뼈로 가득한 골짜기에서 우리가 볼 수 있는 것은 무엇인가? 하나님으로부터 비전을 받지 못한 사람은 죽음 외엔 아무것도 눈에 들어오지 않을 것이다. 에스겔 37장의 교훈은 에스겔의 교육을 위해 주어졌다. 에스겔과 마찬가지로 오늘날의 선지자들 역시 몹시 말라비틀어진 뼈를 보면서도 위대한 군대가 나타날 것을 예상할 줄 알아야 한다. 그 뼈들이 본래의 소명대로, 부르심 받은 모습 그대로 변화될 때까지 그들을 향해 생명을 선포할 줄 알아야 한다. 이것은 하나님께서 교회에 주신 예언 사역의 중요한 기능 중 하나다-교회가 본연의 부르심대로 변화될 때까지 교회를 향해 말씀을 선포하는 것.

단지 모인다고 해서 참된 연합이 이루어지는 것은 아니다. 모인 사람들 모두가 오직 "능력의 말씀으로 만물을 붙드시는"(히 1:3 참조) 그분을 바라볼 때에만 진정한 연합이 이루어질 수 있다. 누구나 바벨론을 볼 수 있다. 하지만 아무나 하나님의 거룩한 도성이 세워지는 것을 볼 수 있는 것은 아니다. 선지자적 비전을 견지한 사람만이 상천하지(上天下地)의 모든 것을 하나로 연합하시는 그분 안에서 '장차 변화될' 거룩한 도성의 모습을 볼 수 있다.

우리는 교회의 기반을 이루는 선지자 사역에 대해 훨씬 더 많은 것을 배워야 한다. 시간이 허락되면 그러한 것을 배우겠지만, 지금으로서는 성경 말씀에 의지하여 선지자 사역이 사도 사역과 더불어 교회의 기초를 이루는 아주 중요한 사역임을 전하는 것으로 마무리하고자 한다. 사도 사역과 선지자 사역이 없으면 그 기초는 제대로 놓일 수 없다. 1세기에도, 지금도, 세상 끝 날까지도, 이 사실은 변함없을 것이다. 모든 사람이 하나님의 음성을 들을 수 있어서 더 이상 선지자가 필요없게 될 때까지 사도와 선지자의 사역은 교회의 기초를 이룰 것이다.

---

*선지자(예언) 사역에 대해 더 많은 것을 알기 원한다면 내 책 『예언 사역』(The Prophet-ic Ministry)을 보기 바란다. 훨씬 더 깊이 있는 내용들을 발견할 수 있을 것이다. 스티브 탐슨(Steve Thompson)이 쓴 『당신도 예언할 수 있다』(You May All Prophesy, 순전한나드)도 추천한다. 이 책은 신학자나 교회 리더들이 '선지자 사역에 대해 가장 명확하고 가장 실용적인 연구서'라고 부르는 지침서이기도 하다. 두 책 모두 여러 기독교 서점에서 구매할 수 있다.

제9장

초대교회의 생명
The Life of the Early Churcht

Church History: The First Century

제9장
The Life of the Early Church

초대교회의 생명

1세기 교회는 단 한 가지 기본적인 이유만으로 그 생명을 유지할 수 있었다- '주께서 그들 가운데 계신다.' 이것이 초대교회가 지닌 생명의 원동력이었다. 성도들은 날마다 그리스도를 만났다. 그들이 전한 메시지가 예수였고, 예수님은 그들에게 역사하셨다. 주님은 사도들을 통해 일하시기도 했지만 언제든 원하시는 성도를 들어 사용하시기도 했다. 하루 24시간, 일주일 내내 교회는 쉬지 않았다. 성도들은 교회에 다닌 것이 아니다-그들 자신이 바로 교회였다.

처음엔 사도들이 날마다 성전에 나아가 사람들에게 가르침을 전했다. 이후 성도들은 가정집에서 모임을 했다. 하나님께서 역사하지 않으시면 모임은 부담이 된다. 반대로 하나님이 역사하시면, 모든 사람이 원하는 것은 오직 '모이는 것' 이리라. 하나님께서 역사하실 때, 하나님의 백성과 함께 믿을 만한 교회에 모여 하나님을 경험하는 것보다 더 아름답거나 흥미롭거나, 더욱 만족할 만하거나 혹은 영혼을 위해 행할 수 있는 더욱 훌륭한 일은 없다.

사람은 하나님을 필요로 하고 사람들을 필요로 하도록 창조되었다. 그렇기 때문에 아담의 '외로운 상태'는 하나님께서 지으신 모든 것 가운데 처음으로 '좋지 못하다'는 평가를 받게 되었다: "사람의 독처하는 것이 좋지 못하니…"(창 2:18 참조) 하나님께서 언제 이 말씀을 하셨는지 아는가? 아담이 하나님과 함께 있을 때였다! 아담에게는 하나님이 있었다. 그에게는 수많은 동물도 있었다. 하지만 그것으로는 충분하지 않았다. 하나님께서 그렇게 만드셨기 때문이다. 아담은 하나님을 필요로 했다. 하지만 '자신과 같은' 종류의 사람과도 교제해야 했다. 물론 우리에게는 그 어떤 사람보다 하나님이 더욱 필요하다. 그 만큼은 아니지만 사람도 필요하다. 하나님께서 그렇게 만드셨기 때문이다.

때때로 우리는 주님과 독대해야 할 필요가 있다. 하나님과 우리가 누리는 관계는 가장 가까이 지내는 사람과의 관계보다 훨씬 더 깊어야 하고 훨씬 더 아름다워야 옳다. 그렇다고 해서 다른 사람과의 관계가 중요하지 않다는 뜻은 아니다. 디트리히 본회퍼(Dietrich Bonhoeffer)는 '크리스천 공동체'라는 주제로 집필했던 책에서, "하나님보다 공동체를 더 좋아하는 사람은 하나님과 단 둘이 지내는 법을 배워야 한다"라고 언급했다. 반대로 "하나님과 단 둘만 있는 것을 원하는 사람은 공동체 안으로 들어가야 한다"고 말했다. 가장 건강하고 균형 잡힌 '크리스천의 삶'이란 그 둘을 공유한 삶일 것이다.

가장 큰 계명은 "하나님을 사랑하라, 서로 사랑하라"이다. 물론 하나님에 대한 사랑이 먼저다. 우리가 그 어떤 것보다, 그 어떤 누구보다 더욱 하나님을 사랑하지 않는다면 이웃을 올바르게 사랑할 수 없다. 하지만 이웃을 사랑하지 않고는 하나님을 사랑하는 것도 불가능하다 (요일 4:20 참조). 하나님을 향한 참된 사랑은 항상 이웃 사랑의 형태로 나타나게 마련이다. 그러므로 이 두 계명은 본질상 하나다.

1세기 교회의 이야기를 듣고 그들이 누린 삶을 부러워하지 않기란 참으로 어려운 일일 것이다. 신약시대의 교회를 가장 잘 묘사해주는 단어 중 하나는 '교제'(fellowship)이다. '교제'라는 말로 번역되는 영단어 'fellowship'은 원래 "두 친구(fellows)가 한 배(ship)에 올라있다"라는 표현에서 기인했다. 이 문장에 담긴 뜻은 "그 둘은 어디를 가든 함께할 수밖에 없다"이다. 성경적 교제의 성격을 보여주는, 참으로 훌륭한 비유가 아닌가? 그리고 fellowship으로 번역된 헬라 원어는 '코이노니아'(koinonia)이다. 이 단어는 사람들 상호 간의 훨씬 더 깊은 교류(interweaving, 서로의 삶이 얽히고 한데 어우러진 상태)를 뜻한다. 코이노니아를 영어로 번역할 때 fellowship이라는 단어 이외에도 자주 등장하는 단어가 있는데 그것은 communion(연합 혹은 성찬, 영성체), common-union이다. 신약성경에 나오는 성도들은 깊이 교제했다. 이처럼 그들의 삶이 한데 어우러지는 '연합'의 양태를 띠었기 때문에 '거룩한 나라'라는 교회의 정체성은 그 어떤 국가나 문화권이 자랑하는 정체성보다 훨씬 더 위대했다-이것이야말로 참된 의미의 '가족 정체성'이 아닌가?

모든 크리스천이 '성도'(saints)로 불렸다. 성도라는 말은 '참된 신자'라는 뜻이다. 당시 크리스천이 되는 데에는 위험이 따랐다. 그렇기 때문에 다른 성도들과 함께 교제하는 사람이라면 그가 참된 신자라는 것은 틀림없는 사실이었다. 이들의 교제는 매우 아름다웠다. 하지만 아름다운 만큼이나 어려웠다. 사람들 간의 분쟁을 조정하기 위해서는 기름 부음 받은 지혜로운 리더가 필요했다. 게다가 교회를 향한 박해도 있었고 순교하는 성도들도 있었다. 교회는 국가 권위자들의 결정에 의한 외부적 핍박에 시달렸을 뿐만 아니라 내부에서 일어난 이단들 때문에 신음하기도 했다. 이들 때문에 개척된 지 얼마 안 되는 몇몇 교회가 분열되는 일도 있었다. 어떤 사람은 심각한 죄에 빠지기도 했다- 이 모든 일은 당시의 교회에 너무도 심각한 좌절감을 안겨주었다. 이 모든 상황을 헤치며 교회의 하나 된 모습을 유지하기 위해 성도들은 먼저 하나님과 강력한 교제의 관계, 다른 성도들과 강력한 교제의 관계를 유지해야만 했다.

많은 사람이 1세기 교회의 모습을-심지어 첫 번째 교회였던 예루살렘 교회의 모습마저도-완벽한 교회 생활의 모델로 손꼽는다. 아직까지는 1세기의 교회가 '역사상 가장 위대한 교회'일 수 있다. 하지만 증거나 정황으로 볼 때, 사도들은 그 시대의 교회 모습이 교회가 나아가야 할 궁극적인 모습일 것이라고는 생각지 않았다. 그들은 장차 교회가 더욱 성숙한 모습을 띠며 더 아름답고 더 강력한 주님의 전으로 변화되리라 기대했다. 사도들의 생각에 당시의 교회는 '살아있는 돌'들로 세워질 미래의 성전, 그 길로 나아가는 첫 단계였을 뿐이었다. 그들은 사도행전에 기록된 아름다운 교회의 모습을 씨앗으로 보았지 열매로 보지 않았다. 물론 열매는 씨앗보다 더 좋다. 하지만 씨앗 속에 장차 나타날 열매의 DNA가 담겨있다는 점을 잊지 말아야 한다. 그러므로 하나님의 부르심대로 변화될 교회의 궁극적인 모습-그 DNA를 담고 있는 '씨앗 교회'를 연구해보는 것은 큰 유익이 된다. 하지만 연구의 목적은 또 다른 1세기의 교회로 변화되는 데에 있지 않다. 이 연구의 목적은 21세기의 교회가 되는 것에 있다.

1세기 교회는 주변에 수많은 적으로 가득했다. 마치 온 세계가 교회의 뿌리를 제거하려고 달려드는 것만 같았다. 하지만 교회는 살아남았다. 그뿐만 아니라 교회는 자라고 성장하여 세상을 변화시켰다. 교회는 그 어떤 종교나 철학, 정복자가 했던 것보다 훨씬 더 많은 변화를 일으켰다. 겉으로만 보면 교회는 인간이 만들어낸 '사회' 중 가장 연약한 조직체였다. 하지만 인류 역사를 되짚어보았을 때 교회만큼 강력한 조직체는 없었다. 오늘날도 마찬가지다. 교회가 잠재력의 극소량만 발휘한다 하더라도 교회는 지구 상에서 가장 큰 힘을 발휘하는 공동체가 될 것이다.

예언된 그대로의 모습으로 교회가 연합한다면, 교회는 실로 견줄 수 없는 힘, 이 세상 그 누구도 건드릴 수 없는 세력이 될 것이다. 그러므로 예수님 외에 교회를 이끌 지도자는 없다. 하지만 교회는 오직 머리에 '단단히 붙어있을(연결될) 때'에만 연합체가 될 수 있다(골 2:19 참조). 1세기 교회의 능력은 그들 가운데 나타나셨던 '예수 그리스도'였다. 오직 예수님만이 우리를 예정된 목적지로 인도하실 수 있다. 주님은 자신의 모든 백성을 통해 자신의 모습을 나타내셨다.

처음에는 사도들을 통해 가르침을 전하시고 놀라운 일을 행하셨다. 그러나 약 8년 후, 주님은 일반 성도들을 통해서도 그와 동일한 능력을 행하기 시작하셨다. 1세기 기독교 역사에서 순교자로 기록되었던 스데반은 초대교회에서 음식 배분을 담당하는 집사로 임명받은 자 중 한 명이었다. 그의 말과 행하는 일(기적)에는 주님의 능력이 담겨있었다. 핍박하는 사람들의 관심이 그에게 쏠릴 때엔 심지어 그가 했던 일들이 사도들의 일과 같아 보일 정도였다.

다메섹으로 향하는 여정 중, 바울이 회심했다. 주님은 평범한 성도였던 아나니아에게 환상을 보이시며 특정한 장소로 가서 바울을 만날 것과 그에게 메시지를 전할 것을 명령하셨다(당시 바울은 히브리식 이름인 '사울'로 불렸다). 바울에게 메시지를 다 전한 후 아나니아는 바울에게 안수했다. 그 즉시 그의 눈에서 비늘 같은 것이 벗어졌다. 바울의 시력이 회복된 것이었다. 이처럼 일반 성도들을 통해 주님께서 놀라운 능력을 행하시고 그들에게 특별한 지침을 전하신 것은 꽤나 평범한 일처럼 보였다. 이것은 사도들이 일반 성도들을 양육하고 세우는 임무를 다했기 때문에 그들이 봉사(ministry)의 일을 담당할 수 있었다는 증거다. 이로써 교회는 구성원 모두가 맡은 바 책임을 다하는 '기능 조직체'(functioning body)가 되었다.

천사들의 방문도 흔하게 일어났던 것 같다. 심지어 히브리서 기자는 '부지 중에 천사를 대접한 사람들'(히 13:2 참조)에 대해 언급하기까지 했다. 베드로가 투옥되어 처형되기를 기다렸을 때, 하나님께서 천사를 보내 그를 풀어주셨다. 성도들은 이 사실을 모른 채 베드로의 무사귀환을 위해 기도하고 있었고, 베드로는 이들이 모여 기도하는 집, 문밖에 서있었다. 베드로가 인기척했을 때 성도들은 그를 '베드로의 천사'로 생각했다. 베드로보다는 천사를 더욱 실제적으로 믿었기 때문이었으리라.

언제든 하나님의 도구로 쓰임 받을 것이라는 기대 외에 성도들의 마음에 주님과 그분의 역사하심에 대한 열정을 불러일으킨 것은 없었다. 1세기 교회의 삶은 오늘날의 기독교가 보여주는 양태와 달리, 관중석에 앉아 스포츠 경기를 관람하듯 하는 '종교생활'이 아니었다. 1세기의 성도들은 참으로 극적인 삶, 전례 없는 가장 흥미진진한 모험의 삶을 살았다. 성도들은 언제든 주님의 이름으로 행하여질 위대한 역사를 위해 도구로 쓰임 받을 수 있었다. 그저 자리에 앉아 사도들의 가르침을 들었던 것이 아니라 그들이 행한 일들을 그대로 행했기 때문이었다.

로마 정권의 '기독교 박해'가 예루살렘 교회에 닿자 사방으로 흩어진 성도들은 자신이 서있는 그 자리에서 복음을 전하기 시작했다. 이제 그 땅 전역에서 수많은 교회가 생겨나게 되었다. 안디옥으로 피난한 성도들은 이방인들에게 복음을 전하기 시작했고, 이에 이방인들이 말씀을 받아들여 회심하는 역사가 일어났다. 안디옥에 세워진 교회는 1세기의 여러 지역 교회 중에 가장 중요한 교회로 손꼽힌다. 이 교회는 사도들에 의해 개척된 것도 아니었지만, 아주 독특하고 새로운 종류의 사도를 탄생시킨 교회가 되었다 - '선교하는 사도.'

사도의 특징
Apostolic Character

사도 사역의 목적은 사도와 동일한 일을 할 수 있는 성도들의 양산

(produce)에 있지만 1세기 교회의 리더는 성도들이 아니라 사도였다. 사도가 교회의 정체성을 알리고 또 교회가 나아갈 방향을 제시했다. 그러므로 우리는 이 사역에 대해 좀 더 깊이 살펴보고자 한다.

앞에서 언급했듯이, 사도들은 주님을 부인하고 주님이 그들을 필요로 할 때 그분을 떠나는 등, 엄청난 실수를 저지른 직후 사역을 시작했다. 만일 사도들에게 임했던 기름 부음이 없었더라면, 그들의 단점을 속속들이 알고 있던 성도들은 그들의 지도를 따르는 데에 어려움을 느꼈을 것이다. 성령님께서 사도들을 변화시키셨다. 이제 그들은 반대와 핍박으로부터 도망치는 겁쟁이가 아니었다. 이 세상에서 가장 강한 사람들조차 두려워하고 놀랄 만한 증인, 담대한 증인이 되었다. 이것이야말로 참된 사도의 특징이었다-그들이 어디를 가든 그곳에 소요가 일었다. 그들이 지닌 영적 권위로 인해 영적으로 엄청난 동요가 일었던 것이다.

성령이 아니고서는 우리가 이룰 수 있는 일이 아무것도 없다. 성령이 함께하시지 않는다면 우리는 이 시대, 가장 어두운 세력을 대적할 수도 쫓아낼 수도 없다. 그러나 성령이 함께하시면 견디지 못할 반대도, 성취 못할 임무도 없다. 성령님께서 임하셨을 때 성도들의 삶 가운데 나타난 심오한 변화 때문에 그들은 자신이 받은 능력의 근원(성령)이 무엇인지 알고 있었다. 그 능력의 근원은 이들을 담대하게 만들었다. 이들은 구약시대의 선지자처럼 강하고 담대한 증인이 되었다. 구약시대의 선지자처럼 말씀을 선포했다. 왕과 귀족들 앞에서 조금도 두려워하는 기색 없이 예수님을 증언했고 기적을 행하였다. 심지어 선지자들이 하지 못했던 일도 행했는데, 그것은 살아있는 돌로 주님의 전을 지은 것-즉 백성의 삶에서 예수 그리스도의 모습이 나타나도록 인도한 것이다.

  신약성경, 초대교부들의 글, 교회사 전반에 걸쳐 사람들에게 큰 영향을 끼친 책들을 읽으면, 오늘날 서구 교회에서 거의 들을 수 없는 메시지가 그 안에 심겨져 있음을 알 수 있다-십자가, 곧 희생의 삶. 십자가와 희생 역시 그들이 지닌 능력의 원천이었다. 그들은 자신의 삶을 사랑하지 않았다. 하나님의 뜻을 위해 기꺼이, 그리고 날마다 자신의 욕망을 내려놓았다. 이것은 이전의 어떠한 공동체에서도 발견되지 않은 특징이자 그 어떤 반대 세력도 무너뜨릴 수 없는 교회만의 기개였다.

  참된 사도적 사역에 '고난'은 필수다. 참된 기독교는 희생의 삶이다: 어떤 일을 하든지 자신을 위해서가 아니라, 주님을 위해서 또 이웃을 위해서 행해야 한다. 바울은 고린도 교회로 보내는 편지에 이렇게 썼다.

> 우리가 이 보배를 질그릇에 가졌으니 이는 능력의 심히 큰 것이 하나님께 있고 우리에게 있지 아니함을 알게 하려 함이라 우리가 사방으로 우겨쌈을 당하여도 싸이지 아니하며 답답한 일을 당하여도 낙심하지 아니하며 핍박을 받아도 버린 바 되지 아니하며 거꾸러뜨림을 당하여도 망하지 아니하고 우리가 항상 예수 죽인 것을 몸에 짊어짐은 예수의 생명도 우리 몸에 나타나게 하려 함이라 우리 산 자가 항상 예수를 위하여 죽음에 넘기움은 예수의 생명이 또한 우리 죽을 육체에 나타나게 하려 함이니라 그런즉 사망은 우리 안에서 역사하고 생명은 너희 안에서 하느니라(고후 4:7-11)

사도들은 예수님의 죽음이 자신들 안에 역사하여 그 스스로도 주님을 위해 죽기까지 교회 안에 영적 생명을 전수하는 능력을 지녔다. '죽음'은 그리스도 안에 있는 생명을 얻는 방법이다. 참된 신앙을 갖고자 한다면 다른 방법은 없다. 이 점을 주님께서 명확히 알려주셨다.

> 이에 예수께서 제자들에게 이르시되 아무든지 나를 따라 오려거든 자기를 부인하고 자기 십자가를 지고 나를 좇을 것이니라 누구든지 제 목숨을 구원코자 하면 잃을 것이요 누구든지 나를 위하여 제 목숨을 잃으면 찾으리라(마 16:24-25)

"스스로를 부인하라"는 메시지는 그때나 지금이나 희귀하다. 타락한 인간에게 '자기희생'은 말도 안 되는 이야기겠지만, 참된 그리스도의 제자들에게는 그것이 '본질'이다. 다시금 희생이 교회의 본질로 자리 잡는다면 교회는 다시금 지옥의 문을 정복하게 될 것이다. 빌립보서 1장 28-29절의 말씀이 우리에게 권면하는 내용을 들으라.

> 아무 일에든지 대적하는 자를 인하여 두려워하지 아니하는 이 일을 듣고자 함이라 이것이 저희에게는 멸망의 빙거요 너희에게는 구원의 빙거니 이는 하나님께로부터 난 것이니라 그리스도를 위하여 너희에게 은혜를 주신 것은 다만 그를 믿을 뿐 아니라 또한 그를 위하여 고난도 받게 하심이라(빌 1:28-29)

이 말씀은 사도들에게만 주어진 것이 아니라 모든 성도에게 주신 말씀이다. 성경에 나오는 사도들의 희생은 모든 성도가 동일하게 감내해야 할 희생이기도 하다. 물론 사도, 리더들은 누구보다 먼저 산 제사로 자신의 삶을 내려놓는 자가 되어야 한다. 몇몇 예외가 있기는 하지만 그들은 모두 순교로 삶을 마감했다. 바울은 로마 성도들에게 다음과 같이 밝혔다.

> 성령이 친히 우리 영으로 더불어 우리가 하나님의 자녀인 것을 증거하시나니 만일 자녀이면 또한 후사 곧 하나님의 후사요 그리스도와 함께한 후사니 우리가 그와 함께 영광을 받기 위하여 고난도 함께 받아야 될 것이니라(롬 8:16-17)

'만일'은 성경에서 가장 큰 단어 중 하나다. 이것은 절대적인 조건을 의미한다. 성경은 말하기를 '만일' 우리가 주와 함께 고난을 받으면 그리스도와 함께 하나님의 후사, 그리스도와 함께한 후사가 된다고 했다. 이러한 이유로 바울은 다음의 글을 남겼다.

> 내가 그리스도와 그 부활의 권능과 그 고난에 참예함을 알려 하여 그의 죽으심을 본받아 어찌하든지 죽은 자 가운데서 부활에 이르려 하노니 내가 이미 얻었다 함도 아니요 온전히 이루었다 함도 아니라 오직 내가 그리스도 예수께 잡힌 바 된 그것을 잡으려고 좇아가노라(빌 3:10-12)

놀랍게도 바울은 삶의 마지막 장에 다다랐을 무렵 이 글을 남겼다. 많은 고난을 견디고 또 많은 일을 이룬 상태였지만 바울은 마치 자신의 사명을 다 이루지 못한 양, 여전히 앞으로 달려나가고자 했다. 우리는 어떠한가? 몇몇 임무를 완수한 후 마치 모든 것을 이룬 양 만족했던 적이 얼마나 자주 있었는가? 경주를 완주하여 최후의 승리를 거머쥐는 대신, 지금껏 이루어놓은 업적에 안주하며 휴식을 취한 일이 얼마나 자주 일어났는가? 사도들의 사전에는 은퇴라는 단어가 없다! 베드로의 언급을 보라.

> 그리스도께서 이미 육체의 고난을 받으셨으니 너희도 같은 마음으로 갑옷을 삼으라 이는 육체의 고난을 받은 자가 죄를 그쳤음이니 그 후로는 다시 사람의 정욕을 좇지 않고 오직 하나님의 뜻을 좇아 육체의 남은 때를 살게 하려 함이라(벧전 4:1-2)

지금 우리가 살고 있는 이 삶은 행복을 누리기 위한 삶이 아니라 하나님의 뜻을 이루기 위한 삶이다. 하지만 슬퍼하지 마라. 이생에서 하나님의 뜻을 행할 때 누리는 기쁨보다 더 큰 기쁨은 없다. 자기의 목적을 이루는 일에서 만족을 얻고자 한다면 결코 찾을 수 없을 것이다. 게다가 그러한 삶은 '영원'토록 지속될 '최상의 만족'을 잃어버리는 삶이 될 것이다. 바울이 고린도전서 9장 24-27절에 기록한 그대로다.

> 운동장에서 달음질하는 자들이 다 달아날지라도 오직 상 얻는 자는 하나인 줄을 너희가 알지 못하느냐 너희도 얻도록 이와 같이 달음질하라 이기기를 다투는 자마다 모든 일에 절제하나니 저희는 썩을 면류관을 얻고자 하되 우리는 썩지 아니할 것을 얻고자 하노라 그러므로 내가 달음질하기를 향방 없는 것같이 아니하고 싸우기를 허공을 치는 것같이 아니하여 내가 내 몸을 쳐 복종하게 함은 내가 남에게 전파한 후에 자기가 도리어 버림이 될까 두려워함이로라

(고전 9:24-27)

위의 말씀에서 얼마만큼 희생하며 사느냐에 따라 그만큼 영적인 삶을 누릴 수 있게 된다는 원칙을 발견할 수 있다.

희생하는 삶을 비참한 것으로 간주하는 사람은 십자가의 참된 영광과 능력을 맛볼 수가 없다. 그리스도의 종이 되는 것보다 더 큰 영혼의 자유를 맛볼 방법은 없다. 그리스도와 함께 십자가에 못 박혀 이 세상에 대해 실제로 죽음을 경험하는 것보다 훨씬 더 큰 기쁨과 큰 생명을 누릴 수 있는 길은 없다. 무엇이 이미 죽은 사람을 위협할 수 있겠는가? 죽은 사람은 실패나 거절에 대한 두려움이 없다. 그리고 그 어떤 종류의 두려움도 위협이 되지 않는다. 십자가에 달린 인생은 부러워할 것도, 걱정할 것도 없다. 다만 온전한 평안, 인내, 다른 사람을 향한 사랑만을 느낄 뿐이다. 이것이야말로 인간이 이 세상을 살면서 누릴 수 있는 최고의 기쁨이다. 십자가는 진정한 삶, 결코 파괴될 수 없는 부활 생명의 첩경이다. 바로 이것이 진정한 교회의 생명이다.

사도들은 그리스도와 생명의 온전한 메시지를 선포하는 담대함, 그리고 십자가의 삶을 몸소 보여주었다. 교회 역시 그들의 모범을 따르며 사도들이 보인 특징을 나타내주었다. 대부분의 나라에서 역사 속에서 강요된 희생의 사례는 즐비하게 발견된다. 하지만 특정한 신념 때문에 자원하여 희생하는 모습은 유사 이래 볼 수 없었던 새로운 사건임이 틀림없었다. 복음이 전파되는 곳마다 이러한 희생이 뒤따랐고, 그들의 희생에서 엄청난 영향력이 발휘되었다.

공동체
The Community

 1세기 교회의 모습(생활)에 대해 더 배워야 할 내용들은 이후에 다루 겠다. 마지막으로 이 장에서 소개할 내용은 교회 생활 가운데 가장 흥미로운 내용 중 하나일 것이다. "어떻게 예루살렘의 성도들이 자신의 재산을 팔아 공유했는가?" 하는 것이다. 1세기 이전, 이러한 일은 세계 어느 곳에서도 발견되지 않았다. 또한 예루살렘 교회는 사유재산의 공유화가 잘 이루어졌던 사례이기도 하다. 그러나 예루살렘 교회의 일원 중 어떤 이들은 이 제도를, 다른 교회가 따라야 할 모범으로 권장하지 않았다. 이러한 정황을 연구한 후대 사람들은 예루살렘 교회에서 사유재산의 공유화가 제대로 이루어지지 않았다고 결론짓기에 이르렀다.

 당시 예루살렘 이외의 교회에서 이러한 삶의 방식을 볼 수 없었던 상황에 대해 또 다른 답변을 생각해볼 수 있다-예루살렘의 멸망(주후 70년)이 임박했기 때문이다. 재앙을 앞둔 상황에서는 재산을 빨리 처분하는 것이 급선무다. 즉 사유재산의 빠른 처분과 그것의 공유는 예루살렘 교회가 처한 독특한 상황 속에서 그들이 선택해야 했던 독특한 결정이었다. 기록에 의하면 당시 모든 크리스천은 예루살렘의 멸망을 피해 여러 나라로 흩어져 생명을 유지할 수 있었다. 어떠한 재산도, 미련도 남겨놓지 않았기 때문에 재앙이 닥치기 전 홀홀 털고 도시를 떠날 수 있었던 것이다.

 어떤 이유에서든 초대교회사에서는 예루살렘 교회의 재산 공유제가 반복되는 것을 볼 수 없다. 생각해보라. 새신자들이 자기 소유의 재산을 팔아 공동체를 위해 내어놓는다니, 이것은 참으로 놀라운 일이 아닌가? 그러므로 이 사건은 더욱 깊이 연구할 만한 가치가 있다. 교회의 시대 말미에 장차 큰 환난이 닥쳐올 것이라는 성경의 예언이 있다. 따라서 언젠가 어디선가 교회는 다시 한 번 이 아름다운 일을 반복해야 할지도 모른다.

    교회 공동체 생활의 또 다른 모습, 이를테면 '사법제도'와 같은 것들은 깊은 차원의 연구가 필요한 영역이다. 물론 나중에 이러한 내용들을 다룰 것이다. 하지만 지금으로서는 1세기 교회의 영적인 기반에 더 많은 주의를 기울여야 한다.

제 **10** 장

영혼의 전쟁

War of the Soul

Church History: The First Century

제10장
War of the Soul

영혼의 전쟁

확실히 초대교회의 삶은 인간이 경험할 수 있는 가장 흥미롭고, 가장 만족스러운 삶이리라-물론 가장 어려웠던 삶이지만 말이다(하나님은 교회의 삶을 그렇게 디자인해놓으셨다). 주님은 부활하신 후 사탄을 묶어 불의 호수로 던져넣으실 수도 있었다. 하지만 우리를 위해 그를 풀어놓으셨다.

'마지막 아담'이신 우리 주 예수 그리스도는 뱀의 유혹을 대적하고 그의 간계에 넘어지지 않을 신부를 찾으신다. 이 신부는 하나님의 부르심대로 장차 주님과 함께 이 땅을 다스릴 뿐만 아니라 천사들도 심판할 것이다. 그녀(교회)는 자신이 바로 예수님의 신부임을 증명해야만 한다.

정부와 권세가들로부터의 끊임없는 공격과 핍박은 차치하고라도 1세기의 성도들을 괴롭혔던 것이 있었으니-그들도 우리와 마찬가지로 오래된 육체의 습성과 싸워야만 했다. 신약성경에 포함된 일련의 서신서들을 보면, 육체와의 싸움은 외부의 공격이나 박해보다 훨씬 더 치열한 전쟁이었음을 명확히 알 수 있다. 여기서 잠시, 우리도 마찬가지로 옛 성도들이 싸웠던 싸움을 동일하게 싸워야 하기 때문에 이 장에서 우리는 1세기의 성도들이 '육체의 본성'이라는 적과 어떻게 싸웠는지를 살펴볼 것이다. 성경에는 마지막 날, 하나님의 백성이 승리할 것이라는 예언이 담겨있다. 싸움에서 승리한 후, 그리스도의 신부인 교회는 신랑의 위용에 걸맞은 신부의 모습으로 곧 영광과 아름다움을 발산하는 신부의 모습으로 변화될 것이다-"티나 주름 잡힌 것이 없는"(엡 5:27 참조) 신부.

육체와의 전쟁에 대한 최고의 가르침은 로마서 8장 6절, 13-19절에서 찾을 수 있다.

> 육신의 생각은 사망이요 영의 생각은 생명과 평안이니라…너희가 육신대로 살면 반드시 죽을 것이로되 영으로써 몸의 행실을 죽이면 살리니 무릇 하나님의 영으로 인도함을 받는 그들은 곧 하나님의 아들이라 너희는 다시 무서워하는 종의 영을 받지 아니하였고 양자의 영을 받았으므로 아바 아버지라 부르짖느니라 성령이 친히 우리 영으로 더불어 우리가 하나님의 자녀인 것을 증거하시나니 자녀이면 또한 후사 곧 하나님의 후사요 그리스도와 함께한 후사니 우리가 그와 함께 영광을 받기 위하여 고난도 함께 받아야 될 것이니라 생각건대 현재의 고난은 장차 우리에게 나타날 영광과 족히 비교할 수 없도다 피조물의 고대하는 바는 하나님의 아들들의 나타나는 것이니(롬 8:6, 13-19)

아담은 완벽한 세상에서 살았다. 하지만 그는 죄를 선택했다. 아담의 타락으로 인해 그의 권위 아래 놓여있던 모든 피조물은 고통을 당했다. 타락 이후로 모든 피조물은 가장 어두운 시대를 살면서도 하나님께 순종할 사람, 자신의 권위 아래 놓인 모든 피조물을 위해 스스로의 삶을 내려놓을 누군가를 기다려왔다.

'하나님의 나라'는 하나님께서 다스리시는 영역이다. 그러므로 하나님 나라의 도래는 하나님의 통치가 이 땅 위에 회복되는 사건을 지칭한다. 우리는 이를 위해 주님을 섬긴다.

첫 번째 아담은 타락하여 자신의 통치권을 사탄에게 넘겨주었다. 이후 아담은 그에게 복종해야 했다. 그러나 마지막 아담이신 예수님께서는 끝까지 하나님께 충성하셨다. 그분은 결국 아담이 잃어버린 통치권을 회복하여 성부 하나님께 올려드렸다. 우리가 스스로를 위해 살지 않고 주님을 위해 살면서 하나님을 향한 충성심을 입증한다면, 우리는 그리스도와 함께 이 통치권을 행사하는 하나님의 '후사'가 될 것이다. 타락한 인간에게는 이러한 희생의 삶이 도무지 이해할 수 없는 성질의 것이리라. 하지만 희생만이 참된 삶의 첩경이자 '영원한 생명'을 얻는 방법이다.

바울은 "우리가 하나님 나라에 들어가려면 많은 환난을 겪어야 할 것이라"(행 14:22 참조)고 말하며 성도들을 권면했다. 이것이 바로 영적 기본 원리다-하나님 나라에 들어가려면 많은 환난을 겪어야 한다! 우리 모두는 '당연히 천국에 들어갈 것'을 바라며 또 그렇게 될 것이라 주장한다. 하지만 정말로 그 문을 통과하기를 원하는가? 그렇다면 이 원칙이 우리 각 사람과 모든 피조물에 적용되는 원리임을 기억해야 한다. 큰 환난을 지난 후에야 '천국의 세대'가 일어날 것이다. 그러므로 우리는 환난을 '저주'가 아닌 '축복'으로 여겨야 한다. 많은 환난은 하나님의 온전하신 뜻 안으로 들어가는 관문이다.

> 내 형제들아 너희가 여러 가지 시험을 만나거든 온전히 기쁘게 여기라 이는 너희 믿음의 시련이 인내를 만들어내는 줄 너희가 앎이라 인내를 온전히 이루라 이는 너희로 온전하고 구비하여 조금도 부족함이 없게 하려 함이라(약 1:2-4)

성도가 배워야 할 가장 중요한 교훈은 시험받았던 경험을 허비해서는 안 된다는 것이다. 모든 시험은 천국으로 들어갈 수 있는 기회다. 베드로의 말을 들어보라.

> 그러므로 너희가 이제 여러가지 시험을 인하여 잠간 근심하게 되지 않을 수 없었으나 오히려 크게 기뻐하도다 너희 믿음의 시련이 불로 연단하여도 없어질 금보다 더 귀하여 예수 그리스도의 나타나실 때에 칭찬과 영광과 존귀를 얻게 하려 함이라(벧전 1:6-7)

부(富)를 귀하게 여기는 것의 절반 수준으로라도 하나님의 역사하심을 귀하게 여긴다면 교회는 다시 한 번 복음의 능력으로 이 세상을 뒤흔들어놓을 수 있을 것이다. 하나님이 행하시는 일들의 참된 가치를 알고 귀하게 여기는 법을 배운다면, 복음의 힘이 다시 한 번 온 세상을 뒤흔들 것이다. 이 사실을 알았던 시편 기자는 이렇게 말했다. "성도의 죽는 것을 여호와께서 귀중히 보시는도다"(시 116:15). 우리가 자원하는 마음으로 삶을 내려놓을 때에만 참된 생명을 얻게 된다는 사실을 하나님께서 아시기 때문에 그분은 자신의 백성을 기꺼이 '죽음'으로 내모신다.

부활의 전제조건은 죽음이다. 부활의 능력 안에서 살아가기 전, 우리는 먼저 '스스로의 삶'에 대해 죽어야만 한다. '죽어야 살 수 있다' - 이것은 1세기 이후 기독교가 그렇게도 외면하기 원했던 유일한 진리가 아닐까 한다. 바로 이러한 이유로 세상은 1세기 이후로 참된 사도적 기독교를 목격할 수 없었다. 그동안 우리는 다음과 같은 아주 그럴듯한 변명을 버릇처럼 입 밖으로 내뱉어왔다: "그들은 천국에 너무 깊이 마음을 둔 나머지 이 땅에서는 전혀 쓸모없는 사람이 되었다." 이러한 변명은 참된 부르심이 무엇인지를 알려주는 성경적 진리를 퇴색시켜버린다. 사실은 이렇다: "우리는 이 땅에 너무 깊이 마음을 둔 나머지 영적인 능력을 소진시켰다." 하지만 이 시대가 끝나기 전에 상황은 바뀔 것이다. 참된 사도적 기독교가 다시 한 번 그 모습을 드러낼 것이다. 사도적 기독교가 회복되면 하나님의 나라가 완성될 것이다. 그리고 모든 피조물은 그토록 고통을 감내하며 기다려왔던 창조주의 귀환을 목도하게 될 것이다.

사탄이 스스로의 모습 안에서 하나님의 영광을 찾으려 했을 때, 타락은 시작되었다. 교만이 그의 마음을 파고든 후, 그는 창조주 대신 자기 스스로를 위해 살아갈 모든 사람을 수하에 넣고자 했다. 반면, 하나님의 아들로서 더 큰 영광을 가지신 예수님은 수많은 어려움을 겪으면서도 자신을 위하지 않으시고 오직 성부 하나님의 유익을 구하셨을 뿐이었다. 예수님과 함께 '후사'로 부름 받은 사람들에게는 사탄이 알지 못한 큰 영광, 곧 하나님의 자녀가 되는 큰 영광이 주어질 것이다. 이러한 사람들은 진리를 사랑하며 자신의 생명보다 그리스도를 더욱 사랑할 이들이다. 그들 스스로의 삶이 이 사실을 증명한다.

자기의 의지와 이기적인 야망을 비운 사람들의 마음에는 하나님의 영광이 가득 차게 될 것이다. 이들이야말로 어린양의 신부가 되기에 합당하다. 타락한 세상에서 자기보존 본능대로 살아가는 사람들에게는 이러한 희생의 삶이 낯설게만 다가올 것이다. 희생의 삶을 사는 것은 지금 이 세상에 나타난 모든 악의 근원, 곧 그 뿌리에 도끼를 가져다 대는 작업과 같다. 그러므로 이 세상의 패턴에 찌든 사람은 이러한 삶을 '이해되지 않는 도전'과 '가장 큰 위협'으로 느낄 수밖에 없다. 바꾸어 말하자면, 이 삶은 하나님 나라의 가장 강력한 증거다.

교회의 기초는 예수 그리스도다. 예수님에 관한 가르침이 아니라 예수 그리스도다. 1세기 교회의 삶을 살펴보았던 그대로, '그들 가운데 역사하신' 예수님이 그 기초였다. 그러므로 초대교회의 역사(歷史)는 그들에게 행하신 하나님의 일들을 기록한 것이다. 교회는 특정한 신조 혹은 프로그램의 기초 위에 세워지지 않는다. 교회는 날마다 그분의 임재를 나타내시는, 예수 그리스도와의 살아있는 인격적 관계 위에 세워진다. 붙들고 있는 교리에 의해 교회가 정의되는 것이 아니라 그들 가운데 거하시는 그리스도의 임재에 의해 정의되는 것이다. 이것이 바로 1세기 교회가 보여주었던, 그리고 마지막 날의 교회가 보여줄 '참된 교회'의 본질이다. 베드로와 요한이 산헤드린 공의회 앞에 섰을 때를 기억하는가? 그곳에서 참된 교회의 본질을 찾아볼 수 있다.

저희가 베드로와 요한이 기탄없이 말함을 보고 그 본래 학문 없는 범인으로 알았다가 이상히 여기며 또 그 전에 예수와 함께 있던 줄도 알고 또 병 나은 사람이 그들과 함께 섰는 것을 보고 힐난할 말이 없는지라(행 4:13-14)

'예수와 함께 있던' 사람들은 쉽게 인식되었다. 그분 안에 거한 만큼, 그분과 함께 시간을 보낸 만큼, 그와 함께 걸었던 만큼, 우리는 딱 그만큼만 참된 성도로 인식될 것이다. 우리가 주님 안에 거할 때(초대교회의 경우처럼) 우리가 주님과 함께한다는 사실이 주변 사람들의 증언을 통해 입증될 것이다-주변 사람들이 치유될 것이기 때문에…

초대교회 시절, 주님께서는 언제든 어떠한 성도를 통해서라도 비범한 일을 행하실 수 있었고, 또 그들을 통해 그분의 모습을 나타내실 수 있었다. 하지만 주님에게는 '지도자들'이 있었다. 단지 지도자로 임명받았기에 권위를 갖게 된 것이 아니라, 주님이 그들과 함께 계셔서 그들로 하여금 교회를 '인도'(lead)하도록 허락하셨기 때문에 권위를 갖게 된 사람 말이다. 베드로는 현실의 한계를 담대히 뛰어넘어 오순절 날, 그 위대한 복음을 설교하였다. 그리고 고넬료의 집으로 가서 이방인들에게 복음을 전파했다. 베드로는 주님을 따랐기 때문에 계속해서 주님이 원하시는 새로운 방향으로 교회를 이끌어갈 수 있었다. 사도들은 위대한 기적을 보이기도 했고 심지어 죽은 사람을 살리기도 했다. '리더십'이라는 단어는 직책을 나타내는 명사가 아닌 행동을 나타내는 동사였다! 이것이 바로 1세기 교회의 기초가 되었던 사도적 사역의 본질이다. 앞으로 이 세상 마지막 날이 다가오면, 우리는 이러한 사도적 권위가 회복될 것을 기대해볼 수 있다.

주께서 성도들에게 행하신 일들을 분별하고 그들을 도울 능력을 갖추는 것이 사도적 리더의 자질이다. 하나님께서는 사마리아에 복음을 전하기 위해 빌립을 사용하셨다. 이 소식을 들은 사도들은 새신자들의 마음 안에 견고한 믿음의 기초를 세우기 위해 사마리아로 달려갔다. 안디옥의 이방인들이 복음을 받아들였다는 소식에 예루살렘 교회는 사도 바나바를 파송하기로 결정했다. 안디옥의 성도들을 격려하고 그곳에 그리스도의 몸을 세우도록 하기 위해서였다. 이 모든 경우에 리더들은 단지 '리드'(lead)만 한 것이 아니라 성령을 '따랐다'(lead). 원하시는 대로 사람을 들어 쓰시는 성령의 사역을 전적으로 의지했던 것이다.

하지만 대중에게 교회의 존재가 인식된 것은 교회에서 사역하는 사도들에 의해서가 아니라 그들 안에 계신 주님에 의해서였다. 이 사실을 잊지 말기 바란다. '광야를 지나던 교회'(출애굽 한 이스라엘)처럼 그들은 낮에는 구름 기둥을 밤에는 불 기둥을 따랐다. 주님께서 움직이시면 그들도 움직였고 주님께서 멈추시면 그곳에 텐트를 쳤다. 그들은 오직 하나님의 임재가 인도하는 곳으로 나아갔다. 그들이 따른 것은 공식이 아니라 살아계신 하나님, 곧 어린양 예수였다. 그러므로 주님의 전은 살아있는 돌들로 세움을 입는다. 간단히 말해서 교회는 '하나님의 내주하심을 입은 사람들의 모임'으로 정의된다.

1세기의 교회는 온 세계에 충격을 던질 만한 담대함을 지니고 있었다. 그들이 지닌 담대함은 일련의 가르침에 대해 동의를 표하는 것으로는 절대 얻지 못하는 성질의 것이었다. 그들의 담대함은 '백성 가운데 거하시는 예수의 현존'에서 기인했다. 물론 가르침은 중요하다. 그들이 붙든 교리 역시 성경에 의해 정통으로 입증될 만큼 중요했다. 하지만 초대교회 성도들은 단지 예수님에 관하여 '듣기만 했던' 사람이 아니었다. 그들은 실제로 예수님을 좇았다. 하나님께서 그들 가운데 계셨기 때문에 담대할 수 있었던 것이다. 날마다 하나님을 아는 지식이 풍성해졌다. 날마다 그리스도께로 더 가까이 나아갔다. 결국 이들의 삶 가운데 예수 그리스도의 현존이 나타나기 시작했다.

모든 성도를 향한 하나님의 뜻은 그들 모두가 예수님을 닮는 것, 그들 모두가 예수님이 하셨던 일들을 행하는 것이다. 과거에 예수 그리스도를 실제로 보았고 또 알았기 때문에 '증인'이 되는 것은 아니다. 그들이 증인된 삶을 살 수 있었던 것은 예수님께서 '현재형으로' 그들과 함께하셨기 때문이다. 1세기 교회가 역동적인 권세를 지닌 채 복음으로 온 세상에 충격을 줄 수 있었던 것은 오직 그리스도의 임재 때문이었다. 마지막 날이 이르기 전, 다시 한 번 사도적인 교회가 일어난다면 그것 역시 그리스도의 임재 때문이리라. 이 여정의 최종 목적은 우리 각 사람이 그리스도를 위한 거처로 변화되는 것이다. 이것은 사도들이 지닌 임무였고, 하나님께서 교회에 허락하신 여러 다른 사역들의 목표이기도 하다-성도를 그리스도의 거처로 만드는 것!

"성경의 증언을 진심으로 믿는다"는 말은 이와 같은 일들이 과거에 실제로 일어났음을 믿는 것으로 그치는 게 아니라 우리가 살고 있는 지금 이 시대에도 동일하게 일어날 줄로 믿고 그렇게 바라보는 것까지 포함한다. 성경을 믿는 신앙은 그 안에 기록된 대로 행할 때 입증된다. 행함이 따르지 않는 신앙은 단지 종교의 영이 가져다주는 허상일 뿐이다. 종교의 영에 사로잡힌 사람은 현재 하나님께서 행하시는 일을 외면하거나 멸절시키기 위해 오직 하나님께서 과거에 행하셨던 일에만 영광을 돌린다.

참된 사도적 기독교의 모습이 나타날 때, '신앙 있는 척' 하는 사람들의 모습이 적나라하게 드러날 것이다. 1세기의 교회가 그랬던 것처럼 마지막 날의 교회 역시 스스로를 그리스도인이라고 주장하는 사람, 자칭 진리의 수호자임을 열렬히 외치는 사람에 의해 가장 큰 핍박을 겪게 될 것이다. 언제나 그렇듯 '좋은 것'(good)은 '최상의 것'(best)에 대한 최악의 적이다. 적당히 '좋은 것'(good)에 안주하여 행복해하는 사람은 '더 나은 것'(better)이 올 때 가장 큰 피해를 입을 것이다. 이것이 바로 알곡과 쭉정이를 가르는 시험이다.

현재의 교회가 성경적인 교회의 기준에 얼마나 못 미치는지 그 실상을 깨달아야 한다. 그렇기 때문에 우리는 겸손함으로 스스로의 마음을 지켜야 한다. 참된 교회를 세우는 일에 동참하고자 한다면, 자신만의 초라한 사역을 세우고자 하는 한계를 넘어서야 한다. 참된 교회를 세우기 원한다면, 더 이상 '교회'를 설교하지 말라. 대신 하나님의 나라를 선포하라. 왕이 다스리시는 영역, 영광스러운 하나님의 아들-이것만을 설교하라. 우리가 추구해야 할 것은 우리의 영광이 아니라 하나님의 영광이다. 다시 한 번, 사도적인 기독교가 일어나는 것을 목격하기 원한다면 그분의 영광을 구하라.

사도의 고통
Apostolic Travail

사도 바울은 "나의 자녀들아 너희 속에 그리스도의 형상이 이루기까지 다시 너희를 위하여 해산하는 수고를 하노니"(갈 4:19)라고 말했다. 그리스도의 형상이 교회 안에 이루어지기까지 바울은 고통을 감내했다. 이것을 문자 그대로 해석한다면 "바울은 고통 안에 거했다"이다. 회심한 바울에게 주님이 나타나셔서 장차 그의 삶이 어떻게 전개될지를 말씀하셨다. "그가 내 이름을 위하여 해를 얼마나 받아야 할 것을 내가 그에게 보이리라"(행 9:16). 이후 바울은 다음과 같은 말을 남겼다. "그리스도의 고난이 우리에게 넘친 것같이 우리의 위로도 그리스도로 말미암아 넘치는도다"(고후 1:5). 바울이 겪은 고난은 육체적인 고통만을 의미하지 않는다. 그의 고통은 자녀를 잉태하고 기르는 데 따르는 모든 아픔을 고스란히 품어내는 영적 부모의 고통이었다.

자신이 이룬 업적에 대해 스스로가 어떻게 평가 내리는지를 보면 삶 속에서 그가 무엇을 중요하게 여기는지 알 수 있다. 주변의 목회자들에게 "어떻게 지내십니까?"라고 물었을 때 만일 그들이 그간 얼마나 많은 교회를 개척했는지, 또 그들이 운영하는 기독교 TV나 라디오 프로그램을 얼마나 많은 사람이 시청(청취)했는지에 대해서 이야기한다면 분명 그들에겐 이러한 것들이 삶의 우선순위일 것이다. 두말할 것 없이 이생의 자랑거리다. 그러나 사도 바울은 자신의 업적을 다음과 같은 기준으로 평가했다: "주님께서 나를 복음의 매개체로 사용하셨는데, 나를 통해 이 복음을 들은 사람들 혹은 나를 통해 주님께서 개척하신 교회들은 얼마나 그리스도를 닮아있는가?' 오늘날 내가 아는 지도자들 중 바울과 같은 생각을 지닌 사람은 손에 꼽을 정도다. 나 역시 바울과 같은 기준을 가졌노라고 단언할 자신은 없다. 하지만 이것이 옳은 줄은 안다.

현대 기독교의 상황을 보면, 교회는 프로그램, 여러 제도와 행정 조직, 혹은 단기 선교 횟수나 건물 등에 너무도 쉽게 마음을 빼앗긴다. 하지만 '사람을 세우는 일'에는 무감각하다. 그러나 이 사실을 기억하라. 하나님께서 보시는 건물은 '그분의 백성'이다. 어쩌면 초대교회는 자기 소유의 건물이 없었기 때문에(회당과 같이 가끔씩 모이는 장소로 사용하는 공공건물 외에는 아무런 건물이 없었기 때문에) 오늘날의 교회보다 훨씬 더 유리한 위치에 있었을지도 모른다. 물론 바르게만 사용한다면 건물은 건강한 그리스도인을 양육하고 봉사의 일을 감당할 수 있도록 훈련하는 일에 도움이 될 수 있다. 하지만 하나님의 백성을 세우는 일에 쏟아야 할 우리의 헌신을 건물에 쏟아서는 안 된다. 교회는 먼저 '가족'이어야 한다. '조직'은 교회의 이름이 아니다. 교회가 '가족'의 성격을 잃고 점점 '조직화' 되어갈 때, 교회는 길을 잃어버린다.

크리스천의 척도

The Ultimate Measure of a Christian

크리스천을 정의하는 궁극적인 척도는 '그들의 인격이 얼마나 그리스도를 닮았는가?', '그리스도가 행하신 일을 얼마나 효율적으로 행하는가?' 이다. 그동안 너무나 많은 크리스천이 창피할 만큼 비도덕적인 모습을 보여 왔기 때문에 많은 사람이 '은사' 보다 '인격 개발' 을 부르짖었다. 이들이 주창한 내용은 지혜 있는 말임이 틀림없다-만일 주님이 행하셨던 인격 개발 방법 그대로를 추구하자는 내용이라면 말이다. 아이러니하게도 주님은 심각한 인격적 결함과 그로 인한 갖가지 문제점을 드러내었던 수많은 사람에게 놀라운 능력과 권위를 부여해주셨다. 구약에서는 다윗 왕을 좋은 예로 꼽을 수 있다. 다윗뿐만 아니라 그러한 사람은 헤아릴 수 없이 많다. 신약에서는 예수님의 제자 모두를 좋은 예로 들 수 있다. 예수님께서 십자가에 달리시기 전날 밤, 장차 교회의 기둥들이 될 제자들 모두는 "누가 가장 큰가?" 라는 주제로 다투고 있었다. 이것이 바로 3년이라는 오랜 시간 동안, 역사상 가장 위대한 지도자였던 예수님의 가르침을 받고 그의 행동을 모범으로 삼았던 사람들의 행동이었다.

교회 내에 일고 있는 '은사보다 인격을 중요시하는 운동' 에 감사를 표하기는 쉽다. 하지만 그 운동의 결과, '자기 의' 의 문제(미묘하게 사람을 잠식하는)에 빠지지 않은 사람을 찾기란 힘들다. '자기 의' 는 비도덕적인 행위보다 훨씬 더 심각한 문제다. 항상 기억해야 할 것은 주님은 죄인에 대해서는 측량할 수 없는 자비를 베푸시지만 '자기 의' 를 내세우는 사람에게는 조금도 참을성이 없으시다는 것이다. 예수님을 십자가에 못 박은 사람 역시 '자기 의' 로 충만한 사람들이었다. 자신들이 원하고 기대했던 모습으로 메시아가 오시지 않았기에, 이들은 예수님을 십자가로 내몰았다. 그들은 아주 조그마한 범주(카테고리)를 정해놓고 그 사이즈에 맞지 않는 사람들을 대적하곤 했다. 하지만 그들이 당면한 문제가 있었으니, "하나님께서는 인간이 기대한 대로 그 범주에 딱 맞추어 오시지 않는다"는 것이었다. 절대로!

성경을 읽으면 주님의 도덕적 기준이 무엇인지를 명확하게 알 수 있다. 그 기준을 '타협' 하거나 혹은 타협을 종용하는 일은 큰 잘못이다. 주님의 기준을 '타협' 하는 행위는 성경에 명시된 심판의 대상이다. 그러나 남보다 우월하다는 것을 내세우고자 큰 실수를 저지른 사람 앞에서 "나는 이들보다 작은 실수를 저질렀다"라고 떠벌리는 '자기 의'로 가득한 사람들에게 하나님께서 더 가혹한 심판을 내리신다는 사실도 알 수 있다. 이것은 모든 크리스천이 직면한 딜레마이자 1세기의 교회가 겪었던 주요한 갈등 중 하나였다. 이 점에 대해서는 나중에 좀 더 살펴보겠다. 우리는 이러한 질문을 스스로에게 던져야 한다: "가장 의로우신 분으로 하여금 큰 자비를 베풀며 이 땅을 걷게 만든 것은 무엇인가? 왜 그 많은 죄인이 그분께 마음을 빼앗겼는가? 또 왜 그분은 죄인들에게 마음을 빼앗겨 심지어 인격적으로 결함이 있는 인물들을 교회의 중요한 리더로 세우기까지 하셨는가?"

이러한 질문은 또 다른 핵심 질문으로 이어진다: "'그리스도 같은' (Christ-like)이라는 형용구의 의미는 무엇인가? 무엇이 '그리스도 같은' 것인가?" 이 질문에 우리들 대부분이 갖고 있는 답은 이렇다: "이 형용구의 의미는 예수님의 실제 모습이 우리가 생각하는 것과 같을 것이라는 뜻이다."

하지만 정말 그것이 예수님의 모습인가? 성품이 엄한 사람들은 예수님의 모습을 자신과 닮은 모습, 즉 심판자로 그리는 경향이 있다. 반대로, 반복되는 죄를 짓지만 회개하지 않고 오히려 그 죄를 정당화하려는 크리스천들은 그리스도를 이 세상에서 가장 자비로운 분으로 그리는 경향이 있다. 그들에게 '자비로운' 예수님이 절실하기 때문이다. 하지만 그것이 진정, 예수님의 '그리스도 같은' 모습인가?

예수님은 변개하시지 않기 때문에, 우리는 그가 어떤 날은 자비롭고 또 어떤 날은 무자비한, 그런 분이 아니라는 것을 잘 알고 있다. 주님은 변함없는 분이시다. 바울은 우리에게 "그러므로 하나님의 인자와 엄위를 보라"라고 권면한다(롬 11:22 참조). 하나님의 인자하심은 알지만 그의 엄위를 보지 못하는 사람들은 자기기만에 빠질 것이다. 엄위만을 알고 그의 인자하심을 모르는 사람들 역시 마찬가지다. 하나님은 항상 인자하시고 또 엄위하신 분이다.

내가 이러한 내용을 여기에 기록하는 이유는 '그리스도를 얼마나 닮아있는가' 하는 것이 크리스천의 기준이기 때문이다. '그리스도와 같은' 이라는 형용구의 정의에 있어서는 혼동의 여지가 있다. 교회사를 연구함으로써 이 형용구의 참된 의미를 배울 수 있다. 또한 이 형용구의 정의는 교회사 연구에서 우리가 배울 수 있는 여러 가지 지식의 중심부에 놓여있다.

사도들 모두가 동의했던 한 가지 사실은 '사랑' 이야말로 모든 크리스천이 지녀야 할 궁극적인 인품이라는 것이다. 진정한 사랑-곧 하나님의 사랑-은 단지 '좋아해주는' 것만은 아니다. 참사랑은 때때로 엄격하기 때문에 심판을 불러일으키기도 한다. 만일 진정한 사랑이 상대방에 대한 '심판' 의 차원에 이른다면, 그것은 숭고한 이유 때문이리라(상대방을 거절하거나 더 이상 인내하지 못해서가 아니다). 하나님의 사랑을 나타낼 만큼 정말로 성숙한 교회의 모습은 어떠할까? 역사 속에서 그러한 예를 찾아볼 수 있을까? 그렇다면 그 교회들은 어떻게 하나님의 사랑을 나타내는 경지에 오를 수 있었을까? 그러한 교회를 찾지 못했다면, 하나님의 사랑을 나타내지 못하도록 교회를 가로막고 있는 걸림돌은 무엇인가?

> 경계의 목적은 청결한 마음과 선한 양심과 거짓이 없는 믿음으로 나는 사랑이거늘(딤전 1:5)

위의 말씀은 우리를 올바른 방향으로 인도해줄 구절 중 하나다. 하나님과 이웃을 더욱 사랑하기 위해 노력하고 애쓰는 사람들, 그리고 그렇게 노력하는 교회들은 계속해서 올바른 방향으로 전진할 것이다. 이들이야말로 하나님의 부르심에 따라 이 세상을 비추는 빛이리라.

제 **11** 장

유대인의 뿌리
그리고 이방인의 가지들

The Reason for the Quest

Church History: The First Century

제11장
Jewish Roots and Gentile Branches

유대인의 뿌리
그리고 이방인의 가지들

지금까지 1세기 교회의 모습을 세심히 살펴보았다. 무엇을 위해 지금 우리가 준비되고 있는지 또 어떠한 기반 위에 서있어야 하는지 깨닫기 위해 많은 시간을 들여 1세기 교회의 역사를 공부했던 것이다.

표적
The Sign

오순절 날 성령님께서 제자들 위에 강림하셨다. 이후 그들은 방언을 말하기 시작했다. 이 사건이 있은 후 한참 뒤, 사도 바울은 이날의 일을 회고하며 방언의 은사가 '표적'으로 주어진 것임을 설명했다. 성령님께서 처음으로 교회 위에 강림하셨을 때 이들에게 주어졌던 표적은 창세기 11장 2-9절을 이해할 수 있는 열쇠가 되므로 매우 중요하다. 창세기 11장에 설명되어있는 세상은 모든 사람이 동일한 언어를 사용했던 세상이었다. 온 세상의 구음(口音)이 하나였다!

> 이에 그들이 동방으로 옮기다가 시날 평지를 만나 거기 거하고 서로 말하되 자 벽돌을 만들어 견고히 굽자 하고 이에 벽돌로 돌을 대신하며 역청으로 진흙을 대신하고 또 말하되 자 성과 대를 쌓아 대 꼭대기를 하늘에 닿게 하여 우리 이름을 내고 온 지면에 흩어짐을 면하자 하였더니 여호와께서 인생들의 쌓는 성과 대를 보시려고 강림하셨더라 여호와께서 가라사대 이 무리가 한 족속이요 언어도 하나이므로 이같이 시작하였으니 이후로는 그 경영하는 일을 금지할 수 없으리로다 자 우리가 내려가서 거기서 그들의 언어를 혼잡케 하여 그들로 서로 알아듣지 못하게 하자 하시고 여호와께서 거기서 그들을 온 지면에 흩으신 고로 그들이 성 쌓기를 그쳤더라 그러므로 그 이름을 바벨이라 하니 이는 여호와께서 거기서 온 땅의 언어를 혼잡케 하셨음이라 여호와께서 거기서 그들을 온 지면에 흩으셨더라(창 11:2-9)

바벨탑 사건의 결과와 대조적으로 오순절 사건이 일어난 결과를 기억하는가? 그 치욕스러운 탑의 시공 이후 처음으로 모든 사람이 마치 한 언어를 사용하듯, 서로의 말을 이해하는 사건이 발생했다. 이 사건을 사도행전 2장 5-12절의 기록을 통해 살펴보자.

> 그때에 경건한 유대인이 천하 각국으로부터 와서 예루살렘에 우거하더니 이 소리가 나매 큰 무리가 모여 각각 자기의 방언으로 제자들의 말하는 것을 듣

고 소동하여 다 놀라 기이히 여겨 이르되 보라 이 말하는 사람이 다 갈릴리 사람이 아니냐 우리가 우리 각 사람의 난 곳 방언으로 듣게 되는 것이 어찜이뇨 우리는 바대인과 메대인과 엘람인과 또 메소보다미아 유대와 가바도기아 본도와 아시아 브루기아와 밤빌리아 애굽과 및 구레네에 가까운 리비야 여러 지방에 사는 사람들과 로마로부터 온 나그네 곧 유대인과 유대교에 들어온 사람들과 그레데인과 아라비아인들이라 우리가 다 우리의 각 방언으로 하나님의 큰 일을 말함을 듣는도다 하고 다 놀라며 의혹하여 서로 가로되 이 어찐 일이냐 하며(행 2:5-12)

이 표적은 인간의 언어가 흩어졌던 바벨탑 사건의 안티테제(antithesis)로 나타났다. 여기서 말하는 '바벨탑'의 안티테제는 바로 '교회'다. 각 나라 백성과 다양한 언어(방언) 민족이 교회로 모여 하나의 언어를 사용한다-그 언어가 인류를 다시금 연합시키는 매개체가 되었다. 그 언어는 바로 예수 그리스도로 현현된 하나님의 영광의 메시지다!

물론 이 사건 이후의 역사를 살펴볼 때 복음이 사람들을 모으기보다는 흩었던 경우가 훨씬 더 많았다. 하지만 '하나님의 말씀'은 영영히 서있다: 성경에 의하면 예수 그리스도께서(교회나 교리 사람이 아닌 예수 그리스도가) 진정으로 높임을 받을 때 모든 사람이 '하나님의 말씀' 곧, 예수 그리스도께로 모인다고 했다. 사실 예수님은 모든 사람이 갈망하는 분이시다. 이 시대가 막을 내리기 전 교회는 예수님의 참된 모습을 볼 것이다. 이후 교회는 모든 열방이 주님께 나아올 수 있도록 그들을 향해 예수님의 참모습을 드러내줄 것이다.

1세기의 교회가 복음 전하는 문제를 놓고 분열했던 것을 보면, 그리고 교회의 오랜 역사 속에서 이러한 분열이 반복되는 것을 보면, 오늘날 많은 크리스천이 교회의 '연합'을 불가능한 일로 치부하는 것이 쉽게 이해된다. 하지만 주님에게는 하루가 천 년 같고 천 년이 하루 같다는 사실을 잊지 말자(벧후 3:8 참조). 우리 생각에 천 년이 지나야만 완성될 것 같은 일도 하나님은 하루 만에 행하실 수 있다. 적당한 때가 이르면 교회의 연합은 조속히 성취될 것이다. 그러나 이러한 연합을 대비하기 위해, 우리는 먼저 현재의 교회가 '연합'의 상태로부터 얼마나 멀리 떨어져 있는지를 이해해야 한다. 교회사를 연구하는 목적이 여기에 있다. 아무리 좋은 의도를 가지고 있더라도 회전 구간을 놓치거나 잘못된 길로 접어든다면 올바른 방향으로 나아갈 수 없다. 이때 우리는 맨 처음 길을 잘못 들어선, 그곳으로 되짚어가야만 한다. 그래야 올바른 방향으로 나아갈 희망을 품을 수 있다. 이러한 작업을 가리켜 '회개'라고 부른다.

바벨탑은 인류가 스스로의 이름을 높이고자 모든 사람을 한곳으로 모으고 자력으로 하늘에 닿으려 했던, 인류 역사상 가장 거만한 시도였다. 인류의 '바벨탑 쌓기'는 그들을 구원으로 인도하시는 하나님의 계획과는 정반대 방향이었다. 하나님은 사람들이 그분의 이름을 알고, 또 독생자 예수의 주위에 모이며, 그분이 정한 유일한 길을 통해 하늘에 닿기를 원하셨다. 오순절에 나타난 위대한 표적은 바벨탑에서 목격된 사건과 정반대였다. "참된 연합은 인간의 힘이나 권세, 계획에 의해서가 아니라 오순절 날에 하나님께서 부어주신 성령에 의해 이루어진다." 바로 그날 이 같은 성명이 발표된 것이다. 교회는 인간이 세운 탑이 아닌, 하나님이 세우신 탑으로서 하늘에 닿을 수 있는 유일한 통로가 될 것이다. 다시 한 번 교회는 온 세상 사람들을 한자리에 모을 것이다. 공통의 목적과 공통의 언어-곧 예수 그리스도의 복음-를 가진 사람들이 교회로 모여들 것이다.

잘못된 길로 접어들다
The Wrong Turn

먼 거리를 운전하여 이제 막 애틀랜타에 도착한 어떤 사람이 다음과 같이 말한 것을 들은 적이 있다. "85번 주간(interstate, 州間) 고속도로의 위치를 알려주는 큰 표지판들이 얼마나 고마웠는지 모릅니다. 하지만 내가 여전히 85번 도로를 달리고 있음을 알려주는 작은 표지판들도 그만큼이나 고맙지 뭡니까!" 하나님의 표적들 역시 우리에게 올바른 길을 가르쳐주고 또 우리가 올바른 길로 계속해서 진행할 수 있도록 일러준다. 교회가 탄생한 날(오순절) 하나님께서 우리에게 주신 표적은 무척 중요해서 두고두고 연구해야만 할 것이다.

오직 성령만이 성령의 일을 행하신다. 예수님께서 높임을 받을 때에만 인류가 연합할 수 있다. 사실 시날 평지에서 일단의 사람들이 모여 자신의 타락한 본성을 따라 헛되이 추구했던 바는 하나님께서 인류를 위해 행하고자 하셨던 일과 상당히 닮아있다. 하지만 그 일은 오직 하나님만이 하실 수 있다. 하나님은 인류를 연합하고자 하셨다. 사람들에게 그분의 이름을 알려주고자 하셨다. 사람들이 하늘에 닿아 하나님과 함께 앉을 수 있기를 바라셨다. 그러나 이 일은 오직 성령만이 하실 수 있는 일이었다.

1세기 이후 교회는 잘못된 길로 접어들었다. 바벨탑을 쌓음으로써 인류가 저지르려 했던 실수를 교회가 다시 또 시도했던 것이다. 예수님의 이름을 높이는 대신 그들은 교회의 이름 혹은 교회 지도자들의 이름을 높이려 했다(비록 미묘하긴 했지만 충분히 감지될 수 있는 움직임이었다). 그럼에도 교회는 인간을 연합시킬 유일한 매체, 하나님과 인간 사이를 연결할 중재자로 소개되었다. 이것은 오직 예수님만이 사람과 하나님 사이의 중보가 되신다는 성경 말씀과 상충하지만(딤전 2:5, 히 8:6, 9:15, 12:24 참조) 어쨌든 교회는 인간이 하늘에 닿을 수 있는 길로서 소개된다. 하지만 예수님의 이름 대신 교회의 이름을 높이려 하는 시도 때문에 오늘날까지 사람들은 계속해서 흩어지며 또 계속되는 분열을 겪고 있다.

우리가 어떤 프로젝트를 시행하여 사람들을 한곳에 모으려 한다면, 그 프로젝트가 아무리 영적이고 또 유익한 것이라 할지라도(심지어 그 프로젝트가 '교회'라 할지라도) 결국엔 이전보다 더욱 사람들을 흩어버리는 결과가 나타날 것이다. 계속해서 올바른 길로 진행하고자 한다면 여정 중간마다 나타나는 조그마한 표지판들을 주시해야만 한다. 그 표지판들은 우리에게 가장 기본적인 진리를 상기시켜주기 위해 그곳에 세워졌다: "주님이 교회를 위해 존재하시는 게 아니라 교회가 주님을 위해 존재한다"는 진리 말이다. 교회가 예수님을 높여드리는 본연의 임무를 수행한다면 교회가 주목을 받는 것이 아니라 주님이 주목을 받게 될 것이다. 성전이 관심의 대상이 되기 시작하면, 그것은 하나님께서 그 안에 계시지 않다는 확실한 증거이리라. 하나님이 그 안에 계신다면, 건물의 외관이 아무리 화려하고 영화롭다 하더라도 '교회'가 관심을 받지는 않기 때문이다.

 교회사를 연구하다 보면 인간의 허영심이 쌓아올린 거대한 탑들이 수없이 발견된다. 그것들은 여전히 그 자리에 남아 우리를 향해 경종을 울리고 있다. 중세 초기, 인간의 노력으로 하늘에 닿으려는 멍청한 프로젝트를 벌여놓고 교회가 전적으로 연합하여 힘을 모았을 때, 주님께서는 그들이 손으로 짓는 것을 내려다보시고 한탄하시며 다시 한 번 결심하셨다: "이 어리석은 행동의 유일한 해결책은 언어를 흩는 것이다." 그 결과 오늘날 우리는 수천 개의 '영적 언어'를 갖게 되었다. 오늘날 수많은 영적 언어-수천 개의 교단, 수천 개의 기독교 운동, 그들의 주장에 반대를 표하는 수천 개의 반대운동-로 우리의 교회가 혼잡해져 있다. 상황이 이렇다 보니 이제 교회가 한자리에 모여 그 헛된 탑을 완공하는 것 자체도 불가능해 보일 지경이다.

 지금의 교회가 어떤 이유 때문에 정도(正道)에서 심하게 벗어났는지 좀 더 상세히 살펴볼 것이다. 또한 하나님과의 첫사랑을 회복하고 올바른 궤도로 진입하기 위해 교회가 기울였던 노력에 대해서도 살펴볼 것이다. 먼저 1세기 교회의 모습을 연구해봄으로써 지금의 교회가 얼마나 변질되었는지 알아보자.

교회의 요람
The Cradle of the Church

한 사람이 태어나 살아가는 문화와 환경은 그의 성격이 조성되는 과정에 큰 영향을 미치며 결국에는 그가 삶을 바라보는 인생관, 세계관에까지 영향을 끼친다. 마찬가지로 교회가 태동했던 당시의 문화 역시 교회의 발전에 중대한 영향을 끼쳤다. 그러므로 하나님께서는 적절한 문화와 환경을 선택하시고 그곳에서 교회가 출범하도록 계획해 놓으셨다. 그러나 교회가 성장했던 처음 몇 년 동안, 성도들은 자신이 처해있던 영적인 문화와 환경에 대해 제대로 이해하지 못했다. 그 결과 교회는 엄청난 실수를 범했다. 문제는 이러한 양상을 오늘날의 교회가 동일하게 답습하고 있다는 것이다.

교회는 유대교의 배경에서 태어나 유대교의 자양분을 먹고 자랐다. 예수님도 유대인이었다. 생후 7년간 교회는 유대인의 교회였다. 사도들 역시 모두 유대인이었다. 최초의 성도들은 유대교의 풍습을 그대로 좇았다. 당시의 기록을 보면 일반인들의 눈에 교회(기독교)는 유대교의 아류 종파처럼 비쳐졌다고 전해진다. 실제로 교회의 태동 이후 20년 동안 사도들(예수님의 제자들)조차 교회가 이전과 전혀 다른 새로운 신앙 공동체라는 생각을 하지 못했다. 다만 '이스라엘' 이라는 국가의 또 다른 모습으로 교회를 보았을 뿐이다. 아브라함으로부터 시작된 '이스라엘' 의 연장선에 교회가 놓여있다고 생각한 것이다.

이스라엘은 기독교라는 씨앗을 잉태하고 출산했던 여자(어머니)다. 하나님께서 아브라함을 택하시고 그분을 위해 이스라엘이라는 민족을 세우셨던 이유가 여기에 있었다. 하나님은 그 불가사의한 민족과 결혼하셨다. 그리고 그들에게서 한 아들을 낳으셨다. 이것이 구약성경 전반에 스며있는 하나님의 러브스토리다.

하지만 이 어머니는 자기 아들에게 적대적인 태도를 보였다. 그렇다 하더라도 유대인들이 예수님을 죽였다고 분개하며 그들(유대주의자들을 포함하든 포함하지 않든)을 향해 과도한 분노를 발하는 것은 교회의 궁극적인 발전에 큰 해를 입히는 일이다. 유대교와의 결별 이후, 교회의 중심은 로마 쪽으로 기울었지만 여전히 교회의 기초는 로마가 아니라 예루살렘이다.

기독교로 회심한 사람들이 유대교와 자신들 사이에 커다란 차이가 있음을 깨닫기 시작한 것은 교회가 태동한 후 20년 정도 지났을 무렵부터였다. 이러한 현상이 발생했던 주된 원인은 사도 바울이 이끌었던 새로운 부류의 사도들(이방인 출신 사도)이 나타났기 때문이다. 바울의 훌륭한 사역과 가르침 덕택에 구약 율법이 규정하는 의식을 따르지 않고도 그리스도인이 될 수 있다는 사실이 확실해졌다. 그가 율법에 가장 열정적이고 엄격했던 유대교의 일파, 바리새 출신이었음을 생각한다면 바울이 전한 새로운 가르침은 가히 충격적이다.

한때 유대교의 전통을 향한 바울의 열정은 복음이 내세우는 진리와 정면적인 갈등을 빚었다. 이러한 이유로 바울은 그 어떤 유대인들보다 훨씬 더 깊이 있게 유대교의 전통을 연구하기 시작했다.

그의 회심 사건에는 육체의 시력이 일침을 받아 앞이 보이지 않는 상황이 연출되어야만 했다. 육체의 시력을 잃은 후 바울은 성령을 통해 진리를 볼 수 있었다. 그러므로 이 사건은 그가 진리라고 여겼던 것들에 대해 재고할 수 있는 기회, 그의 진리관에 혁명적인 변화를 가져온 사건이라 평가할 수 있다. 그 결과 바울은 아마도 인류 역사상 가장 위대한 영적 시력을 소지하게 된 사람이 아닐까 생각해본다. 엄하고 강직했던 유대교의 광신자가 은혜의 사도로 변화되었다. 옛 언약의 지독한 수호자였던 그가 그 어떤 사람보다 훨씬 더 확고한 신학으로 새 언약의 교리를 정립하였다. 그러므로 하나님의 구원 능력이 쟁취해낸 수많은 트로피 중 언제나 '바울'이라는 트로피가 돋보일 것임은 분명하다.

앞을 못 보게 된 지 3일 만에 바울은 육체의 시력을 회복했다. 하지만 그가 성령 안에서 더욱 명확하게 볼 수 있기까지 더 많은 시간이 걸렸다. 갈라디아서를 집필했을 때는 그가 광야에서 14년이라는 시간을 하나님과 독대하며 보낸 후였다. 그 긴 시간 동안 바울은 자신이 알고 있던 모든 것을 전혀 새로운 시각으로 바라보아야 했다. 이러한 과정을 통해 '율법과 선지서'(구약을 칭함)의 기반 위에 정립된 그리스도의 복음을 훨씬 더 확고하게 이해할 수 있었다. 또한 그는 이스라엘의 종교 지도자들이 예수님께서 태어난 시점을 착각하여 메시아의 탄생을 방문하지 못했던 사건, 메시아를 거부했던 사건, 예수님이 전한 진리를 철저하게 반대했던 사건을 보면서 그들이 구약성경을 잘못 이해했기 때문에 이 모든 문제가 발생했다는 점도 깨닫게 되었다. 결국 그 14년의 시간은 바울이 하나님의 은혜를 전적으로 의지하게 되었던 기초가 되었다. 하나님의 은혜를 체험한 후, 그는 과거의 자신과 같이 어둠의 덫에 빠져 헤매고 있는 유대교의 형제들을 이해하고 또 긍휼히 여기게 되었다.

바울의 영적인 눈이 열리게 된 과정이 아주 천천히 진행되었던 것처럼, 한때 유대교의 아류, 이단 종파로 여겨졌던 교회가 '새로운 피조물'로 변화되는 과정 역시 오랜 시간을 두고 일어난 점진적 변화였다. 하지만 유대교의 뿌리로부터 완전히 결별하는 것은 전혀 의도했던 바가 아니었다. 바울이 로마의 이방인 교회에 보냈던 서신(로마서)은 전체 성경 중에 새 언약의 신학을 가장 명쾌하게 설명하고 있는 뛰어난 해설서다. 이 서신에서 바울이 설명해놓은 '이스라엘의 지위'는 '새 언약' 신학의 중심을 이루고 있다(9-11장). 하지만 교회는 바울이 전한 경고의 말을 버렸다. 이것은 교회가 저지른 가장 큰 실수 중 하나다. 로마서 9-11장을 깊이 연구하는 것이 좋겠지만 여기서는 지면이 부족한 관계로 가장 중요한 핵심 구절-로마서 11장 1-32절-에만 집중하겠다.

그러므로 내가 말하노니 하나님이 자기 백성을 버리셨느뇨 그럴 수 없느니라 나도 이스라엘인이요 아브라함의 씨에서 난 자요 베냐민 지파라 하나님이 그 미리 아신 자기 백성을 버리지 아니하셨나니 너희가 성경이 엘리야를 가리켜 말한 것을 알지 못하느냐 저가 이스라엘을 하나님께 송사하되 주여 저희가 주의 선지자들을 죽였으며 주의 제단들을 헐어버렸고 나만 남았는데 내 목숨도 찾나이다 하니 저에게 하신 대답이 무엇이뇨 내가 나를 위하여 바알에게 무릎을 꿇지 아니한 사람 칠천을 남겨 두었다 하셨으니 그런즉 이와 같이 이제도 은혜로 택하심을 따라 남은 자가 있느니라 만일 은혜로 된 것이면 행위로 말미암지 않음이니 그렇지 않으면 은혜가 은혜되지 못하느니라 그런즉 어떠하뇨 이스라엘이 구하는 그것을 얻지 못하고 오직 택하심을 입은 자가 얻었고 그 남은 자들은 완악하여졌느니라 기록된 바 하나님이 오늘날까지 저희에게 혼미한 심령과 보지 못할 눈과 듣지 못할 귀를 주셨다 함과 같으니라 또 다윗이 가로되 저희 밥상이 올무와 덫과 거치는 것과 보응이 되게 하옵시고 저희 눈은 흐려 보지 못하고 저희 등은 항상 굽게 하옵소서 하였느니라 그러므로 내가 말하노니 저희가 넘어지기까지 실족하였느뇨 그럴 수 없느니라 저희의 넘어짐으로 구원이 이방인에게 이르러 이스라엘로 시기나게 함이니라 저희의 넘어짐이 세상의 부요함이 되며 저희의 실패가 이방인의 부요함이 되거든 하물며 저희의 충만함이리요 내가 이방인인 너희에게 말하노라 내가 이방인의 사도인만큼 내 직분을 영광스럽게 여기노니 이는 곧 내 골육을 아무쪼록 시기케 하여 저희 중에서 얼마를 구원하려 함이라 저희를 버리는 것이 세상의 화목이 되거든 그 받아들이는 것이 죽은 자 가운데서 사는 것이 아니면 무엇이리요 제사하는 처음 익은 곡식 가루가 거룩한즉 떡덩이도 그러하고 뿌리가 거룩한즉 가지도 그러하니라 또한 가지 얼마가 꺾여졌는데 돌감람나무인 네가 그들 중에 접붙임이 되어 참감람나무 뿌리의 진액을 함께 받는 자 되었은즉 그 가지들을 향하여 자궁하지 말라 자궁할지라도 네가 뿌리를 보전하는 것이 아니요 뿌리가 너를 보전하는 것이니라 그러면 네 말이 가지들이 꺾이운 것은 나로 접붙임을 받게 하려 함이라 하리니 옳도다 저희는 믿지 아니하므로 꺾이우고 너는 믿으므로 섰느니라 높은 마음을 품지 말고 도리어 두려워하라 하나님이 원 가지들도 아끼지 아니하셨은즉 너도 아끼지 아니하시리라 그러므로 하나님의 인자와 엄위를 보라 넘어지는 자들에게는 엄위가 있으니 너희가 만일 하나님의 인자에 거하면 그 인자가 너희에게 있으리라 그렇지 않으면 너도 찍히는 바 되리라 저희도 믿지 아니하는 데 거하지 아니하면 접붙임을 얻으리니 이는 저희를 접붙이실 능력이 하나님께 있음이라 네가 원 돌감람나무에서

찍힘을 받고 본성을 거스려 좋은 감람나무에 접붙임을 얻었은즉 원 가지인 이 사람들이야 얼마나 더 자기 감람나무에 접붙이심을 얻으랴 형제들아 너희가 스스로 지혜 있다 함을 면키 위하여 이 비밀을 너희가 모르기를 내가 원치 아니하노니 이 비밀은 이방인의 충만한 수가 들어오기까지 이스라엘이 더러는 완악하게 된 것이라 그리하여 온 이스라엘이 구원을 얻으리라 기록된 바 구원자가 시온에서 오사 야곱에게서 경건치 않은 것을 돌이키시겠고 내가 저희 죄를 없이 할 때에 저희에게 이루어질 내 언약이 이것이라 함과 같으니라 복음으로 하면 저희가 너희를 인하여 원수 된 자요 택하심으로 하면 조상들을 인하여 사랑을 입은 자라 하나님의 은사와 부르심에는 후회하심이 없느니라 너희가 전에 하나님께 순종치 아니하더니 이스라엘에 순종치 아니함으로 이제 긍휼을 입었는지라 이와 같이 이 사람들이 순종치 아니하니 이는 너희에게 베푸시는 긍휼로 이제 저희도 긍휼을 얻게 하려 하심이니라 하나님이 모든 사람을 순종치 아니하는 가운데 가두어 두심은 모든 사람에게 긍휼을 베풀려 하심이로다(롬 11:1-32)

위의 구절에서 우리가 본 바, 하나님은 결코 이스라엘을 향한 언약을 저버리지 않으실 것이다. 한때 유대인들이 복음의 원수가 되었지만(28절 참조) 신비롭게도 그것은 '교회'를 위해서였다. 어떤 유대인들은 완악한 마음으로 교회를 핍박하였다. 그들에 의해 복음은 가장 큰 위기를 당했다. 하지만 이것 역시 복음을 더욱 강하게 다지기 위해 하나님께서 준비해놓으신 장치였다. 반대급부 속에서 살아남는 것-이것은 참된 기독교의 본질이다. 기억하라. 교회가 출범한 이후, 교회에 닥친 가장 큰 문제는 세상이 교회를 인정하고 받아들였을 때 발생했다.

바울이 로마의 성도들에게 설명했던 대로 하나님은 교회를 그분에게로 가까이 부르셨다. 이는 유대인의 마음속에 거룩한 질투심을 불러일으켜 그들도 구원받게 하시기 위해서였다. 교회가 유대인(너무도 다가가기 힘든 민족)에게 복음을 전할 수만 있다면 온 세계에 복음 전하는 일이 수월하게 다가올 것이다. 어쩌면 이러한 이유 때문에 주님께서는 "먼저 유대인에게 복음을 전하라"고 명령하신 것인지도 모른다. 이는 유대인을 편애해서가 아니다. 유대인에게 다가가 복음을 전하는 능력이야말로 교회가 가진 진리의 진정성을 시험해볼 수 있는 시금석(試金石)이기 때문이다. '원 가지'(원래의 가지)가 회복되는 것은 분명 하나님의 뜻이다(롬 11:22-32 참조). 하나님께서는 이 일을 이방인을 통해 이루신다.

이방인들은 유대인을 통해 성경을 받았다. 또한 유대인을 통해 메시아의 축복을 받았다. 이제 유대인들은 이방인을 통해 복음의 축복을 받게 될 것이다. 모든 사람이 하나님의 자비를 필요로 한다. 한때 메시아를 거절했던 유대인을 포함하여 모든 이가 하나님의 자비를 받게 될 것이다. 하나님은 겸손한 사람에게 은혜를 베푸신다(약 4:6 참조). 유대인을 통해 하나님의 은혜를 받기 위해서 이방인들은 겸손해야 했다. 마찬가지로 이방인을 통해 하나님의 은혜를 입게 될 유대인 역시 겸손해야 한다.

가장 위대한 왕이나 선지자, 가장 큰 영향을 끼쳤던 영적 운동은 적대적이고 어려운 환경에서 시작되었다. 필히 그렇게 될 수밖에 없는 것은 하나님의 방법이 타락한 인간의 방법과 정반대이기 때문이다. 아무리 인간의 지혜가 뛰어나다 하더라도 하나님의 지혜는 인류 최고

지성의 그것을 훨씬 뛰어넘는다. 신비하게도 이러한 하나님의 지혜는 오직 겸손한 사람의 눈, 어린아이와 같은 눈에만 보인다.

　유대교는 수 세기 동안 기다려왔던 메시아를 대적했다. 앞으로 기독교는 '성숙' 한 모습을 보일 텐데, 그때가 되면 유대인들이 메시아를 핍박했던 동일한 이유로 제도적 교회가 진리를 핍박하게 될 것이다. 어쩌면 유대인들이 메시아를 대적했던 것보다 훨씬 더 큰 강도로 진리를 박해할지도 모른다. 과거 유대인에게 악한 영향을 끼쳤던 그 동일한 마귀가 지금도 교회가 펼치는 모든 영적 운동 속에 침투하여 장차 일어날 성령의 세대를 핍박할 것이다.

　마음이 돌같이 굳어버린 유대인들은 기독교인의 복음과 삶의 진정성을 테스트해볼 시금석이다. 하지만 그렇게 생각하는 대신 이방인 교회는 "먼저 유대인에게 복음을 전하라"는 주님의 지상명령을 포기하기 시작했다. 예루살렘이 멸망하자 교회의 영적 중심은 점점 서쪽으로 이동하여 결국 로마와 콘스탄티노플에 안착했다. 이 사건으로 결국 교회와 유대인의 모든 연계가 끊어지고 말았다. '원 가지'에 대해 자긍하지 말 것을 당부했던 바울의 말이 잊혀져버린 것이다. 바울은 이방인들이 원 가지에 대해 우월한 마음을 갖게 될 경우 그들 역시 뿌리로부터 끊어지게 되리라고 경고한 바 있다. 실제로 '끊어짐' 이 일어난 것은 성령의 능력과 생명이 '종교적 제반 의식' 으로 대체되기 시작할 때부터였다. 점차 교회의 중심으로 자리 잡은 여러 의식은 유대교의 입장에서도 혹은 사도들의 입장에서도 생소한 것들이었다.

제 **12** 장

율법이 예언하다
The Law Prophesied

Church History: The First Century

제12장
The Law Prophesied

율법이 예언하다

성경을 향한 초대교회의 열정과 헌신은 대단했다. 그들은 예언 및 가르침 모두를 성경의 기반에 두었다. 유대인들은 중요한 사건이 일어날 때마다 항상 성경 속에서 그 해석과 실마리를 찾으려 했기에 성경을 중요시하는 것은 당시 유대교 문화권의 특징이라 할 수 있다. 그들은 성경을 통해 사건의 전말이 증명될 수 있을 때에만 그것을 하나님으로부터 온 사건으로 이해했다. 초대교회 교인들(유대인들)의 이러한 습관은 역사가 깊다. 그 전통이 수백 년 넘게 이어졌으니 말이다. 심지어 이슬람교의 창시자인 모하메드는 유대인들을 가리켜 '책(성경)의 민족'이라고 부를 정도였다. 성경을 향한 1세기 교회의 헌신은 조금도 흔들림이 없었다. 그뿐만 아니라 그들에게는 성경을 중요하게 여기시는 예수님의 놀라운 모범도 있었다. 성육한 말씀이신 예수님께서는 사탄에게 유혹당할 때 성경을 사용하여 대적하셨다. 예수님께서 사탄에게 던지셨던 말씀은 "기록되었으되!" 였다.

소위 교회를 가리켜 '하나님의 소유' 곧 '하나님의 거처' 라고 한다. 이를 위해 준비될 수 있도록 하나님께서는 백성에게 율법을 주셨다. 하지만 이 율법은 그들을 의롭게도, 거룩하게도 만들지 못했다. 율법으로는 하나님의 백성을 준비시킬 수 없었다. 교회가 탄생했을 무렵에는 '문자' (율법)가 사람을 거룩하거나 의롭게 만들지 못한다는 사실이 더욱 분명해졌다. 심지어 믿지 않는 유대인조차 이 사실을 알았을 정도였다. 율법의 한계를 깨달은 하나님의 백성은 곧 세례(혹은 침례)와 같은 예식으로 눈을 돌렸다.

하지만 율법은 하나님의 공의와 거룩한 성품을 계시해주는 것으로써 또 다른 차원에서 백성을 준비시켰다고 말할 수 있다. 율법에 대해 우리가 갖고 있는 유일한 문제점은 우리가 의롭지 못하고 거룩하지 못함으로 인해 율법의 기준에 이르지 못한다는 것뿐이다. 율법의 기준에 맞는 거룩한 삶을 살기 위해서는 하나님의 구원과 하나님의 능력이 절실하게 요구된다. 그러므로 이 율법은 구원의 필요성을 깨달을 수 있도록 우리를 도와주며 십자가로 달려가 매달리도록 강요하는 역할을 한다.

1세기 교회의 성도들이 십자가를 단지 '용서의 장소' 로만 생각하지 않았음은 분명한 사실이다. 그들은 십자가를 하나님 앞에서 거룩하고 의롭게 살 수 있도록 인도해주는 구원의 도구이자 능력의 원천으로 생각했다. 십자가를 통한 은혜는 단지 우리에게 용서만 베푸는 은혜가 아니다. 한 번 용서해주고 이후로는 계속해서 죄 가운데에 거하든지 말든지 내버려두는 그러한 은혜가 아니다. 십자가는 용서받은 백성이 하나님 앞에서 거룩하게 살도록 견인해주시는 하나님의 능력이다. 율법으로는 이 일이 가능치 않다. 바로 이 진리를 깨달았기 때문에 사도 바울은 갈라디아서를 비롯한 신약성경의 여러 위대한 서신을 쓸 수 있었다.

하지만 이것 말고도 초대교회가 이해했던 율법의 또 다른 기능이 있었다. 마태복음 5장 18절을 보면 주님께서 율법의 목적에 대해 다음과 같은 말씀을 전하시는 장면이 나온다. "진실로 너희에게 이르노니 천지가 없어지기 전에는 율법의 일점일획이라도 반드시 없어지지 아니하고 다 이루리라." 여기서 주님이 말씀하신 것은 "너희가 율법의 모든 명령을 온전히 지킬 때까지 율법은 없어지지 아니할 것이다"라는 내용이 아니었다. 왜냐하면 그것은 새 언약의 기조와 상반되기 때문이다. 이 진술을 통해 예수님께서는 '율법이 예언한다' 라는 율법의 또 다른 기능에 대해 말씀하신 것이다. 이 점은 마태복음에 기록된 예수님의 또 다른 말씀에 의해 더욱 확실시된다. "모든 선지자와 및 율법의 예언한 것이 요한까지니"(마 11:13).

위의 구절은 예수님의 도래에 대한 예언의 말씀을 설명해줄 뿐만 아니라 놀라울 정도의 섬세함이 서려있는 역사의 줄거리를 담고 있기도 하다. 하나님의 지혜는 우리의 상상을 초월하기 때문에 하나님은 교회가 저지를 커다란 실수 및 배교(背敎), 심지어 마지막 때에 영화롭게 회복됨으로 결론 맺게 되리라는 것을 알고 계셨다. 또 그 모든 사실을 예견(예언)하셨다.

율법에 제정된 모든 의식과 절기는 예언적으로 그려놓은 그리스도의 초상(肖像)이었다. 이러한 이유로 예수님 스스로도 의식과 절기를 지키셨고, 또 초대교회도 율법의 의식과 절기를 기념하였다. 하지만 그들은 오직 그리스도의 십자가로써 의(義)를 얻게 된다는 사실을 잘 알고 있었기 때문에, 의롭게 되기 위한 목적으로 율법에 제정된 의식과 절기를 지킨 것이 아니다. 초대교회는 그 모든 '그림자'가 그리스도를 통해 실체화(實體化)되었기에 그리스도를 기념하기 위해 의식과 절기를 지켰다. 그러나 교회가 유대교의 뿌리와 완전히 결별한 후 사정은 달라졌다. 율법의 예식과 절기의 자리를 대체한 것은 그리스도의 초상(肖像)과 아무런 관련 없는 이방인들의 풍습이었다. 그 결과 교회는 점점 더 깊은 어둠 속으로 떠내려갔다.

오늘날의 크리스천은 1세기 교회가 갖고 있었던 유일한 성경이 구약이었다는 사실과 신약에 제시된 믿음의 교리가 구약을 바탕으로 하고 있다는 사실을 종종 잊곤 한다. 아래에 예로 든 말씀을 통해 살펴보겠지만, 사도들은 자신이 깨달은 하나님 나라의 계시를 입증하기 위해 '율법과 선지자'(구약성경)를 사용했다. 예수님이 약속된 메시아임을 피력할 때도 다름 아닌 구약성경 말씀을 이용하였다.

> 나의 복음과 예수 그리스도를 전파함은 영세 전부터 감추었다가 이제는 나타내신 바 되었으며 영원하신 하나님의 명을 좇아 선지자들의 글로 말미암아 모든 민족으로 믿어 순종케 하시려고 알게 하신 바 그 비밀의 계시를 좇아 된 것이니 이 복음으로 너희를 능히 견고케 하실 지혜로우신 하나님께 예수 그리스도로 말미암아 영광이 세세무궁토록 있을지어다 아멘(롬 16:25-27)

> 저희가 일자를 정하고 그의 우거하는 집에 많이 오니 바울이 아침부터 저녁까

지 강론하여 하나님 나라를 증거하고 모세의 율법과 선지자의 말을 가지고 예수의 일로 권하더라(행 28:3)

로마서 16장에, 그리고 여러 다른 서신에서 바울이 언급한 '글'은 '구약성경'을 말한다(여기서 '글'로 번역된 어구는 영어 성경에 The Scriptures로 적혀있다. 이는 성경을 뜻한다-역자 주). 1세기에는 신약성경이 없었다. 사실 그때에는 신약성경이 기록되고 있었다! 다시 한 번 강조하지만 1세기의 교회가 지녔던 유일한 성경은 구약이었다. 그리고 구약은 사도들이 정립한 모든 기독교 교리의 근간이 되었다. 심지어 그리스도를 통한 하나님의 은혜를 깨닫게 된 것도 바로 구약의 계시를 통해서였다.

우리는 구약을 '율법'으로 신약을 '은혜'로 간주하는 경향이 있다. 하지만 꼭 그렇다고만은 할 수 없다. 구약과 신약을 제대로 정리한다면 다음과 같을 것이다: "옛 언약은 '문자'다. 반면 새 언약은 '성령을 통한 믿음의 삶'이다." 만일 옛 언약을 마음에 두고 신약성경을 읽는다면 신약성경 역시 '율법'처럼 느껴질 것이다. 반대로 새 언약을 마음에 두고 구약성경을 읽는다면 구약성경의 매 장마다 그리스도를 발견할 수 있을 것이다.

그리스도의 사역 및 그의 지위를 묘사하기 위해 신약성경에 사용된 용어들은 전부 다 '율법과 선지자'(구약)에 뿌리를 두고 있다. 신약성경은 예수님을 '대제사장'이라고 부른다. 대제사장이라는 용어는 이스라엘과 하나님 사이를 중재했던 구약시대의 직책을 지칭한다. 또한 예수님은 '하나님의 어린양'으로 불린다. '어린양'은 백성의 죄를 대속할 때 사용하기 위해 구약의 율법이 정해놓은 희생 제물을 지칭한다. 이러한 이유로 예수님께서는 다음과 같은 충격적인 발언을 하셨다.

> 모세를 믿었더면 또 나를 믿었으리니 이는 그가 내게 대하여 기록하였음이라 그러나 그의 글도 믿지 아니하거든 어찌 내 말을 믿겠느냐 하시니라(요 5:46-47)

누가복음에도 비슷한 말씀이 기록되었다.

> 가라사대 미련하고 선지자들의 말한 모든 것을 마음에 더디 믿는 자들이여 그리스도가 이런 고난을 받고 자기의 영광에 들어가야 할 것이 아니냐 하시고 이에 모세와 및 모든 선지자의 글로 시작하여 모든 성경에 쓴 바 자기에 관한 것을 자세히 설명하시니라(눅 24:25-27)

만일 '율법과 선지자'에 기록된 모든 것을 믿지 않는다면 우리 역시 미련한 사람일 것이다. 교회가 저질렀던 상당수의 '어리석은 행위들'은 구약의 기록을 믿지 않은 것에서 기원했다. 우리도 바울이 전했던 훈계의 말을 가슴 깊이 새겨야 할 것이다.

> 그러나 너는 배우고 확신한 일에 거하라 네가 뉘게서 배운 것을 알며 또 네가 어려서부터 성경을 알았나니 성경은 능히 너로 하여금 그리스도 예수 안에 있는 믿음으로 말미암아 구원에 이르는 지혜가 있게 하느니라 모든 성경은 하나님의 감동으로 된 것으로 교훈과 책망과 바르게 함과 의로 교육하기에 유익하니 이는 하나님의 사람으로 온전케 하며 모든 선한 일을 행하기에 온전케 하

러 함이니라(딤후 3:14-17)

   물론 위 구절에서 바울이 언급한 '모든 성경'은 구약을 가리킨다. 초대교회가 소유하고 있었던 '율법과 선지자'만으로도 이 세상을 변화시키기에 충분했다. 그런데 우리는 어떠한가? 우리 수중에는 신약성경도 있다. 진정 주님께서는 마지막까지 최상의 포도주를 내주시는 분이시다. 신약이 완성되었지만, 그렇다고 해서 신약성경이 '구약'으로 불리는 성경을 밀쳐내고 그 자리를 대신하는 것은 아니다. 하나님께서 신약을 주신 데에는 그런 의도가 전혀 없으셨다.

   신약의 서신서 중 가장 육중한(비중 있는) 편지글로 알려진 히브리서의 기자는 서신의 수신자들이 딱딱한 음식을 섭취할 수 없기 때문에 오직 젖을 공급할 수밖에 없음을 말하며 한탄한다! 이 편지에는 멜기세덱에 관한 정보, 성막, 그리고 하나님의 원대한 계획 등 참으로 무거운 주제들이 담겨있는데, 발신자의 말에 따르면 이 모든 것이 영적인 '젖'일 뿐 단단한 음식이 아니라는 것이다! 이 사실이 우리를 겸손케 만든다. 오늘날 '멜기세덱의 반차를 따르는 제사장 계열'에 대해 제대로 이해하고 있는 크리스천이 얼마나 되는가?(그리스도 안에서 하나님이 우리를 왕 같은 제사장으로 부르셨는데, '멜기세덱의 반차를 따르는 제사장'은 일차적으로는 예수님을, 그리고 새 피조물인 '우리'를 지칭하는 표현이다.) 그러니 이제 젖을 떼고 이유식을 먹을 때가 되지 않았는가? 단단한 음식의 상당수는 구약에서 발견된다. 그 내용들은 오직 '예언'의 마음으로 이해할 때만 우리의 눈에 들어올 것이다.

뿌리, 그리고 가지들
Root and Branches

이 모든 내용이 유대교와 이방인 교회의 차이점에 어떻게 적용되는가? 먼저 하나님께서 이 둘을 구분하신 목적, 하지만 여전히 그리스도 안에서 한 몸이 되게 하신 목적을 이해해야 한다. 여러 면에서 볼 때 그 둘은 다르다. 바울이 로마서에 기록한 것처럼 이방인의 교회가 '가지'가 되어 유대교의 '뿌리'에 접붙임 되는 것은 분명 하나님께서 의도하신 뜻이었다. 접붙임을 통해 한 몸이 되긴 했지만 하나님께서는 이방인들(가지)의 교회와 유대교의 크리스천들(뿌리) 사이에 심오한 차이가 나는 것도 허락해주셨다. 이 일은 초대교회의 사도들이 전적으로 축복하고 격려함(blessing and encouraging)으로, 또 성령에 의해 인준(verified)됨으로, 그리고 성경에 의해 인정(established)됨으로 가능했다. 제1차 예루살렘 공의회(행 15장 참조)의 결정에 따라 율법이 정한 모든 예식의 의무로부터 이방인 성도들은 자유케 되었다. 다음은 공의회의 결정 사항이다.

> 성령과 우리는 이 요긴한 것들 외에 아무 짐도 너희에게 지우지 아니하는 것이 가한 줄 알았노니 우상의 제물과 피와 목매어 죽인 것과 음행을 멀리 할지니라 이에 스스로 삼가면 잘 되리라 평안함을 원하노라 하였더라(행 15:28-29)

이 결의문은 오직 이방인들을 위한 지침일 뿐이다. 우리는 이 결의문이 유대인 성도에게는 적용되지 않는다는 점을 종종 간과하곤 한다. 유대인 성도들은 '율법과 선지자'에 기록된 제반 의식을 자유로이 지킬 수 있었다. 물론 의롭게 되기 위해서가 아니라(의로움은 오직 그리스도의 십자가를 통해서만 가능하다) 자신들의 유업을 소중히 간직하기 위해서 지키는 것이다. 이 점은 히브리서가 잘 말해주고 있다. 어쨌든 중요한 사실은 유대인과 이방인을 향한 요구 사항에 차이가 있다는 것이다. 우리는 이러한 사실을 이해해야 한다.

하지만 많은 사람은 유대교가 오직 '의를 얻기 위한 율법 준수'로 대표된다고 생각하기 때문에 이방인과 유대인 크리스천에게 요구되는 각각의 강령 사이에 차이가 있다는 사실을 깨닫지 못한다. 사람들은 유대인 성도들이 '의롭게 되기 위해' 율법을 지킨다고 생각했고 그러한 행위가 그리스도를 통해 얻은 은혜를 무효화시킨다고 생각했기에 유대인도 절기를 지켜서는 안 된다고 주장했다. 이처럼 유대인 성도들 중 대다수가, 심지어 이방인 성도들마저도 자신들을 향한 요구 사항이 다르다는 점을 이해하는 데 어려움을 겪었다. 하지만 유대인 성도들이 '예언적인' 의식과 절기를 지키는 것 그리고 이방인 성도들이 전혀 새로운 스타일의 신앙 체계를 발전시키는 것, 이 둘 모두는 성령님이 의도하신 바였다.

하지만 유대인과 이방인 성도들이 '교회'라는 공동체에 한데 모여 교제하는 한, 그리고 하나님의 구원 계획이 이스라엘이라는 나라를 통해 진행되어온 역사적 정황으로 미루어보아 교회의 구심점(교회가 정박할 수 있는 곳)은 항상 '유대교'의 뿌리여야 했다.

주님께서 유대인과 이방인 성도 사이에 차이를 두기로 의도하셨다는 점을 명확히 해주는 또 다른 요소는 유대인을 위한 사도와 이방인을 위한 사도가 따로 임명되었다는 점에서도 찾아볼 수 있다. 바울 사도가 이방인을 가리켜 '가지들'이라고 복수 형태로 언급한 것은 매우 중요하다. 이는 이방인 성도들의 그룹 안에 다양성(다양한 인종)이 내재함을 시사해준다. 교회가 유대교의 뿌리에 견고히 정박하는 한, 그리고 하나님의 의와 거룩함에 대한 올바른 지식을 견지하는 한, 다양한 문화와 인종이 표현하는 신앙의 모습에는 상당한 자유가 보장될 수 있다. 이방인의 '가지들'이 신선하고 창조적인 생명력을 교회에 선사할 때, 유대교의 '뿌리'는 율법의 엄격한 강직성의 구덩이에 빠지지 않을 것이다. 그러므로 이 둘 모두 교회에 필수적이다. 이처럼 각자가 '독특할' 수 있는 자유가 있고 또 상호 간의 차이를 유지할 수 있다. 하지만 유대인의 뿌리와 이방인의 가지들은 항상 연결되어있어야 한다.

다양성을 매우 사랑하셔서 모든 사람을 저마다 다른 모습으로 창조하시고 심지어 모든 눈꽃송이조차 서로 다른 모양으로 창조하신 하나님은 자신의 교회가 하나님의 영광스러운 창조성을 나타내도록 의도하신 것이 분명하다. 이 계획은 창세 전부터 하나님의 마음속에 있었다. 비록 서로 다른 모양으로 창조된 우리들이지만 그리스도 안에서 우리 모두는 '하나의 새 피조물'이 되어야 한다(엡 2:15 참조). 이처럼 다양한 사람이 모여 하나의 새 피조물이 된다는 개념은 이해하기 힘들다. 우리는 '연합 속의 다양성'이라는 높은 차원의 연합보다는 '획일의 연합'만을 생각하는 경향이 있다. 아내를 남자로 만든다고 해서 아내와 한 몸을 이룰 수는 없다. 오직 여성과 남성이 서로 다르다는 사실을 인정할 때에만 남편은 아내와 한 몸을 이룰 수 있다. 마찬가지로 그리스도 안에서 참된 연합을 이루기 위해, 유대인과 이방인의 교회는 둘 사이의 '계획된 차이점'을 인정해야만 했다. 서로의 차이점에 대한 진정한 이해가 선행되어 참된 연합이 이루어질 때, 독생자 예수를 통해 열방을 하나로 연합하시려는 하나님의 뜻이 아름답게 이루어질 것이다. 이것이 바로 세상 마지막 날에 이루어질 교회의 모습이다.

이러한 이유로 사도 바울은 단호한 어조로 설교했다: "비록 유대인들이 복음을 받아들이지 않고 마음을 굳게 닫고 있지만 언젠가 그들 역시 '원 가지'(natural branches)로서 접붙임을 입을 것입니다"(롬 11: 28-32 참조). 그러므로 오늘날 전 세계로 퍼지는 '메시아닉 유대인'(Mes-sianic Jewish)들이 참으로 소중하다고 하겠다. 오늘날 메시아닉 유대인과 이방인 성도들의 연합은 1세기 사도적인 교회의 모델과 한참 다르지만, 이들은 하나님께서 창세 전부터 계획하신 모습, 그리고 예루살렘 공의회에 의해 인준된 그 모습을 향해 나아가고 있다. 마지막 날, 열방에서부터 나아온 사람들이 연합하여 '하나의 새 피조물'을 구성할 것이다.

유대인과 이방인의 연합이 완성될 때, 그것은 교회 안에 여전히 존재하던 인종차별의 장벽이 전적으로 무너졌음을 의미한다. 이러한 은혜는 유대인, 이방인 양측 모두가 겸손함을 견지할 때에만 가능하다. 겸손한 태도로 서로를 맞이할 때 비로소 우리는 상대를 향한 하나님의 뜻을 명확하게 알 수 있다. 하나님은 겸손한 자에게 은혜를 베푸시기 때문에, 겸손함으로 연합한 교회는 전례 없는 하나님의 능력, 심지어 죽은 사람을 살리는 능력까지도 부여받게 될 것이다.

미래의 예루살렘
Next Year in Jerusalem?

　초대교회가 전통적 유대교에 대해 과도한 반응을 보였던 이유를 세 가지 주요한 항목으로 요약할 수 있다. 첫째, 갓 태어난 어린 교회가 전통적 유대교로부터 큰 핍박을 받아야 했기 때문이다. 둘째, 유대교에서 그리스도교로 개종한 일단의 유대인들이 이방인 신자들에게 율법의 의무를 강요했기 때문이다. 셋째, 서기 70년, 로마군에 의해 예루살렘이 멸망당했기 때문이다. 부연하자면 예루살렘이 무너졌을 때 그곳에 남아있던 유대인 사도들과 장로들이 사방으로 흩어졌다. 이로써 이방인 교회가 유대인 형제들과 유지했던 거의 모든 연합의 끈이 끊어져버린 것이다. 연결 끈의 부재는 전통적 유대교에 대한 과도한 반응으로 이어졌다.

　그러나 이 시대의 마지막 때가 이르면, 이 모든 문제가 원래대로 복구될 것이다. 이스라엘 민족이 다시금 모일 것이다. 예루살렘은 유대인으로 북적되는 도성이 될 것이다. 수많은 메시아닉 유대인이 세계 곳곳에서, 그리고 이스라엘 전역에서 나아와 한곳으로 모일 것이다. 성경에 나오는 수많은 예언처럼, 다시 한 번 예루살렘이 믿음의 영적 중심지로 우뚝 서는 것을 목격하게 될 것이다. 마지막 날에 이르러 교회는 강력한 유대교의 뿌리와 강력한 이방인의 가지들을 얻게 될 것이다.

　하지만 하나님께서 원하시는 바, 이방인의 가지들과 유대인의 뿌리로 이루어질 참된 연합을 위해 각각 자신의 독특성을 희석시켜서는(혹은 타협해서는) 안 된다. 올바르게 연합하기만 하면, 각자는 하나님이 부르신 독특한 모습 그대로를 자유롭게 유지할 수 있다. 그러면 교회는 정말로 '만민을 위해 기도하는 집' (막 11:17 참조)-문자 그대로 풀어 설명하자면 '모든 인종 그룹을 위해 기도하는 집' -이 될 것이다.

제13장

초대교회의 행정 조직
Early Church Government

Church History: The First Century

제13장
Early Church Government

초대교회의 행정 조직

앞에서는 1세기 교회의 생활, 그들이 전했던 메시지, 그리고 그들이 처한 영적 문화 배경을 살펴보았다. 이 장에서는 사도들이 세운 교회 행정 조직을 살펴보려고 한다.

자유로운 행정 조직
The Government of Liberty

사도들이 세워놓은 행정 조직은 독특한 성격을 띠었고 자유로운 구조를 보였다. 하지만 업무 수행에 있어서는 체계적이고 효과적인 모습을 보였기에 1세기 교회의 행정 조직을 딱히 무엇이라고 정의할 방법은 없는 듯 보인다. 앞에서 살펴본 신앙의 원칙들과 마찬가지로, 교회의 행정 조직 역시 과대(과소)평가하여 정의한다면 그 본질이 상실될 것이다. 1세기 교회의 행정은 시스템 자체를 의존하지 않고 전적으로 '시스템의 구성원'에 의존했다. 즉 '기름 부음 받은 지도자들'에 의존하였다. 그러므로 교회의 권위는 시스템이 아닌, 교회를 이끄는 사람들에 의해 규정되었다. 교회가 시스템 위에 세워진 것이 아니라 사람 위에 세워졌기 때문이다.

오늘날 국가를 운영하는 행정부의 모습과는 대조적이지 않은가? 세상의 정부는 하나님과 그의 공의를 추구하는 것을 목적으로 삼지 않기 때문에 국가의 행정부에 대해서는 더 복잡한 차원의 정의가 내려져야 한다. 게다가 특정 지도자보다는 법에 의존하는, 관료적(율법주의적)인 모습을 보인다. 미국이라는 나라는 아마도 행정부뿐 아니라 사회와 문화 역시 가장 관료적(율법주의적)인 모습으로 변질된 나라일 것이다. 이러한 사실은 다른 어떤 나라보다 미국 내 변호사의 수가 훨씬 더 많다는 점을 보아서도 알 수 있다. 오늘날에 이르러서는 거의 모든 상거래가 '계약'을 통해서 이루어질 정도다. 하지만 너무나 많은 법적 용어가 연계되어있어서 계약 내용은 인간이 상상할 수 있는 것보다 훨씬 더 복잡하다. 이렇게 '숨통을 죄는' 관료제의 피해자는 대기업만이 아니다. 거의 모든 사람이 피해자인데, 율법주의적인 문화 때문에 이 땅을 살아가면서 미국 국민이 부담해야 할 비용은 다른 나라나 타 문화권에 비해 몇 배나 더 크다. 이 모든 것의 원인은 지도자의 위치에 서 있는 사람들 대부분이 '입법자'(立法者)이기 때문이다. 그들 대다수가 법조인인데, 이들은 어떠한 상황이나 위기가 닥쳐오든지 항상 법과 제도로 대응하려는 마음자세를 지니고 있다. 이들에게서 어려운 상황과 위기를 끌어안고 헤쳐나가려는 의지는 찾아보기 힘들다.

그러므로 우리의 '지도자들'은 위기가 닥칠 때마다 새로운 법안을 내놓으며 '해결책'이라고 둘러대기에 바쁘다. 법안 위에 또 다른 법안이 차곡차곡 쌓이다 보니 이제 법안끼리 충돌하여 엄청난 참사를 일으키기에 이르렀다. 물론 법과 규정은 필요하다. 지금 우리가 겪고 있는 문제들 중 어떤 것은 관련법과 규정의 부재 및 미비 때문이기도 하다. 그러나 문제에 대한 과도한 반응은 언제나 그렇듯, 해당 문제만큼이나 심각한 피해를 입히든가 아니면 더 큰 문제를 낳게 마련이다. 사회의 모든 필요와 문제를 법과 규정만으로 해결하겠다는 미 행정부의 기조 때문에 지구 상에서 가장 큰 번영을 누리고 또 가장 강력한 힘을 자랑하며 가장 발전된 한 사회가 법의 무게에 짓눌려 무너질 위기에 처해 있는지도 모른다.

교회의 영적 권위는 위에서 예로 들었던 미국 행정부의 양태와 같아서는 안 된다. 만일 교회 리더십의 본질이 관료주의 혹은 율법주의로 변질된다면 교회 지도자들 역시 문제가 발생할 때마다 새로운 규정을 만드는 일에 급급할 것이다. 결국엔 규정의 무게를 못 이기고 침체될 텐데 이때 교회가 성령의 인도하심을 따라가는 것을 기대하기란 어려운 일이다. 1세기 교회의 행정 조직은 이와 매우 다른 기조(mentality)를 보였다. 지도자들은 여러 가지 문제와 위기 상황을 가슴으로 끌어안고 헤쳐나갔다. 오랫동안 옛 언약의 육중한 멍에(율법주의) 아래 있어봤기에, 이들은 새로운 제도나 규칙을 제정하여 교회에 부과하는 것을 삼갔다. 다양한 문제에 대해 이들이 제시한 답은 '장로'(사람)였다. 지혜와 용기를 겸비하여 교회 안의 '판사'처럼 상황을 판단하고 분쟁을 잠재울 사람의 선출이-성도들을 이끌 만한 '장로' 의 선출-이들이 제시한 해결책이었다.

사도들에게는 정책 수행 규정 등을 기록해놓은 소위 '교회 헌법' 같은 것조차 없었다. 그들의 권위는 법이 아닌, 더 높은 개념의 무언가에 의해 규정되었다(그들이 예수님과 함께 있었다는 사실, 예수님으로부터 기름 부음을 받았다는 사실이 그것이다).

사도들의 권위 행사는 계급적이기도 하고 동시에 민주적이기도 했다. 그들의 주된 기능은 견고한 교리의 기반을 세우는 것이었다. 또한 획일주의를 따르지 않고 교회 안에 자유를 증진시키기에 합당한 행정 조직을 건립하는 것이었다. 사도들은 이 일을 훌륭히 수행하였다. 교회의 행정이 보장하는 자유 덕택에, 사람들은 강압에 의해서가 아닌 진리의 능력으로 회심할 수 있었다.

획일주의 대신 자유를 택했던 사도들의 리더십은 이전 역사에서 볼 수 있었던 지도 체계와 극명한 대조를 이루었다. 물론 그 당시의 사회가 보여주었던 일반적인 리더십 스타일과도 큰 차이를 보였다. 그러므로 사도들이 따르려 했던 리더십은 이 세상 그 어떤 행정부가 보여준 것과 전혀 차원이 다른, 가장 특이한 리더십이라 할 수 있었다. 이러한 구조의 행정 체제를 가졌기에 교회는 여러 문제와 위기 상황 속에서도 성령의 인도하심을 따를 수 있었다. 그러나 이처럼 특별한 리더십으로부터 멀어져 갈 때, 교회 안의 자유는 점점 사라졌고 반대로 '억압하는 습관' 은 점점 크게 자라나기 시작했다. 사람들의 마음을 '진리' 에 복종시키는 대신 이제 교회는 지도자의 '치리' 에 사람들의 무릎을 꿇렸다. 교회가 품었던 진리의 능력은 온데간데없고 야만스러운 강압만이 그 자리를 대체하였다.

다시금 교회가 정신을 차리고 원래의 리더십 스타일을 품으려고 했을 때, 그 오랜 회귀 과정의 결과 세상에는 민주 정부가 설립되었다. 그리고 인간의 존엄과 모든 사람의 자유를 중시하는 풍조도 함께 태동하였다. 지난 5세기 동안의 참된 자유주의 운동은 모두 종교개혁자들의 가르침에 기반을 둔 것이었다. 의심할 것 없이 이 사회가 외쳤던 참된 자유는 종교의 자유에 기반을 두고 있다. 참된 지도자가 이끌지 않는다면 대부분의 민주 정부는 앞서 언급했던 관료주의나 율법주의의 덫에 빠지게 될 것이다. 오늘날 거의 모든 국가에서 누리는 '인간의 자유'는 그리스도께서 십자가를 통해 우리에게 허락하신 구원과 자유에 기반을 두고 있다.

자유에는 책임이 따른다. 하나님께서 동산 중앙에 선악을 알게 하는 나무를 두신 것 역시 인간에게 '자유'(책임이 따르는)를 주시기 위함이었다. 부연하자면 하나님은 아담과 하와를 타락시키기 위해서가 아니라, 그들에게 자유를 주셔서 하나님을 향한 순종과 충성을 스스로 증명해보이도록 동산 중앙에 선악과나무를 두신 것이었다. 불순종할 자유가 보장되지 않는다면 참된 의미의 순종은 없다. 그러므로 복음은 이 땅의 초라하고 겸손한 사람, 순종하는 사람들에 의해 전파되어야 했다.

오늘날 하나님께서는 그리스도와 함께 후사가 될 사람들을 찾고 계신다. 그들은 주와 함께 열방을 다스릴 것이다. 하나님은 정치적인 야욕이나 권력을 향한 정욕 때문이 아닌, 오직 진리를 사랑하는 마음 때문에 주님께 나아오는 사람을 통치의 자리로 올리신다. 정의를 추구하는 것이 상책이 아닌 때에도, 심지어 정의를 지키는 것이 죽음을 의미할 때에도, 이들은 정의를 수호함으로써 진리를 향한 자신의 열정과 사랑을 입증할 것이다. 이들은 마음속 충동에 의해 나서지 않는다. 그들에게는 더 깊은 무언가가 있다-이 세상 그 무엇보다 하나님과 그분의 길을 사랑하는 마음 말이다. 하와는 완벽한 세상에서 살았지만 죄 짓기로 선택했다. 마지막 아담의 신부가 될 교회는 가장 악한 세상에서 살겠지만 하나님의 뜻에 순종하기로 선택할 것이다. 순종이라는 덕목만이 어린양의 신부가 될 자격 요건이다.

행정 조직의 형태
The Forms of Government

하나님의 행정부(교회 행정 조직)는 그가 선택하신 권위자들과 그들의 리더십에 근간을 두는 것이 사실이지만, 교회 역시 조직체므로 이를 위해 시스템이 구축되는 것도 사실이다. 1세기의 교회를 보면 실로 다양한 형태의 행정 조직(시스템)이 구축되어있었음을 알 수 있다. 대부분의 사람에게는 생소한 말처럼 들릴지도 모른다. 안타깝게도 교회사가들조차 이 사실을 잘 알지 못한다.

여타의 다른 조직과 마찬가지로 1세기 교회 역시 성장 과정 중 자신이 처한 다양한 환경과 사회 문화에 영향을 받지 않을 수 없었기에 다양한 형태의 행정 조직을 구축하였던 것이다. 정리해보면 첫째, 교회의 행정은 법이 아니라 사람 위에 세워졌다-이것이 진정한 교회 행정 조직의 모습이다. 둘째, 교회 안에 다양한 형태의 행정 조직(시스템)이 구축되었다-이것 역시 진정한 교회 행정의 또 다른 모습일 것이다.

교회 행정의 남용 및 수직적 관료 체계에 상처받은 수많은 사람이 교회를 박차고 떠났다. 이러한 형태의 조직체가 교회 안에서의 자유를 짓누르기는 했지만, 이것 역시 신약시대 교회가 보여주었던 행정 조직의 일면이었음을 인정해야 한다.

사도와 장로로 구성된 공의회는 이 땅 위에 모습을 드러낸 교회 행정 조직의 궁극적인 형태였다. 각각의 공의회마다 한 명의 리더가 있었다. 물론 신약성경에는 동등한 지위의 여러 장로로 구성된 교회 행정부의 모습도 나온다. 한 명의 리더를 내세운 공의회, 그리고 동일한 지위의 여러 장로로 구성된 행정부-이 둘 모두 장점을 갖고 있고 또 성경적인 선례도 갖고 있다. 하지만 이 두 가지 행정 조직 중 그 어떤 것도 신약시대의 '유일한' 교회 행정 조직으로는 볼 수 없다. 이 시대의 교회가 구축해놓은 저마다의 행정 조직 시스템을 보더라도 주님은 다양성과 자유를 허락하시는 것 같다. 행정 조직 내의 다양성은 비실용적으로 보일 수 있다. 하지만 참된 영적 발전을 위해서는 필수다.

아무리 좋은, 아니 최고의 행정 시스템이라고 하더라도 그 안에 좋은 사람들이 배치되지 않으면, 그 역시 '나쁜' 행정 조직이 될 것이다. 반대로, 최악의 시스템이라 하더라도 그 안에 좋은 사람들이 배치되면 '좋은' 행정 조직이 된다. 그러므로 정말 좋은 행정 조직을 원한다면 필요 이상으로 시스템을 강조하지 마라. 하지만 우리의 목표는 훌륭한 자격을 갖춘 지도자를 최상의 행정 조직 시스템에 배치하는 것임을 잊어서는 안 된다. 물론 행정 시스템은 그 조직체에 도움이 되는 발판

이어야 하지 기름 부음을 방해하는 걸림돌이 되어서는 안 될 것이다.

신약성경을 읽으면 교회 행정 시스템은 오랜 시간에 걸쳐 발전을 거듭한 것처럼 보인다. 정확한 설명이다. 다시 한 번 강조하지만 하나님은 사람 중심으로 행정 조직을 구축하시지 행정 조직 중심으로 사람을 세우시지 않는다. 그렇다고 해서 하나님이 행정 조직을 어떻게 다루실지 모른다는 뜻으로 받아들이면 안 된다. 사람들에게 너무 과중한 행정 시스템을 서두르듯 부과할 경우, 참된 영적 성장에 방해가 될 수도 있다-특히 지도자들의 리더십 개발에 큰 걸림돌이 될 것이다.

반면 설립된 지 얼마 되지 않은 단체의 경우, 성숙한 단계에 이를 때까지 어쩌면 많은 감시와 통제를 요할지 모른다. 때때로 필요 이상의 감시 통제를 부과하고픈 유혹이 다가올 수 있기 때문에 여기에는 세심한 '균형 잡기'가 필요하다. 하지만 우리가 정말 현명하다면, 새로 개척된 교회 혹은 시작된 지 얼마 안 되는 부흥 운동 등에 행정 조직을 구축할 때 주의를 기울이며 오래 참을 줄 알고 융통성 있는 태도로 임할 것이다. 이렇게 할 때 비로소 사람들 위에 임한 '기름 부음'으로 행정 조직을 정의할 수 있게 된다.

어떤 일이든 주님은 항상(대부분의 경우) 내면에서 시작하여 외향으로 진행하시지 외부에서 시작하여 내부로 진행하시지 않는다. 만일 행정 조직을 과도하게 강조하여 교회를 그 시스템에 맞추려고 할 경우 우리가 얻게 될 최고의 결과물은 기껏해야 '골칫거리들'일 것이다. 행정 조직은 중요하다. 시대 말의 가장 큰 악(惡) 중 하나는 '무법'(lawlessne-ss)일 것이기 때문이다. 하지만 어떻게 행정 조직을 구축하느냐에 따라 교회가 그로부터 큰 도움을 얻을 수도, 큰 어려움을 당할 수도 있다. 어떤 이는 다른 사람들보다 시스템을 훨씬 더 많이 요구할 것이다. 물론 신약시대에는 이러한 방식으로(교회의 재량껏) 교회 행정을 구축할 자유가 있다. 행정 시스템이 덜 필요할 경우 '덜 구축할' 자유도 있다.

　신약시대의 교회 행정은 본래 충분한 융통성이 있었다. 교회가 성장하면서 행정 체계에 변화를 기할 수 있다는 뜻이다. 만일 공산주의나 파시즘과 같은 억압적인 정부의 통치 아래 살아왔던 사람의 경우라면, '자의 결정' 능력이 크게 훼손되었거나 제대로 계발되지 못했을 것이다. 그러므로 이러한 사람들이 주님을 믿기로 결정했을 때, 한꺼번에 너무 많은 자유가 주어진다면 그들의 신앙생활에는 큰 어려움과 혼란이 가득하게 될 것이다. 최근의 역사를 통해 드러난 사실을 보면 알 수 있다. 공산주의의 멍에가 부러진 러시아의 경우가 그러했다. 갑작스럽게 자유를 얻었지만 사람들은 그것을 어떻게 감당해야 할지 알지도 못했고 또 다룰 능력도 없었다. 그러므로 공산주의의 멍에가 사라진 직후 그 빈 공간을 러시아 마피아가 채우기 시작했다. 공산주의가 끼친 폐해보다 무법자들이 저지른 폐단이 훨씬 심각하다는 사실을 러시아 국민은 몸소 체험하게 되었다. 이후 현명한 지도자들이 일어나 여러 가지 제약을 부과하기 시작했는데 이는 러시아 국민이 감당할 수 있도록 점진적인 자유의 증가를 도모하기 위해서였다.

　반면, 자유의 역사가 깊고 그 분위기가 문화 전반에 깊이 뿌리내린 나라에서는 어떠한 형태로든 교회가 권위를 행사하려 할 때 그것을 '조종하는 영'의 역사로 간주하는 경향이 짙다. 이러한 상황에 처한 교회의 리더들은 성도들로부터 심각한 반발을 겪을 수 있다. 하지만 권위의 행사가 점진적으로 이루어진다면 반발을 쉽게 잠재울 수 있을 것이다. 자유와 통제(조종의 영이 아닌)가 올바른 균형을 이루는 곳에는 행정 시스템의 필요성이 별로 대두되지 않는다.

어떠한 경우든 교회의 행정은 머리 되신 예수님께 복종할 수 있도록 우리를 돕는 기능이어야만 한다. 그러므로 행정을 구축할 때 우리가 품어야 할 목적은 성도들과 예수님의 관계 증진을 도모하는 것이어야 하며, 성도들로 하여금 하나님의 음성을 분별하도록, 그리고 하나님을 따르는 일에 헌신할 수 있도록 돕는 것이어야 한다. 그래야 하나님의 백성이 각자의 마음에 하나님의 법을 새길 수 있다. 이 목적을 염두에 두지 않으면 형태가 어떻든 상관없이 행정 조직의 구축은 실패로 종결될 것이다-이것이 바로 교회 행정과 관련하여 1세기의 사도들이 우리에게 남겨준 진정한 교훈이다.

권위의 영역
The Realms of Authority

가장 기본이 되는 초대교회의 가르침은 '예수님이 교회의 머리이시다' 이다. 이 세상의 어떤 지도자라도 그 위치를 대신할 수는 없다. 오직 주님만이 모든 교회의 진정한 권위이시다. 사도는 주님께서 임명하신 교회의 첫 번째 직임(officer)이다. 그러므로 이 땅에서는 사도가 가장 높은 권위자라 할 수 있다. 하지만 사도의 권위는 범세계적이지 않다. 바울은 고린도로 보내는 편지글에서 이 사실을 언급했다. "다른 사람들에게는 내가 사도가 아닐지라도 너희에게는 사도니 나의 사도

됨을 주 안에서 인친 것이 너희라"(고전 9:2). 이 말을 통해 바울은 자신이 모든 사람의 사도가 아님을, 그리고 오직 이 서신의 수신자들에게만 사도임을(이들은 바울이 사도적 기름 부으심 가운데 맺은 사역의 열매이므로) 설명하고 있다.

바울이 예루살렘을 방문했을 때, 사람들은 그를 유대인의 사도가 아닌 이방인의 사도로 인식하고 그에 맞게 대접하였다. 바울 역시 예루살렘에서는 자신의 사도적 권위를 행사하려 들지 않았다. 어떤 곳에서는 사람들이 우리를 사도적 지도자로 인식하겠지만 다른 곳에서는 교사 혹은 특정 회중의 목회자로 인식할 것이다. 이런 경우 자신에게 맡겨지지 않은 회중에게는 목회적 권위를 행사할 수 없다. 우리는 반드시 우리가 지닌 권위의 한계를 인식해야 하며 어떤 상황에서든 그 한계 안에 머물러야 한다. 그렇게 하지 않으면 사람들이 우리를 거절할 경우도 생길 것이다. 그것은 그들의 마음이 완악해서라기보다 우리가 주제넘었기 때문이라고 봐야 옳다.

비록 이방인을 향해 복음 전도의 문을 연 것은 베드로였지만 그는 이방인의 사도가 아니었다. 그가 안디옥의 이방인 교회를 방문했을 때 문제가 발생했다. 당시 이방인의 사도로 부름 받았던 바울은 베드로를 꾸짖었다. 가장 나이 어린 사도 축에 속해있었던 바울, 심지어 예수님의 열두 제자에 속하지도 못한 이 바울이 권위를 행사하며 수장 베드로를 꾸짖었다. 그런데 베드로는 이에 순복했다. 이 사건은 당시 교회의 행정 조직이 어떻게 운영되었는지를 명확하게 보여주는 놀라운 예다. 안디옥에서는 바울이 베드로보다 훨씬 더 큰 권위를 갖고 있었음이 분명했다.

당시 베드로는 권위를 행사할 수 있는 영역을 벗어난 상태였기 때문에 판단과 행동에 있어서 실수를 저지른 것 같다. 권위를 행사할 수 있는 영역을 벗어난다면, 그것은 하나님께서 우리에게 허락하신 은혜의 영역으로부터 벗어난 것과 같다. 베드로는 유대인을 위해 따로 세워진 사도였기 때문에 이방인에게 사역할 은혜는 받지 못한 것이다.

마찬가지로 예루살렘의 유대인을 방문했을 때 바울 역시 어려움을 당해야 했다. 물론 바울의 행동은 거의 모든 경우에 있어서 문제가 없었던 것으로 추앙되므로 어떤 사람은 그의 예루살렘 방문이 실수였다는 주장을 받아들이기 힘들어한다. 하지만 사슬에 묶이지 않고서도 로마로 향할 수 있는, 더 나은 방법이 있었던 것만큼은 사실이다. 사도행전을 보면 성령님께서 그에게 예루살렘으로 가지 말 것을 여러 차례 경고하신 것 같다. 물론 "예루살렘을 방문함으로 바울은 하나님의 뜻을 이루었다"라고 주장할 수도 있다. 게다가 이 주장에 대한 훌륭한 근거도 있다. 하지만 나는 바울이 일련의 경고를 듣지 않았던 것이 실수였다고 생각한다. 경우야 어떻든 사도들에게 저마다 독특한 권위의 영역이 있다는 원칙에는 변함이 없다. 자신에게 허락된 영역을 넘어서면 하나님께서 허락하신 은혜의 범주를 벗어나게 되고 이에 따른 어려움을 겪게 될 것이다.

이방인을 향한 전도의 문을 연 것이 베드로였으나 그가 이방인을 위해 부름 받지 않았다는 사실은 거듭 강조할 만큼 중요하다. 우리가 어떤 일을 시작했다고 해서, 그 일에 대한 권위를 갖고 있는 것은 아니다. 마리아(예수의 모친)가 예수님을 찾으러 나아왔을 때, 예수님은 "하나님의 뜻을 행하는 사람이 나의 모친이요 형제요 자매니라"라고 말씀하셨다. 이 말씀을 통해 예수님께서는 마리아가 예수님을 출산했다고 해서 그녀가 예수님에 대한 권위를 갖게 되는 것이 아님을 설명하셨다. 영적 권위에 대한 이 간단한 사실을 이해하지 못해서 교회 안에 수많은 문제가 발생하고 있다. 마음속에서 소유욕이 발동한다면, 우리는 아마도 주님이 허락하신 권위의 영역에서 떠나는 중일는지도 모른다.

사도적인 행정
Apostolic Government

어떤 이들은 모든 교회가 한 교회의 지휘 체계 아래 들어올 때에만 진정한 연합이 가능하다고 생각한다. 매우 피상적이면서도 위험한 발상이다. 물론 우리 모두가 머리 되신 예수님의 권위 아래로 들어갈 때에 궁극적인 연합이 이루어질 것이다. 하지만 그 경우에도 참된 연합은 다양성이 보장된 연합이지 획일성의 연합이 아니다. 특히 교회 행정 체계에 있어서는 더욱 그렇다.

세계 곳곳에서 다양한 사도 운동(apostolic movements)이 일고 있다. 대부분의 운동이 매우 독특하게 진행되고 있고 또 나름대로 진정성을 드러내고 있다.

교회에 영향력을 행사하며 추종자들을 만들어내기 위해 기름 부음 받지 않은 사람이 기름 부음 받은 지도자들을 모방하는 양태는 현대 기독교의 가장 큰 폐단 중 하나라고 할 수 있다. 생명수는 내면, 곧 마음에서 흘러나온다. 앵무새는 우리가 하는 말을 흉내 낼 수 있지만 그들이 따라하는 말은 마음에서 우러나온 것이 아니다. 참된 사도 운동, 사도적인 행정은 주님께서 사도들의 마음에 심어주신 열정으로부터 기인한다. 다른 사람의 업적을 흉내 내는 능력에서 발원한 것이 아니다. 교회 행정 조직체와 관련하여 생각한다면 더더욱 사실이다.

참된 연합이 이루어지면 각각 진행되고 있는 사도 운동은 서로의 독특함에 대해 감사할 것이다. 참된 연합의 때에는 서로 간에 적절한 수준의 교류가 진행될 것이지만 '상대와 같아야 한다'는 강박감은 없을 것이다. 주님께서 의도하신 원안(原案)대로 그리스도의 몸이 되고자 한다면 우리 모두는 저마다의 고유한 특성을 지녀야 한다. 다양한 지체로 몸을 구성하기 위해서는, 모두가 손일 필요도, 모두가 눈이 될 필요도 없다. 각자가 독특한, 서로 다른 지체이지만 함께 기능하는 몸을 구성할 수 있다.

1세기 교회의 모든 권위는 사도들에게 있었다(당신이 이 사실을 얼마나 거부하기 원하는지 상관없이 이것은 당시의 제도였다). 하지만 그들이 권위를 행사하는 방법은 언제든 믿을 만한 사람(하위 사람)에게 그 권위를 맡기는(전가하는) 것이었다. 권위는 특정 지위에서 즐길 수 있는 '권한'이 아니라 남을 섬기는 '책임'이다.

'집사'라는 직임을 세우려 했을 때, 사도들은 봉사의 일을 맡길 수 있을 만큼 존경받는 사람을 추천하도록 성도들을 독려했다. 사도들의 이러한 행동을 어떤 각도로 보느냐에 상관없이 이것은 민주적 교회 행정의 놀라운 선례였음이 틀림없다. 훗날 베드로가 말했듯 사도들은 하나님의 유업을 물려받은 군주처럼 행동하지 않았고 오히려 백성에게 모범을 보이는 삶을 살았다(벧전 5:3 참조). 그들은 필요할 때에는 권위를 행사했지만 가능하다면 언제든 다른 사람에게 그 권위를 위임할 준비가 되어있었다. 언젠가 천사들도 다스릴 사도들인데, 이 땅의 일들에 대해서도 책임질 수 있지 않았겠는가?

팀 사역
Team Ministry

1세기의 사도들은 주님께서 임명하셨다. 하지만 그들의 가르침과 리더십을 통해 교회의 기초가 쌓여갈 때, 사도들의 사역 외에도 여러 다른 사역들이 태동하기 시작했다. 각각의 사역은 집합적인 사도 사역의 특화된 일부분을 담당했다-사도들은 선지자, 복음 전하는 자, 목사와 교사의 역할도 어느 정도 감당했다. 교회 안에서 일어나기 시작했던 사역들은 위에 열거된 다섯 개의 사역(5중 사역-사도, 선지자, 복음 전하는 자, 목사, 교사) 중에 한두 개의 영역에서 특화된 사역들이었다. 어떤 사람은 복음 전하는 일, 어떤 사람은 가르치는 일, 또 어떤 사람은 예언, 행정, 치유 등등 다양한 영역을 특화하였다. 교회의 규모가 커짐에 따라 처음 열두 명으로 시작된 사역은 그 범위를 넓혀가기 시작했다. 그래서 점점 커져만 가는 다양한 필요를 채울 수 있었다. 각 사람에게 임한 성령은 성도들을 통해 사역을 이루어가서서 모든 성도가 전체 교회 사역 중 각기 특별한 부분을 담당할 수 있었다.

사도행전을 읽다 보면 이 모든 일이 꽤 신속하게 이루어진 것 같은 인상을 받는다. 하지만 이것은 실제로는 오랜 시간에 걸쳐 일어난 일들이었다. 베드로가 고넬료의 집을 방문하여 이방인에게 처음으로 복음을 전했던 사건은 오순절 성령의 임재 이후 7년의 시간이 지난 뒤의 일이었다. 바울과 바나바가 안디옥 교회의 파송을 받아 선교 여행을 떠났던 것은 오순절 사건 이후 20년이 지난 뒤의 일이었다.

이 기록은 거짓이 아닐진대, 이것은 교회의 사역 패턴을 정의해주는 좋은 예일 것이다. 임신 중 태아의 성별은 알 수 있지만 그 아이의 얼굴이 어떤 모습일지는 알 수 없다. 아이가 태어나고 자란 후, 한참 뒤에야 알 수 있는 일이다. 교회도 마찬가지다. 수 세기 동안 교회 안에서 일어난 여러 가지 운동은 그것이 시작되기도 전에 이미 짜놓은 틀 속에 끼워 맞춰져야 하는 수모를 당했다. 기독교 운동이 태동하고, 전개되어 성장하기까지 기다렸다가 그에 맞는 옷을 만들어 입히는 대신 교회는 아예 틀부터 짜놓고 그 틀대로 자라나기를 바랐던 것이다.

앞 장에서 살펴보았듯이 이 땅에서 사역하시는 동안 주님께서는 교회에 대해 별로 언급하지 않으셨다. 단 몇 차례 짤막한 이야기를 건네셨을 뿐, 교회가 어떠해야 하는지에 대한 지침이나 정의는 거의 찾아볼 수 없다. 부활하신 후 많은 날 동안 제자들과 함께 지내시며 하나님 나라에 대해 가르쳐주셨지만, 교회의 행정에 관한 실질적인 지침은 거의 전무했다. 예수님께서 이렇게 하신 것은 제자들이 그 모든 사항을 성령으로부터 듣게 되기를 원하셨기 때문이었다.

하지만 성령님께서는 그들에게 필요할 것이라고 판단될 때에만 지혜를 주셨기에 교회의 구조에 대한 청사진은 실로 오랜 시간에 걸쳐 드러나게 되었다. 이런 식으로 성령님께서 계시해주신 교회의 모습,

그 찬란함은 인간의 생각을 훨씬 뛰어넘는 것이었다. 게다가 성령님께서 밝혀주신 계시는 교회의 각 발전 과정에서 요구되었던 필요들을 완벽하게 채워주었다. 애초에 완벽한 행정 시스템을 전부 알려주셨다면 훨씬 간단하고 편했을지도 모른지만 그리 효과적이지는 못했을 것이다.

여러 사역이 태동하면서 종합적인 팀이 구성되기 시작했다. 선지자들은 사도와 가까이서 동역했다. 목사와 교사 역시 그들 가까이에서 동역했다. 신약에서 유일하게 '복음 전하는 자'로 언급된 빌립은 홀로 일한 것 같다. 하지만 그의 사역을 잇는 후속 조치를 위해 사도들이 파송되기도 했다. 사도들이 부재한 경우(거의 대부분 그랬다), 성도들에게 지침을 주고 그들을 보호하는 임무를 수행하기 위해 지역 교회의 장로들이 임명되었다. 이와 같은 리더십의 구조와 그에 따르는 책임은 세상에서 볼 수 없었던 혁명적인 시스템이었다. 게다가 매우 강력한 힘을 발휘했기 때문에 그 존재 자체만으로도 이 세상에서 가장 강한 기구나 조직마저 위협을 느낄 정도였다.

때때로 교회에 파고드는 거짓 교리나 심각한 죄에 대해 사도들이 엄격한 대응을 하거나 방침을 전하는 경우도 있었다. 신약성경의 여러 서신서에서 이러한 예를 쉽게 찾아볼 수 있다. 고린도 교회로 보내는 서신에서 교회의 리더인 장로들만이 아니라 성도 전체를 대상으로 삼고 훈계와 행동강령을 알리는 바울의 모습을 볼 수 있다. 사도들은 성도를 하나님 나라의 공동 후사, 곧 하나님 앞에서의 왕과 제사장으로 여기며 그들을 대했다. 그러므로 1세기 교회에서는 성도 모두가 사도들로부터 최고의 존경을 받았다. 하지만 권위의 분계는 명확했다. 이 사실을 고린도전서 12장 27-31절에서 확인할 수 있다.

> 너희는 그리스도의 몸이요 지체의 각 부분이라 하나님이 교회 중에 몇을 세우셨으니 첫째는 사도요 둘째는 선지자요 셋째는 교사요 그 다음은 능력이요 그 다음은 병 고치는 은사와 서로 돕는 것과 다스리는 것과 각종 방언을 하는 것이라 다 사도겠느냐 다 선지자겠느냐 다 교사겠느냐 다 능력을 행하는 자겠느냐 다 병 고치는 은사를 가진 자겠느냐 다 방언을 말하는 자겠느냐 다 통역하는 자겠느냐 너희는 더욱 큰 은사를 사모하라 내가 또한 제일 좋은 길을 너희에게 보이리라(고전 12:27-31)

위 구절에서 1세기 교회의 명확한 권위 체계를 볼 수 있다. 그러나 성도들은 더 큰 은사를 사모하도록 권유받고 있다. 이 서신을 통해 고린도 교회의 성도들은 모든 사람이 동일한 권위를 부여받는 것이 아니라는 것을, 하지만 더 큰 권위를 사모하여 하나님께 간구할 수 있다는 것을 배우게 되었다. 여기서 우리가 기억해야 할 중요한 사실이 있다. 1세기 교회가 지녔던 리더십, 권위에 대한 기본 개념이 바로 '섬김' 이라는 것이다. 그러므로 더 큰 권위를 얻고자 간구하는 행위는 결국 더 많은 사람을 섬기는 봉사자가 되기 위해 하나님께 간구하는 것과 같다.

바울은 하나님께서 어떻게 지도자들을 세우시는지를 보여주는 좋은 예였다. 당시의 성도들은 주님께서 바울을 어떻게 부르셨는지 잘 알고 있었다. 한때 그는 교회의 가장 큰 원수였다. 하지만 주님을 만난 후 교회의 가장 큰 지도자 중 하나가 되었다. 하나님은 교회의 리더들을 '범례'(凡例)로 들어 그분의 구원 능력이 얼마나 위대한지를 보여주는 일에 기쁨을 느끼시는 것 같다. 작고 약하고, 심지어 미천한 사람들은 종종 주님이 사용하기 원하시는 도구가 된다(고전 1:26-29 참조). 교회를 향한 하나님의 뜻은 잃어버린 영혼을 구원하고 회복하는 일에 교회가 도구로 쓰임 받는 것이리라. 가장 크게 구원받고 가장 크게 회복된 사람들은 이후 그리스도의 교회에서 권위를 행사할 수 있는 자격을 가장 크게 충족하는 사람이 되곤 했다.

장로
Elders

장로는 지역 교회의 최고 권위자였다. 이 직임은 이스라엘의 광야 시절에 모세에 의해 구축된 행정 조직에서 빌려온 직임이다. 이스라엘에는 기본적으로 두 계층의 장로(노인)가 존재했다. 부모를 공경하라는 율법의 요구 및 노인을 공경하라는 성경 말씀 때문에 공동체 안에서 사람들은 모든 노인을 공경했고 또 모든 노인은 나름의 영향력을 발휘할 수 있었다. 하지만 모세는 '이스라엘 노인 중 백성의 장로'(민 11:16 참조) 70인을 따로 선출하여 이들에게 지도하는 일을 위임했다. 교회 안에서 치리하는 노인들(장로들)은 단지 나이가 많고 충직해서 존경을 받는 노인들과 구분되었다.

이스라엘이 약속의 땅으로 들어가 여러 성읍에 안주하기 시작한 후, 치리하는 노인들의 주된 임무는 '성문 앞에 앉아있는 것'이었다. 이들은 판사와 같은 일을 수행했는데 누가 성 안으로 들어갈 수 있는지, 또 성 밖으로 나갈 수 있는지를 판단했다. 성으로 향하는 각각의 문은 서로 다른 기능을 했다. 어떤 문은 상인들이 출입하는 문, 어떤 문은 군사 전용, 어떤 문은 귀족들이 사용하는 문 등, 이처럼 다양한 기능을 가진 출입문마다 장로들이 배치되어 도시 생활의 다양한 면모를 치리하고 감독하였다.

신약시대로 접어들면서 이와 같은 장로의 기능이 교회생활에 적용되었다. 장로들은 항상 '복수형'으로 언급되었는데 아마도 항상 복수의 기능을 담당했으리라 추측된다. 어떤 사람들은 복수형으로 언급되었기에 장로들 모두가 동등한 권위를 지녔을 것이라고 추측하는데, 구약이나 신약의 예를 보면 그렇지 않다는 것을 알 수 있다. 한 성문에 앉은 장로는 다른 문에 대한 권위를 발휘하거나 정책을 표명할 수 없었다. 별로 중요하지 않은 내용처럼 보이지만 교회에 적용된다면 엄청난 반향을 불러일으킬 내용이다.

예를 들어, 우리가 속해있는 신앙의 공동체 안에서 존경받을 만큼 성숙한 사람을 장로로 선출했다고 하자. 그런데 그에게 특별한 임무를 부여하여 그의 권위 영역을 확정해주지 않는다면, 아무리 그가 좋은 의도를 가졌다 하더라도 그는 교회의 성장을 방해하는 훼방꾼으로 변질되기 쉬울 것이다.

어떤 사람을 '치리하는 노인' 곧 '장로'로 임명하기 전, 그 사람에게 하나님의 기름 부음의 증거가 나타나는지를 먼저 살펴야 할 것이다. 예를 들어, 모세가 임명했던 장로들의 경우, 그들 위에 성령의 기름 부음이 임해 모두가 예언하는 일이 있었다. 물론 이것이 하나님께서 모든 장로를 인준하시는 유일한 방법은 아니다. 하지만 치리자로 선출될 사람 위에 성령이 임했는지의 여부는 반드시 확인해야만 한다. 단지 존경받을 만해서 어떤 사람을 지도자로 선출한다면, 나중에 그 대가를 톡톡히 치를 것이다.

교회에 적용할 수 있는 구약시대 장로의 기능에 관하여 또 다른 중요한 요소를 꼽는다면, 각각의 장로들이 어떤 '문' 앞에 앉도록 부름받았는가 하는 것이다. 집사를 감독하도록 기름 부음 받은 장로들이 어린이 사역에 있어서 권위를 발휘해도 되는가? 경험도 없고 기름 부음도 없는데 이 일이 가능하겠는가? 현대 교회의 장로제는 마치 대통령의 내각과 비슷한 모습이다. 정부 각 부처의 장관들이 내각회의에 소집되어 한 자리에 앉는다. 국방부 장관이 노동부 장관에게 좋은 아이디어를 제공할 수는 있지만 노동부의 정책을 세울 권한은 없다. 장로들 역시 다른 장로에게 좋은 아이디어나 지혜를 제공할 수는 있다. 하지만 '하나의 출입문' 혹은 '하나의 사역'을 감독하도록 임명된 장로는 다른 장로의 권위 영역을 침범할 수 없다.

사도행전 15장에서 볼 수 있듯이, 전체 교회와 관련된 중요한 교리적 문제가 발생할 수도 있다. 이런 경우에는 모든 사도와 장로가 참여하는 공의회를 소집해야 했다. 여러 사람의 증언과 논쟁을 다 듣고 난 후, 예루살렘의 지도자 격 장로로 인식되었던 야고보가 해당 사안을 종식시킬 결정적 성명을 발표했다(행 15:13-19 참조). 그의 결정이 다른 모든 사도들과 장로들에게 '좋게 보였기'(행 15:22 참조) 때문에 공의회를 종결하는 선언문으로 채택되었다.

장로가 가진 권한의 범위가 지리적 영역에 연계되기도 한다. 바울이 자신의 권한이 미치는 영역을 이야기했을 때, 그것이 지역적 범주와 관련이 있음을 시사했다(고후 10:13-16 참조). 문화, 인종, 국가를 창조하신 분이 하나님이시므로 그분은 분명 이와 관련된 특별한 사역들도 준비하신다. 또한 모든 사역자에게는 해당 문화, 인종, 국가에 대한 특별한 감각이 있어야 한다. 이러한 이유로 사도 바울은 로마에 있을 때는 로마인처럼, 유대인과 함께 있을 때는 유대인처럼 행동한다고 말했다. 각자의 개성이 복음을 훼방하는 불필요한 장애물이 되는 것은 좋지 않다. 지역적인 범주 안에서 우리에게 주어진 권위의 영역을 인정하지 못하는 어리석음을 행할 때, 혹은 그 한계를 벗어나려고 노력할 때 우리는 기독교에 불필요한 공격을 가하게 된다.

하지만 이 사실도 기억해야 한다. 베드로와 요한이 스스로를 가리켜 '장로'라고 칭했을 때, 그들은 지역 교회의 장로나 모교회인 예루살렘 교회의 장로를 뜻한 것이 아니었다. 베드로와 요한은 전체 교회(그리스도의 몸)의 장로로 인정받은 사도들이었다. 이 말은 "오직 예수님만이 전체 교회의 머리가 되신다"라는 성명과 상충되지 않는가? 그렇지 않다. 어떤 사람의 경우, 권위의 영역은 국제적이고, 또 어떤 사람의 경우는 전체 교회에 미치기도 한다.

오늘날 우리는 국제적인 명성과 영향력을 지닌 리더를 몇몇을 알고 있다. 그들의 영향력이 국제적인 이유는 단지 그들의 설교 방송이 국제적으로 방영되기 때문이 아니다. 한때 빌리 그레이엄은 공직자가 아니었음에도 미국에서 가장 영향력 있는 사람으로 뽑혔다. 하지만 그를 향한 대중의 존경은 이런 식으로 표현되었다: 그가 다른 사람을 칭찬하면 곧 그 사람이 대중적인 존경을 얻게 되곤 했다. 심지어 이교도들조차 빌리 그레이엄이 칭찬한 사람에게 존경을 표했다. 존 칼빈(John Calvin)은 제네바의 시민도 공직자도 아니었다. 하지만 그 도시에서는 칼빈의 승인이 없으면 어떠한 법안도 통과되지 않았다. 이것은 단지 공무적인 권한이 아니라 훨씬 더 위대한-그의 인품적 장점에 근간한-영적 권위였다.

충분히 존경을 받는다고 해서 모든 교회를 향해 정책을 선포할 권위가 있는 것은 아니다. 하지만 존경을 받는 사람들은 오랫동안 성문(혹은 영적인 문: 전체 교회를 향해 무언가를 방출시킬 영적인 문) 앞에 앉아있었거나 앉기 시작한 사람들이다. 또 어떤 사람들은 국제적인 사역을 하고 있다. 그들 중 어떤 이들은 나이도 많고 또 오랫동안 사역자의 길을 걸어왔을 것이다. 그렇다고 해서 '전체 교회의 장로'로 인식될 만한 권위를 지녔다는 뜻은 아니다.

성경을 통해 그리고 교회 역사를 통해 지역 교회를 치리하는 장로와 국제적으로 활동하는 장로를 식별할 수 있다. 성경에는 기록되지 않았지만 지역 교회 그리고 국제 영역 사이의 레벨에 속한 장로는 어떠한가? 성경적인 사람이 된다고 해서 성경에 기록되지 않은 일들을 절대 하지 말아야 하는 것은 아니다. 오히려 성경에 기록된 지침에 위배되지만 않는다면 어떠한 일도 할 수 있는 자유를 갖게 된다는 뜻이다. 물론 자유를 갖게 된다는 말은 성경에 위배되지 않게만 행한다면 그 모든 일이 다 옳다는 뜻이 아니라, 어떤 일을 하든지 성령의 인도하심을 마음껏 누릴 수 있다는 뜻이다. 내 개인적인 생각에는 교회가 하는 모든 사역 및 기독교 운동의 각 단계에 속한 장로들을 인정하는 것이 옳은 듯하다.

장로들 사이에 상하계급이 있어야 하는가? 권위 구도에 대한 성경의 유일한 언급은 사도가 장로에 대해 또 장로가 집사에 대해 권위를 갖는다는 내용뿐이다. 신약성경에는 감독(혹은 주교, bishop)과 장로(pres-byter)를 지칭할 때 동일한 헬라 단어가 사용되었는데 이는 감독과 장로가 동일한 직임(office)이었음을 설명해주는 것이리라. 하지만 이후 감독이라는 직임은 장로보다 상위의 직임이 되었다. 아주 오랜 시간에 걸쳐 이루어진 일인데 주후 70년과 120년 사이, 교회의 행정 조직에서는 감독과 장로의 구분이 발견되지 않는다. 둘 사이의 구분이 생겨난 과정을 살펴보면 성령님께서 하신 일이라기보다 장로 중 몇몇이 이기적인 야망을 따랐기 때문인 것 같다. 물론 이에 동의하지 않는 사람이 많다는 것은 충분히 이해할 수 있다.

오늘날 봇물처럼 터지는 기독교 운동들을 살펴보면 동일한 기능을 수행하는 사람에 대해 다양한 직임이 사용되는 것을 볼 수 있다. '치리하는 장로'(leading elder)에서 '사도'에 이르기까지 명칭의 스펙트럼이 참으로 다양하다. 흑인들이 주도하는 어떤 운동에서는 '감독'이라는 직임이 사도적인 기능에 사용되는 것이 목격되는데 이는 성경이 설명하는 '감독'의 원의와는 사뭇 차이가 있다. 성경적으로 본다면 '사도'와 '선지자' 그리고 공의회(예루살렘 공의회 같은)가 소집될 때마다 사도 곁에 앉았던 '장로' 외에는 지역 교회의 행정을 담당하는 직임을 추가로 만들 수 없다. 특별한 경우에 소집되던 공의회에 회원 자격으로 참석하는 것 말고 이들 장로들이 발행한 특별 권한은 없었던 것으로 보인다.

집사
Deacons

집사 제도는 예루살렘 교회에서 시작되었다. 사도들이 말씀 전파와 기도에 전념할 수 있도록 음식 배분을 담당할 사람을 따로 세워야 할 필요가 대두되었다. 이에 집사 제도가 생긴 것이다. 집사의 자격 요건은 참으로 엄중했다. 디모데전서 3장 8-13절에서 이 사실을 확인해볼 수 있다.

> 이와 같이 집사들도 단정하고 일구이언을 하지 아니하고 술에 인박이지 아니하고 더러운 이를 탐하지 아니하고 깨끗한 양심에 믿음의 비밀을 가진 자라야 할지니 이에 이 사람들을 먼저 시험하여 보고 그 후에 책망할 것이 없으면 집사의 직분을 하게 할 것이요 여자들도 이와 같이 단정하고 참소하지 말며 절제하며 모든 일에 충성된 자라야 할지니라 집사들은 한 아내의 남편이 되어 자녀와 자기 집을 잘 다스리는 자일지니 집사의 직분을 잘한 자들은 아름다운 지위와 그리스도 예수 안에 있는 믿음에 큰 담력을 얻느니라

위의 본문은 여자를 집사로 세우는 일에 대한 증거로 사용된다. 남자 집사에 대한 자격 조건을 설명하던 중 갑자기 여성에 대한 권면이 등장하는 것은 어울리지 않는다. 그렇기 때문에 어떤 이들은 이를 '여집사 제도의 승인' 말고는 달리 설명할 방법이 없다고 생각한다(반면 어떤 학자들은 위 구절에 등장하는 여성에 대한 권면을 집사의 아내가 갖춰야 할 덕에 대한 권면으로 해석하기도 한다-역자 주).

예수님께서는 "여기 내 형제 중에 지극히 작은 자 하나에게 한 것이 곧 내게 한 것이니라"라고 가르치셨다(마 25:40 참조). 그러므로 주님의 백성을 섬기는 직책은 초대교회에서 크게 존경받았다. 집사로서의 성실함과 충성을 인정받았던 사람들은 이후 장로의 직분을 얻기도 했다. 많은 교회에서 집사로 봉사하는 것은 장로가 되기 전 반드시 거쳐야 할 일이었다.

초대교부의 글 중 예수님의 제자들(사도들)의 직속 후계자였던 이들의 글을 보면(이를테면 사도 바울의 제자로 추측되는 교부 클레멘트[Clement]의 서신 『Epistle of Clement』) 초대교회가 겸손의 덕을 갖추기 위해 얼마나 헌신했는지를 알 수 있다. 주님의 집을 섬기려는 열정으로 인해 심지어 가장 비천한 일마저도 특권으로 여겨질 정도였다. 초대교회는 "모든 사람을 섬기는 자가 가장 위대하다"라는 예수님의 말씀을 진리로 두고 심각하게 상고했다.

정리
Summary

수많은 새로운 운동이 발행하여 곳곳의 교회를 휩쓸고 있다. 그 운동들은 놀라운 생명과 활기로 가득 차있어서 그 존재만으로도 교회에 변화를 가져다주곤 한다. 변화를 받아들일 줄 모르는 태도는 '헌 가죽 부대'로 변해가는 사람들의 특징이다. 주님께서는 새 포도주를 담아낼 준비가 되어있는, 언제나 변화에 유연하게 대처할 수 있는 이 시대의 가죽부대를 찾고 계신다. 이 점에 있어서 교회의 행정 조직은 도움이 되거나 혹은 걸림돌이 될 것이다.

신약시대 교회의 행정 조직은 인간이 고안해낸 중 가장 혁신적이고 가장 융통성 있는 권위 구조였다. 성숙의 과정을 지나면서 교회의 행정 조직은 상하 수직 제도와 민주주의의 혼합체로 변화되며, 자유와 질서를 동시에 보장하는 시스템이 되었다. 이 시스템에 더하거나 감하는 것을 저항했던 사람들은 하나님의 성령님께서 사용하실 수 있는 온전한 구조를 구축할 수 있었다. 하지만 그것은 시작에 불과했을 뿐 향후에는 때때로 수정이 가해져야 했고 훈계 및 질책의 필요성이 대두되기도 했다.

만일 명확한 행정 조직의 청사진을 성경에 기재할 필요를 느끼셨다면 주님께서는 그렇게 하셨을 것이다. 그러나 주님께서 우리에게 권장하신 사항은 "성령을 의지하라"였다. 성령은 우리에게 지침을 알려 주시기 위해 오신 분이 아니라, 우리를 인도하는 보혜사로 오셨다. 성령님은 우리의 유일한 가이드이시므로 우리는 그분 곁에 바짝 붙어있어야 한다. 성령과의 동행은 참된 영적 리더십을 위한 필수조건이다. 우리 안에 계신 분은 성령이시다-그의 기름 부음이 참된 영적 권위를 보장해준다. 그러므로 그리스도를 분별하기 위해 성령님께서 머무시는 사람을 찾는 것이 세례(침례) 요한에게는 그토록 중요한 과제였다. 성령님은 예수님 안에 거하셨다. 그리고 예수님은 항상 성령님 안에 거하셨다. 성령님께서 우리 안에, 우리가 성령 안에 거하는 것-이는 우리가 추구해야 할 목적이자 참된 영적 권위의 요건이기도 하다.

이것이 바로 하나님의 뜻이자 참된 교회 생활의 핵심이라고 할 수 있다. 하나님은 직책 위에 기름을 붓지 않으신다. 사람 위에 기름을 부으신다. 우리는 교회가 만들어낼 수 있는 온갖 직책을 구축할 수 있다. 하지만 하나님께서 담당자들 위에 기름을 붓지 않으시면 그들은 교회 행정에 있어서 끔찍한 실패자로 전락해버릴 것이다. 물론 직책의 구조가 엉성할 수도 있고 아예 직책이라는 것이 없을 수도 있다. 하지만 기름 부음 받은 사람이 그곳에 배치되면 권위가 발현될 것이다. 우리가 추구해야 할 것은 올바른 직책에 올바른 사람이 배치되는 것이다.

왕 되신 그리스도께서 우리 안에 거하시고, 또 우리가 그분 안에 거하는 만큼, 딱 그만큼만 참된 영적 권위를 누리게 될 것이다. 요한복음 15장에 설명되었듯이 우리는 예수님 안에 거할 때에만 열매를 맺을 수 있다. 기름 부음은 직책, 교육수준, 경험보다 훨씬 더 중요한 가치다. 교회가 태동하고, 성장하고, 올바른 방향으로 꾸준히 나아갈 수 있는 것은 오직 기름 부음 때문이다. 만일 기름 부음을 받지 않은 사람이 권위 있는 위치로 올라서게 된다면 교회는 더 이상 교회일 수 없다. 단순한 기구 혹은 조직체로 전락해버릴 것이다. 게다가 구원과 치유와 축사의 능력을 발현하는 대신 폭정을 일삼게 될 것이다. 인간의 노력으로 이룰 수 있는 것이 많지만 참된 교회는 이룰 수 없다. 그러므로 교회가 참된 행정 체제로 회귀하는 것은 결국 왕 되신 그리스도께로 되돌아가는 것을 의미한다.

제14장

초대교회의 여성들
Early Church Government

Church History: The First Century

제14장
Early Church Government

초대교회의 여성들

초대교회에서 여성은 특별한, 그리고 명예로운 위치에 있었다. 예수님께서 이 땅에서 사역하셨을 때에도 여성들의 위치는 특별했다. 하나님에게는 결코 우연이나 실수가 없다. 그러므로 부활하신 그리스도를 제일 먼저 목격하고 그분의 부활을 선포했던 것(사도 사역의 기초 임무)이 여성이었음은 결코 우연도 실수도 아니었다.

그 외에도 1세기 교회에서 여성이 '첫 번째' 였던 일은 많다. 사도에 의해 죽음에서 일어난 최초의 사람도 여성이었다. 이를 통해 아시아를 향한 복음의 문이 열렸다. 이후 교회 역사를 통해 보게 되겠지만 교회 내 여성의 지위는 특히 여성이 리더십의 위치에 있을 때, 끊임없는 갈등과 반목의 원인이 되었다. 지금의 상황도 이에서 크게 다르지 않다. 1세기 교회에서 여성이 차지했던 위치를 살펴보기 전, 잠시 구약으로 되돌아가 신약과의 연계를 찾아보고자 한다.

가장 위대한 교육 사역
The Greatest Teaching Ministry

> 내 아들아 네 아비의 명령을 지키며 네 어미의 법을 떠나지 말고 그것을 항상 네 마음에 새기며 네 목에 매라 그것이 너의 다닐 때에 너를 인도하며 너의 잘 때에 너를 보호하며 너의 깰 때에 너로 더불어 말하리니 대저 명령은 등불이요 법은 빛이요 훈계의 책망은 곧 생명의 길이라(잠 6:20-23)

아마도 가장 중요한 교육 사역-어머니의 자식 교육-이 가장 간과되는 것 같다. 위 잠언 말씀에 설명되듯, 지혜자의 길로 걷기 원한다면 아버지의 명령을 지켜야 하며 어머니의 가르침에서 떠나지 말아야 한다. 어머니의 가르침은 인격이 형성되는 어린 시절 가장 큰 영향을 미친다. 그 사람의 인생을 통틀어 가장 큰 영향을 미치는 가르침 역시 어린 시절 어머니로부터 받은 교육이다. 우리의 자녀들이 최상의 상태로 인생을 출발하도록 돕는 것보다 더 중요한 사역이 있을까? '어머니'가 되는 것보다 훨씬 더 값어치 있게 여길 만한 사역이 있을까? 만일 교회와 세상의 미래에 좋은 영향을 끼치기 원한다면 여기서부터 시작해야 한다.

여성의 중요성과 관련하여 다음과 같이 대중에 널리 알려진, 그러나 판에 박힌 말이 있다. "모든 위대한 남자의 배후에는 위대한 여성이 있다." 종종 우리는 그 여성을 '아내'라고 생각한다. 하지만 엄밀히 말하자면 아내는 남편의 곁에 있지 배후에 있는 것이 아니다. 위대한 일을 이루어낸 사람들을 보면 종종 전략과 비전을 가지고 자녀를 양육했던 위대한 어머니가 있음을 알 수 있다. 자녀 스스로 삶의 목적을 이룰 수 있도록 모든 수단을 구비해주는 어머니의 위대함을 볼 수 있다.

이 땅의 통치자 중 솔로몬은 가장 현명한 사람이었다. 오직 지혜에 대해서만 이야기하는 유일한 성경, 잠언의 말미에서 솔로몬은 이렇게 결론 맺는다. "곧 그 어머니가 그를 훈계한 잠언이라"(잠 31:1, 잠언 31장은 "르무엘 왕의 말씀한 바"로 시작되어 이 장이 르무엘의 잠언임을 알려준다. 르무엘 왕을 솔로몬과 동일 인물로 보는 견해가 지배적이었으나 솔로몬이 아닌 다른 사람으로 보는 견해도 대두되었다-역자 주). 이 세상에서 가장 지혜로웠던 통치자는 다름 아닌 어머니로부터 그 지혜를 배운 것이다!

솔로몬의 어미는 그가 왕이 될 것을 알고 있었다. 미래의 왕을 준비시키는 것은 위대한 책임이다. 그런데 우리의 자녀들은 솔로몬이 받은 것보다 훨씬 더 크고 위대한 부르심을 받았다. 그들은 솔로몬의 나라보다 훨씬 더 위대한 왕국에서 왕과 제사장 신분으로 그리스도와 함께 통치할 것을 명받았다. 믿는 자녀를 둔 모든 어머니는 진정한 '국모'(queen mother)이며 이 세상 그 어떤 왕국의 태후보다 더 큰 위엄과 존경을 받기에 합당하다. 솔로몬은 다음과 같은 사실을 알고 있었다.

> 시온의 여자들아 나와서 솔로몬 왕을 보라 혼인날 마음이 기쁠 때에 그 모친의 씌운 면류관이 그 머리에 있구나(아 3:11)

솔로몬은 이스라엘의 위대한 왕 다윗의 아들이다. 아버지가 왕이었기에 그 역시 왕이 되었다. 하지만 위 구절에서 솔로몬은 자신의 머리에 왕관을 씌워준 것이 어머니였음을 고백했다. 이는 어머니가 받을 수 있는 가장 큰 영예가 아닌가? 하나님께서 모세를 통해 말씀하신 것처럼 우리가 다음의 가르침을 따라야 하는 이유가 여기에 있다.

> 네 부모를 공경하라 그리하면 너의 하나님 나 여호와가 네게 준 땅에서 네 생명이 길리라(출 20:12)

에베소 성도들에게 보내는 서신에서 바울은 이 계명을 다시 한 번 설명했다. 새 언약 아래 있는 사람들 역시 이와 동일한 지침을 따라야 한다는 점을 확인시켜준 것이다. "자녀들아 너희 부모를 주 안에서 순종하라 이것이 옳으니라 네 아버지와 어머니를 공경하라 이것이 약속 있는 첫 계명이니 이는 네가 잘 되고 땅에서 장수하리라"(엡 6:1-3).

크리스천이 된 이후로 나는 영적인 아버지를 존경하라는 메시지는 수없이 들어왔다. 하지만 영적인 어머니를 공경하라는 메시지는 거의 들은 적이 없다. 어쩌면 우리는 위에 제시된 계명을 반만 지키고 있는 것인지도 모른다. 성경 말씀은 "네 아버지와 어머니를 공경하라"라고 말한다. 그래야 이 땅에서 잘되고 장수할 수 있다. 바로 이 이유 때문에 하나님의 역사하심이 오랫동안 이어지지 못하고 쉽게 끝나버리는 게 아닌가? 오랫동안 이어지는 하나님의 역사를 그리 쉽게 만나볼 수 없는 것이 바로 이 이유 때문이 아닌가?

부모를 공경하면 그 계명에 딸린 약관 조항으로 인해 우리는 이 땅에서 장수하게 된다. 부모를 공경하지 않는 사람들은 부모에게 무관심하거나 감사하지 못하는 사람에서부터 부모를 모욕하는 사람에까지 이른다. 한 세대가 채 지나기도 전에 우리는 시대의 풍조가 부모에 대한 무관심으로부터 부모에 대한 모욕으로 빠르게 전환하는 것을 목격하였다. 다시금 부모를 공경하지 않는다면 이 나라의 미래는 어둡다. 장수의 복이 전면 무효화될 것이다.

율법은 큰 복이 따르리라는 약속을 건네며 우리에게 부모 공경을 명령한다. 그렇지 않을 경우 아주 심각한 결과를 맞이하게 될 것이라는 약속도 건네었다. 출애굽기 21장 15절의 말씀이다. "자기 아비나 어미를 치는 자는 반드시 죽일지니라." 두 절 아래로 내려가면 더 심한 말씀과 마주하게 된다. "그 아비나 어미를 저주하는 자는 반드시 죽일지니라"(출 21:17). 이제 더 이상 '율법을 지켜서 의에 이르는' 저주 아래 놓인 것은 아니지만, 율법은 '하나님의 공의' 라는 성품을 반영하고 있다. 하나님은 우리가 부모를 공경하는 것에 깊이 관심을 갖고 계신다. 예수님도 이 사실을 말씀하셨다.

> 대답하여 가라사대 너희는 어찌하여 너희 유전으로 하나님의 계명을 범하느뇨 하나님이 이르셨으되 네 부모를 공경하라 하시고 또 아비나 어미를 훼방하는 자는 반드시 죽으리라 하셨거늘(마 15:3-4)

모세는 아비나 어미를 '저주' 하는 자는 반드시 죽음에 처할 것이라고 말했고 예수님은 '저주' 라는 말을 '훼방' (악한 말을 하는 것)으로 해석해주셨다. 하나님이 그러한 사람들을 죽음에 처하신 것은 그저 성격이 엄하시기 때문이 아니라, 이스라엘의 진영 가운데 치명적인 영적 바이러스를 제거하여 다른 사람이 감염되지 않게 하시기 위해서였다. 인간을 구원하시려고 하셨던 과정의 첫 단계부터, 그러니까 아브라함을 부르셨던 때부터 하나님은 가족을 하나로 묶으시고 한 세대에서 다음 세대로 이어지며 하나님의 뜻이 계시되도록 인도하셨다. 그러므로 가족 제도는 하나님께서 그분의 구원 계획을 드러내기 위해 사용하신 근본적인 도구였다. 이 사실을 창세기 18장 17-19절에서 확인할 수 있다.

> 여호와께서 가라사대 나의 하려는 것을 아브라함에게 숨기겠느냐 아브라함은 강대한 나라가 되고 천하 만민은 그를 인하여 복을 받게 될 것이 아니냐 내가 그로 그 자식과 권속에게 명하여 여호와의 도를 지켜 의와 공도를 행하게 하려고 그를 택하였나니 이는 나 여호와가 아브라함에게 대하여 말한 일을 이루려 함이니라

하나님의 말씀에 따라 아브라함은 자녀들에게 "너희는 하나님의 법도를 따르라"라고 명령해야 했다. 아브라함이 하나님의 부르심을 받은 것은 바로 이 목적을 위해서였다. 아브라함과 관련하여 우리가 주목해야 할 것은 그가 '자녀에게 명령하는' 사람이었다는 것이다. 이 사실을 잠언 6장 20절의 말씀에서 확인할 수 있다-이 땅에서 생명의 길을 걸으려면 아버지의 명령과 어머니의 가르침을 따라야 한다는 것!

교회에서 여성이 가르쳐도 되는가?
Should Women Teach in the Church

이 질문이 결국 중요한 쟁점을 불러일으킨다: 여성이 교회에서 가르

쳐도 되는가? 교회에서 여성이 가르치는 일을 금하고 있는 신약성경 구절을 찾아보자. 첫째로 디모데전서 2장 11-15절이다.

> 여자는 일절 순종함으로 종용히 배우라 여자의 가르치는 것과 남자를 주관하는 것을 허락지 아니하노니 오직 종용할지니라 이는 아담이 먼저 지음을 받고 하와가 그 후며 아담이 꾀임을 보지 아니하고 여자가 꾀임을 보아 죄에 빠졌음이니라 그러나 여자들이 만일 정절로써 믿음과 사랑과 거룩함에 거하면 그 해산함으로 구원을 얻으리라

둘째는 고린도전서 14장 34-35절이다.

> 모든 성도의 교회에서 함과 같이 여자는 교회에서 잠잠하라 저희의 말하는 것을 허락함이 없나니 율법에 이른 것같이 오직 복종할 것이요 만일 무엇을 배우려거든 집에서 자기 남편에게 물을지니 여자가 교회에서 말하는 것은 부끄러운 것임이라

매우 명확하고 또 직설적이다. 이러한 상황에서 이 글의 표면적인 내용과 사도 바울의 의도했던 바가 다를 것이라고 생각하는 것이 가능하겠는가? 하지만 성경을 믿는 신실한 크리스천들은 이 구절들의 의미를 표면적으로 해석해서는 안 된다고 생각한다. 이 구절을 문자 그대로 받아들일 경우 다른 성경 구절과 상치되기 때문이다. 이 점을 간과해서는 안 된다.

성경을 해석하는 기본 원리는 시편 119편 160절에 기록되어있다.

"주의 말씀(집합적인 주의 말씀)의 강령은 진리오니 주의 의로운 모든 규례가 영원하리이다." 성경에 명백한 모순이 있다면 그에 대한 이유가 있을 것이다. 그 이유를 이해하지 못한다면 다른 모든 성경 구절과 상치되는 것처럼 보이는 한두 구절을 중심으로 교리를 만들어서는 안 된다. 우리는 '집합'적인 주의 말씀으로 이해해야 한다. 전체를 중요시한다고 해서 특정 구절의 말씀을 간과해서는 안 된다. 이 둘 사이의 긴장 관계 덕택에 더 깊은 성경 연구를 할 수 있다.

고린도전서 14장 34-35절의 말씀을 문자 그대로 받아들일 때 우리가 겪게 될 문제점은 율법 어디에도 여성의 발언 금지 조항을 찾아볼 수 없다는 것이다. 이것은 신학자들이 주장하는 내용을 뒷받침해주는 것처럼 보인다: 신학자들은 "위 구절은 고린도 교회의 관행에 대해 보고를 받은 바울이 다시 고린도 교회로 보내는 답신(고린도전서)에서 그 보고서의 일부 내용을 재인용한 부분이다"라고 주장한다. 신학자들의 주장은 고린도 교회가 여성의 발언을 금하고 그것을 율법의 준수처럼 여겼다는 것이다. 다음의 구절들을, 여성의 발언을 금하는 고린도 교회의 관행에 대해 바울이 건넨 답변이라고 생각해보자.

> 하나님의 말씀이 너희에게로부터 난 것이냐 또는 너희에게만 임한 것이냐 만일 누구든지 자기를 선지자나 혹 신령한 자로 생각하거든 내가 너희에게 편지한 것이 주의 명령인 줄 알라 만일 누구든지 알지 못하면 그는 알지 못한 자니라 그런즉 내 형제들아 예언하기를 사모하며 방언 말하기를 금하지 말라 모든 것을 적당하게 하고 질서대로 하라(고전 14:36-40)

이것은 고린도전서 14장 34-35절을 어떻게 받아들여야 하는지에 대한 하나의 방법이 될 수도 있다. 하지만 디모데전서에 기록된 말씀은 어떠한가? 이 말씀에 대한 해석 가운데 만족할 만한 설명은 들어본 적이 없다. 하지만 이 말씀은 다른 성경 구절과 상충하며 바울의 기조에도 위반되기 때문에 만족할 만한 설명은 있을 것이다.

로마서의 기록에서 바울이 브리스길라와 아굴라가 아볼로를 가르쳤음을 알 수 있다. 이후 아볼로는 1세기 교회사에서 가장 훌륭한 교사 중 하나로 기억된다. 바울이 아볼로를 가르친 부부의 이름을 기재할 때 아내인 브리스길라의 이름을 먼저 소개한 것은 남성의 이름을 먼저 기재하는 당시의 문서 기록 관행으로부터 노골적으로 이탈한 경우였다. 이는 여성이 교회에서 가르치는 것을 반대하는 사람들을 향해 고의적으로 일침을 가한 행동이라 생각할 수 있다. 로마서의 마지막에 이르면, 로마 교회가 맞이해야 할 사람들의 이름이 나열되는데, 브리스길라의 이름이 제일 앞에 등장한다. 바울은 이렇게 해서라도 자신의 뜻을 피력하려는 것처럼 보인다(롬 16:3 참조).

다시 강조하지만 한두 구절이 전체 성경 혹은 다수의 성경 구절과 상충할 경우 그 한두 구절을 기반으로 교리를 세워서는 안 된다. 성경 안에 모순되는 내용이 있다면 그에 대한 해명도 있음을 기억하라. 모든 성경은 항상 진리이며 일관성이 있다는 사실을 염두에 두기 바란다.

교회에서 여성의 발언을 금지한다는 가르침을 붙들려면, 여성의 발언을 허락하는 교리를 붙들 때보다 더 많은 성경 말씀을 '구부려야' (왜곡해야) 할 것이다. 하지만 두 가지 입장 모두에는 아직 해결되지 않은 의문이 남아있다. 따라서 교의적(dogmatically)으로 둘 중 하나의 입장을 고수하는 것은 현명하지 못한 방법으로 보인다. 다만 교회가 이 말씀을 해석하도록 하되 이 문제에 대해 서로 다른 의견을 갖게 되었다고 해서 분열되면 안 된다.

또한 우리는 전체 성경을 존중하여 비록 동의하지 못하는 구절들을 만날지라도 얄팍한 '이성'의 칼로 재단하여 잘라버리는 우를 범해서는 안 된다. 찾아낸 말씀에 만족하지 못한다면 다른 말씀도 계속해서 찾아야 한다. 특정 구절의 해석을 두고 논란이 그치지 않는 경우라면, 그 말씀을 기반으로 교리를 세우는 것은 거의 대부분의 경우 '실수'일 것이다.

바울의 경우를 제외하고서라도 예수님과 사도들이 당시의 관행을 전적으로 무시하며, 여성의 지위를 격상시켰던 예는 많다. 시편 68편 11절에서 주님은 약속하셨다. "주께서 말씀을 주시니 소식을 공포하는 여자가 큰 무리라." 위대한 복음 전도자 가운데 상당수가 여성이었다는 사실은 이 약속의 말씀이 성취된 것으로 볼 수 있다.

교회 안에서 여성의 발언을 금지하는 것에 대한 신학적인 문제, 그 세 번째는 구약과 신약 모두 여 선지자의 활동을 기록하고 있다는 사실에 있다. 구약에는 미리암과 드보라, 신약에는 빌립의 딸들이 행한 일들이 기록되어있다(행 21:9 참조). 요엘서와 사도행전에는 주께서 성령을 부어주실 때 우리의 아들들과 딸들이 예언할 것이라고 기록되어 있다. 하나님께서 아들과 딸들에게 예언의 은사는 주셔놓고 그들이 발언하는 것은 금하시겠는가? 교회에서 여성의 발언을 금해야 한다는 내용이 기록된 고린도전서를 더 자세히 들여다보면, 그 내용에 앞서 "여성이 예언하려면, 수건으로 머리를 가려야 한다"라는 바울의 지침이 등장하는 것을 알 수 있다. 만일 말하는 것이 허락되지 않으면 어떻게 예언할 수 있겠는가? 그러므로 여성의 발언을 금하는 내용을 사도 바울의 가르침으로 이해하는 데에는 무리가 있다.

여성의 발언을 금하는 경우 대두되는 네 번째 문제는 가장 중요한 사항일 것이다. 교회에서 여성이 말하는 것을 전면적으로 금하는 것보다 우리의 어머니들을 더 심하게 모욕하는 일이 있겠는가? 이 어머니들은 아마도 우리가 겪어본 중 가장 중요한 교사들일지도 모른다. 우리가 태어났을 때부터 어머니들은 자녀를 위해 자신의 삶을 온전히 헌신했을 뿐만 아니라 자녀를 먹이고 또 가르쳤다. 주님은 우리가 이러한 어머니들을 공경하는 것이 중요함을 말씀하셨다. 왜냐하면 부모 공경은 약속이 딸린 유일한 계명이기 때문이다-대부분의 사람에게 장수(長壽)는 가장 좋은 선물이다.

이 장에서는 여성과 관련된 중요한 사안을 표면적으로만 다루었다. 나는 이 문제에 대해서 반드시 짚고 넘어가야 할 기본 원칙들만 부각하여 소개하고자 했다. 하지만 이것은 천국 시민의 절반, 그리스도의 몸을 구성하는 절반(여성)에 관한 논의이기 때문에 무척 중요한 사안이라 하겠다. 교회의 여성들이 부르심 받은 위치에서 제대로 기능하기 전에는 '그리스도의 몸'은 뇌졸중에 의한 반신불구 상태일 뿐이다.

교회는 세상의 빛으로 부름 받았다. 이 말은 세상이 안고 있는 문제들에 대해 교회가 해답을 주어야 한다는 뜻이다. "주는 영이시니 주의 영이 계신 곳에는 자유함이 있느니라"(고후 3:17 참조). 하지만 교회는 자유운동을 이끄는 데 최근에 계속 실패했고 오히려 참된 해방운동을 억압하는 적이 되었다. 어떤 면에서는 이 점을 이해할 수 있다. 견고한 성경의 진리로 세상을 이끌지 못하면 원수는 진리가 빠져있는 빈 공간에 온갖 종류의 타락을 채워넣을 것이기 때문이다. 수많은 교회의 리더는 진리 대신 빈 공간을 채우고 있는 '타락'을 여성 해방운동의 본질로 오해했다. 오늘날 여성 해방운동에 온갖 타락과 극단성이 난무하는 이유는 압제당하는 여성들을 자유케 하는 일에 교회가 앞장서지 않았기 때문이다. 이 운동은 여성에 의해 진행될 것이 아니라 경건한 사람들이 자녀를 사랑하는 하나님의 마음으로 진행해야 할 것이다!

이 시대가 직면한 모든 중요한 문제에 대해 교회는 고지(高地)를 선점함으로 원수를 대항하며 일어서야 한다. 출발은 늦었지만 (실제로 교회는 여성 해방운동의 방향을 결정함에 있어서 원수에게 기조를 빼앗겼지만) 견고한 성경의 진리를 붙들고 교회의 입장을 굳히며 어둠의 세력을 몰아내어 고지를 점령하는 일은 결코 늦지 않았다.

오늘날 교회가 당면하고 있는 큰 문제 중 하나는 '교사는 많되 아비는 적다'는 것이다. 오랜 시간 동안 충성스럽게 봉사하여 '영적인 아버지'로 불리는 사람들 중 대다수는 실제로 '영적인 아버지'라기보다 단지 '나이 많은 아버지'였다. '아버지'는 나이 많은 사람이 아니라 자녀를 낳는 사람이다. 대부분의 남성은 나이 들었을 때가 아니라 젊었을 때 아버지가 된다. 영적인 아버지는 자신의 사역을 '증산'(增産)시키며 자신이 받은 하나님의 은혜를 다른 사람에게 나눠주어 배가(倍加)시키는 사람이다. 그런데 남자가 아버지 되는 일은 여성이 곁에 있어야 가능하다. 남자들이 아버지가 되려면, 그 곁에서 여자들이 어머니가 되어야 한다. 교회에서 영적인 아버지를 찾아보기 힘든 이유는 여성들이 제 기능을 하지 못하기 때문이다.

우리에게는 영적인 아버지가 절실하다. 하지만 그만큼이나 영적인 어머니도 절실하다. 성경은 이러한 어머니들을 가리켜 '이스라엘의 어머니들'(mothers in Israel)이라고 부른다. 중보 기도로 하나님의 자녀를 잉태하며, 이후 생명의 말씀과 꾸준한 훈계로 젊은이들을 양육하는 여성들을 공경하고 그들의 노고를 인정해야 한다. 육신의 어머니가 어린 시절 자녀에게 최고의 교사인 것처럼, 이러한 영적 어머니들은 새신자들에게 최고의 교사가 될 것이다. 물론 새신자의 양육에 있어서 남성의 기능을 부인하는 것은 아니다. 하지만 하나님은 남성과 여성을 다르게 지으셨고 (육신적·영적) 재생산을 위해 필요한 기능도 성별에 따라 다르게 만드셨다. 심지어 교회의 성장을 위해 필요한 노동의 종류도 성별에 따라 구분하셨다. 그러므로 남성은 여성의 도움이 있어야, 또 여성은 남성의 도움이 있어야 우리를 향한 하나님의 부르심의 자리로 나아갈 수 있다.

하나님은 성별에 따른 구분이 흐려지는 것을 원치 않으신다. 우리는 남성만의 특성, 여성만의 특성을 인정하고 존중해야 한다. 만일 남성들이 하나님의 부르심에 합당한 모습이라면, 여성으로 태어난 것을 싫어할 여성은 한 명도 없을 것이다. 하나님의 '최선'을 누리고자 한다면, 그분의 계획을 정확하게 따라야 할 것이다. 그렇게 할 때까지 우리의 교회에 지속되는 열매는 많이 맺히지 않을 것이다.

마찬가지로 우리를 위한 어머니의 가르침을 포함하여 그들이 칭송받아야 할 영역들을 인정함으로써 우리는 참된 어머니상을 고취해야 한다. 이에 자긍심을 갖게 된 어머니들은 더 이상 자신의 자녀들을 사리사욕의 제단 위에 올려놓고 불태우는 우를 범하지 않을 것이다. 소비 중심의 문화에 속아 자녀를 희생시키는 잘못도 멈출 것이다. 자녀들은 더 많은 '것'을 원하는 게 아니라 더 많은 '부모'를 원한다. 즉 부모와 함께하는 시간이 더 많아지기를 원할 뿐이다. 어머니가 되는 것은 가장 독특하고, 영화롭고, 또 마음 뿌듯한 사명이다. 우리는 이 위대한 어머니의 사역이 요구하는 바, 관심과 지원을 아끼지 말아야 할 것이다.

물론 아이를 잉태하지 못하는 여성들, 과부, 독신의 은사를 받은 여성들도 존중해야 한다. 육신의 어머니가 되지 못하더라도 이들 중 많은 수의 여성이 '이스라엘의 어머니' 혹은 교회의 영적 어머니로서 부름 받았다. 주께서 이사야 54장 1-5절 가운데 하신 말씀을 보라.

> 잉태치 못하며 생산치 못한 너는 노래할지어다 구로치 못한 너는 외쳐 노래할지어다 홀로 된 여인의 자식이 남편 있는 자의 자식보다 많음이니라 여호와의 말이니라 네 장막터를 넓히며 네 처소의 휘장을 아끼지 말고 널리 펴되 너의 줄을 길게 하며 너의 말뚝을 견고히 할지어다 이는 네가 좌우로 퍼지며 네 자손은 열방을 얻으며 황폐한 성읍들로 사람 살 곳이 되게 할 것임이니라 두려워 말라 네가 수치를 당치 아니하리라 놀라지 말라 네가 부끄러움을 보지 아니하리라 네가 네 청년 때의 수치를 잊겠고 과부 때의 치욕을 다시 기억함이 없으리니 이는 너를 지으신 자는 네 남편이시라 그 이름은 만군의 여호와시며 네 구속자는 이스라엘의 거룩한 자시라 온 세상의 하나님이라 칭함을 받으실 것이며

하나님이 주신 역할에 따라 활동하는 경건한 여성을 세상이 목도하

게 될 때, 하나님의 부르심대로 살면서 하나님의 가장 큰 뜻을 이루어 가는 여성들이 일어날 때, 참된 여성상과 진정한 어머니상은 본연의 영화로움을 회복할 것이며 이 땅에서 높임 받게 될 것이다. 주님은 그분의 신부인 교회를 자랑하기 원하시듯, 참된 여성상을 자랑하기 원하신다. 교회는 신부로서, 또 여성형(feminine)으로 표현되는데 그것은 하나님께서 그렇게 의도하셨기 때문이다. 그러므로 여성이 제 위치를 찾지 못하면 교회(그녀)는 하나님께서 뜻하신 본연의 의도를 수행할 수 없다.

또한 신부는 '깃발을 든 군대'와 같다. 우리는 이 사실을 이해해야 한다. 일반적으로 군대는 남성형(masculine)이다. 그러므로 남성이 제 위치를 찾을 때까지 교회는 군대일 수 없다. "교회는 여성형이면서 동시에 남성형이다"라는 개념은 본질상 모순처럼 들린다. 그러나 남성과 여성이 제 위치를 찾기만 한다면 그 둘은 서로에게 완벽한 '보조'가 될 것이다. 주님께서 교회를 완성하실 때, 세상은 교회에서 남자와 여자의 온전한 영광을 보게 될 것이다. 세상의 남성들은 교회 안의 남성을 보면서 "저게 바로 내가 되고 싶은 모습인데!"라고 말할 것이며 세상의 여성들도 마찬가지로 교회 안의 여성을 보면서 "나도 저렇게 되어야 하는데!"라며 감탄할 것이다.

아내와 내가 한 몸을 이루는 과정은 아내를 남자로 만드는 것이 아니었다. 남성이 남성일 때, 그리고 여성이 여성일 때에만 참된 '연합'이 가능하다. 각 사람은 하나님께서 창조하신 그 모습 그대로를 살아갈 수 있어야 한다. 남자 구실을 제대로 못한 아합이 사라진다면 이세벨도 사라질 것이다. 남자와 여자 모두가 자유롭게 되기까지 둘 중 어느 하나도 자유롭지 못할 것이다.

  1세기 교회의 여성은 전례 없는 존경과 영예의 위치에 있었다. 그러므로 교회 자체가 최초의, 진정한 여성 해방운동이었다. 교회 안에서 여성은 자유로웠고, 사람들을 가르쳤고, 또 존중받을 만한 영적인 권위를 나타내 보일 수 있었다. 이 모든 일을 하기 위해 굳이 '남성'이 되지 않아도 되었다.

제15장

핍박과 인내
Persecution and Perseverance

Church History: The First Century

제15장
Persecution and Perseverance

핍박과 인내

   앞에서 1세기 교회의 메시지, 생활, 행정 조직에 대해 살펴보았다. 이번 장에서는 기독 신앙의 발전에 '기독교 박해'가 어떠한 영향을 미쳤는지 살펴볼 것이다. 박해는 기독교 역사 가운데 상당한 비중을 차지하는 요소다.

   1세기의 기독교는 실로 초자연적인 '경험'이었다. 하나님이 초자연적이신 분이기에, 우리가 그분을 경험코자 한다면 그분과의 만남은 어쩔 수 없이 초자연적인 경험일 수밖에 없다. 하나님과 함께 걷기 원한다면 '초자연적인 것'에 익숙해져야 한다. 초대교회의 삶을 살펴보면, 때때로 주님께서 모습을 나타내셨음을 알 수 있다. 또한 사도들 가운데 이방인을 선대하라는 가르침을 교회에 전하면서 그들이 천사일 수도 있기 때문이라는 이유를 말한 것으로 보아 당시에는 천사와의 교류도 상당했던 것으로 보인다. 하나님은 백성과 가까이 계셨고, 성도들은 영적인 영역에 익숙해졌다. 초자연적인 것을 자주 접할 수 있었기에 초대교회의 성도들은 끊임없이 닥쳐온 핍박과 고통과 압제를 견뎌낼 수 있었던 것 같다.

성경은 세상 끝 날에도 이와 동일한 상황이 연출될 것이라고 분명히 이야기한다. 1세기처럼 마지막 날, 기독교는 초자연적인 특성을 나타내 보일 것이다. 그때 교회를 향한 핍박도 거세게 닥쳐올 것이다. 1세기 이래로 교회의 리더들은 이것이 '이른 비' 그리고 '늦은 비'임을 이해했다(욜 2:23 참조). 사도행전 2장 17-21절에서도 동일한 내용을 볼 수 있는데, 베드로가 요엘서를 인용한 대목이다.

> 하나님이 가라사대 말세에 내가 내 영으로 모든 육체에게 부어주리니 너희의 자녀들은 예언할 것이요 너희의 젊은이들은 환상을 보고 너희의 늙은이들은 꿈을 꾸리라 그때에 내가 내 영으로 내 남종과 여종들에게 부어주리니 저희가 예언할 것이요 또 내가 위로 하늘에서는 기사와 아래로 땅에서는 징조를 베풀리니 곧 피와 불과 연기로다 주의 크고 영화로운 날이 이르기 전에 해가 변하여 어두워지고 달이 변하여 피가 되리라 누구든지 주의 이름을 부르는 자는 구원을 얻으리라 하였느니라

주님께서 성령을 부으실 때, 예언과 꿈과 환상이 풀어질 것이다. 마지막 날에는 예언과 꿈과 환상의 필요성이 높아질 것이기 때문에, 이러한 현상이 높은 강도로 발생할 것이다. 바울은 자신의 제자들에게 다음과 같이 설명했다. "우리가 하나님 나라에 들어가려면 많은 환난을 겪어야 할 것이라"(행 14:22 참조). 그의 말은 이미 1세기에 입증되었

던 '진리'였다. 교회가 더 많이 핍박당할수록 교회는 더 많은 영적 권세를 체험하였다. 성도들은 곧 환난에 대해 감사하는 마음을 갖기 시작했다. 환난이 성도들을 더 큰 영적 권세의 청지기로 훈련시켜주었기 때문이었다.

최초의 교회와 관련된 이야기가 세간에 알려지자 이 세상의 거대한 정사와 권세들이 교회를 향해 분을 품기 시작했다. 당시의 종교 지도자들은 변화를 꾀하는 집단이나 그들이 통제할 수 없는 그룹에 위협을 받았다. 그들은 모든 수단을 동원해서라도 초대교회 성도들의 입을 막고자 했다. 그들은 초대교회가 행하는 모든 일을 기존 권위에 대한 도전으로 간주하고, 교회를 저지하기 위해 거짓 증인을 고용하여 참소하는가 하면, 원수로 여기는 로마인들까지도 자신의 목적을 이루는 발판으로 삼아 성도들을 로마 행정부에 넘겨주어 사형을 당하게 만들기까지 했다. 유대인의 사법 시스템은 인류 역사상 가장 발전된 형태였음에도 불구하고 예수님과 그의 제자들을 심판대 위에 올릴 때에는 제도와 절차를 무시하기 일쑤였다.

대부분의 경우 종교 지도자들은 기독교인들을 터무니없는 재판 절차에 회부하곤 했지만, 때때로는 회당에서 쫓아내는 것으로 끝내는 등, '변덕'을 부리기도 했다. 하지만 회당에서 추방당하는 것은 유대인 공동체 안에서 그 누구와도 교제할 수도 없고 매매할 수도 없음을 뜻한다. 가정에서 쫓겨나고, 친지들로부터 배척을 당하고, 결국에는 국가로부터 따돌림을 당하는 것이 그 순서였다. 1세기, 같은 민족으로부터의 종교적 탄압은 로마의 정치적·군사적 탄압만큼이나 가혹했다. 1세기는 기득권에 대한 반항처럼 보이는 어떠한 운동이나 조짐도 수용될 수 없었던, 숨쉬기조차 힘든 시간이었다.

예수님을 '주'(Lord)로 고백하는 행위는 로마 행정관들의 화를 불러일으켰다. 이러한 신앙 고백을 황제의 권위에 대한 전면적인 도전으로 생각했기 때문이다. 그리스도인의 신앙 고백은 결국 문명 세계에서는 도저히 경험할 수 없을 것 같은 잔인한 핍박을 유발했다. 그리스도인들은 핍박과 고통의 특별한 타깃(target)으로 여겨졌다. 이들을 향한 핍박은 정해진 시간도, 장소도 없이 아무 때나 어디서나 가해졌다. 그러므로 "크리스천이 된다"는 말은 대담함을 지닌 공동체의 일원이 된다는 뜻이었다. 그들이 지닌 용기는 역사상 전례를 찾아볼 수 없는 것이었다. 유사 이래로 믿음 때문에 그렇게 많은 고통을 감내하려는 사람들이 나타난 적은 한 번도 없었다. 그러나 당시의 크리스천들은 매우 위대한 진리를 소유했기에 기꺼이 죽음을 선택하려고 했다. 진리 때문에 살았던 인생이었기에 진리를 위해 죽을 수 있었던 것이다. 300년이라는 시간 동안, 예수를 믿는 신앙생활은 날마다 목숨을 내놓는 일과 같았다. 예수님은 그분이 핍박을 당했던 것처럼 제자들도 핍박당할 것을 말씀하시면서 "이것이 너희에게 주어진 운명이다"라고 일러주셨다.

> 보라 내가 너희를 보냄이 양을 이리 가운데 보냄과 같도다 그러므로 너희는 뱀같이 지혜롭고 비둘기같이 순결하라 사람들을 삼가라 저희가 너희를 공회에 넘겨주겠고 저희 회당에서 채찍질하리라 또 너희가 나를 인하여 총독들과 임금들 앞에 끌려가리니 이는 저희와 이방인들에게 증거가 되게 하려 하심이라 너희를 넘겨줄 때에 어떻게 또는 무엇을 말할까 염려치 말라 그때에 무슨

말할 것을 주시리니 말하는 이는 너희가 아니라 너희 속에서 말씀하시는 자 곧 너희 아버지의 성령이시니라 장차 형제가 형제를 아비가 자식을 죽는 데 내어주며 자식들이 부모를 대적하여 죽게 하리라 또 너희가 내 이름을 인하여 모든 사람에게 미움을 받을 것이나 나중까지 견디는 자는 구원을 얻으리라 이 동네에서 너희를 핍박하거든 저 동네로 피하라 내가 진실로 너희에게 이르노니 이스라엘의 모든 동네를 다 다니지 못하여서 인자가 오리라 제자가 그 선생보다 또는 종이 그 상전보다 높지 못하나니 제자가 그 선생 같고 종이 그 상전 같으면 족하도다 집 주인을 바알세불이라 하였거든 하물며 그 집 사람들이랴 그런즉 저희를 두려워하지 말라 감추인 것이 드러나지 않을 것이 없고 숨은 것이 알려지지 않을 것이 없느니라 내가 너희에게 어두운 데서 이르는 것을 광명한 데서 말하며 너희가 귓속으로 듣는 것을 집 위에서 전파하라 몸은 죽여도 영혼은 능히 죽이지 못하는 자들을 두려워하지 말고 오직 몸과 영혼을 능히 지옥에 멸하시는 자를 두려워하라 참새 두 마리가 한 앗사리온에 팔리는 것이 아니냐 그러나 너희 아버지께서 허락지 아니하시면 그 하나라도 땅에 떨어지지 아니하리라 너희에게는 머리털까지 다 세신 바 되었나니 두려워하지 말라 너희는 많은 참새보다 귀하니라 누구든지 사람 앞에서 나를 시인하면 나도 하늘에 계신 내 아버지 앞에서 저를 시인할 것이요 누구든지 사람 앞에서 나를 부인하면 나도 하늘에 계신 내 아버지 앞에서 저를 부인하리라 내가 세상에 화평을 주러 온 줄로 생각지 말라 화평이 아니요 검을 주러 왔노라 내가 온 것은 사람이 그 아비와 딸이 어미와 며느리가 어미와 불화하게 하려 함이니 사람의 원수가 자기 집안 식구리라 아비나 어미를 나보다 더 사랑하는 자는 내게 합당치 아니하고 아들이나 딸을 나보다 더 사랑하는 자도 내게 합당치 아니하고 또 자기 십자가를 지고 나를 좇지 않는 자도 내게 합당치 아니하

니라 자기 목숨을 얻는 자는 잃을 것이요 나를 위하여 자기 목숨을 잃는 자는 얻으리라(마 10:16-39)

사도행전의 기록대로 초대교회는 핍박 가운데 탄생했다. 다소간의 휴지기를 제외하고 끊임없이 닥쳐온 핍박 속에서 교회는 성장했고 번영했다. 사람들은 크리스천에 관한 악성 루머를 만들어 로마제국 전역에 퍼뜨렸다. 크리스천들이 모여 서로를 사랑하는 의미로 함께 식사를 나누는 '애찬'과 성찬식은 가장 가증한 범죄로 인식되었다. 그리스도의 살과 피를 나누는 성찬식의 예식적 상징을 이해하지 못한 채, 사람들은 크리스천들이 한데 모여 어린아이를 죽이고 그 인육을 먹는 패륜을 행한다고 생각했다. 따라서 크리스천들은 한 치의 부끄러움도 없이 극악무도한 죄악을 저지르는 범죄 집단으로 보고되었다.

크리스천이 인육을 즐긴다는 소문은 수 세기 동안 이어졌다. 대중은 크리스천들이 비밀리에 행하는 것으로 알려진 비윤리적 행위에 대해 적개심을 품었기 때문에, 공공 참사의 주범은 항상 크리스천으로 지목되었다. 로마인들은 "크리스천이 인육을 즐기니까 그들 스스로도 인육이 되어봐야 해"라며 정의 실현 차원에서 그들을 붙잡아 야생짐승에게 먹잇감으로 던져주곤 했다. 로마인들은 조금의 죄책감도 없었다. 오히려 큰 도시에서는 이것이 일종의 스포츠 행사로 자리 잡기까지 했다. 사람들은 크리스천들을 십자가에 못 박았다. 크리스천을 기름에 흠뻑 적신 뒤 몸에 불을 붙였으며 그중 몇몇은 가로등을 대체하기도 했다. 로마의 네로(Nero) 황제가 황제의 권한을 휘둘러 교회를 말살하려 했을 때부터 더욱 심한 고문 방법이 고안되었다.

하지만 더 많은 핍박을 당할수록 교회는 더욱 성장했고 복음도 더 멀리 퍼져 나갔다. 이에 로마제국의 관료들과 정치 지도자들은 놀라움을 금치 못했다. 교회가 습격을 당해 성도들이 흩어질 때마다 각 사람이 씨앗처럼 심겨져 수십 개의 모임이 새롭게 탄생하게 되었다. 지도자 한 명이 살해당하면, 그의 자리를 대신하기 위해 수십 명의 지도자가 일어났다. 로마제국은 이 세상 그 어떤 군대라도 무너뜨릴 수 있었지만 진리를 무너뜨리지는 못했다.

핍박의 열기가 거세질수록 하나님이 내려주시는 은혜의 강도 역시 커져갔다. 최초의 순교자 스데반은 돌에 맞아 죽는 순간까지 몸에 입은 치명적인 상처는 안중에도 없는 듯 오직 주님의 영광만을 목도했다. 이처럼 로마 정부로부터 고문을 당해 목숨을 잃은 거의 모든 순교자는 스데반처럼 큰 은혜를 경험할 수 있었다. 심지어 그들은 상처로 인한 고통을 느끼지 못하는 것처럼 보였다.

마지막 숨을 내쉬는 순간까지 크리스천들의 얼굴에 비쳤던 평화와 영광의 빛이 너무나 크고 놀라워서 고문하던 사람들이 그 자리에서 회심하여 그리스도를 믿는 일도 있었다. 그중 어떤 사람은 그 안에서 발견한 진리로 인해 고문을 당하여 죽음을 맞이하기도 했다. 맹수에 의해 잡아먹히는 크리스천의 모습을 보려고 콜로세움에 들어온 많은 사람은 크리스천들의 용기에 놀라움을 금치 못했다. 맹수의 발톱에 몸이 찢기는 순간에도 온화한 얼굴빛을 보였던 그들의 모습은 세상 어디에서도 찾아볼 수 없는 '평안' 그 자체였다. 이에 그들을 지켜보던 사람 중 많은 수가 그리스도를 믿게 되었다. 세상 어디에도 이와 같은 일은 찾아볼 수 없다. 인간의 지식으로는 도저히 설명할 수 없는 일이다.

교회를 향한 핍박은 단 몇 개월, 혹은 몇 년 정도 지속되었던 것이 아니다. 자그마치 300년 동안이다! 가장 강렬한 핍박이 일어난 것은 3세기 동안의 핍박이 막을 내릴 무렵이었다. 주후 303년 2월 24일, 로마 황제는 크리스천이 가진 모든 재산을 몰수하고 모든 성경을 불사르고 모든 크리스천의 지위를 '노예'로 전락시키라는 황제령을 발포하였다. 크리스천은 시민으로서의 권리를 박탈당한 채, 모든 사람의 공격에 맨몸으로 노출되었다. 황제령에 따라 로마 국민 모두가 원하는 대로 크리스천들을 공격하여 괴롭힐 수 있게 되었다. 그리고 크리스천이 소유한 재산은 몰수되었다. 로마제국은 인간이 상상할 수 있는 모든 방법을 동원하여 크리스천들에게 폭력을 가했다. 그 결과 수많은 크리스천이 피를 흘리는, 이른바 '대학살'로 이어졌다. 그러나 신앙은 멈추지 않고 계속해서 널리 퍼졌다. 많은 사람이 그리스도를 주로 고백하였으며 충성된 자들의 증인 된 삶은 나날이 담대해져만 갔다.

핍박은 진리에 흠집을 낼 수 없었다. 오히려 진리를 정화(淨化)시키고 더욱 강하게 만들었다. 핍박의 시기에는 거짓된 회심이 있을 수 없다. 지도자들은 박해의 주된 타깃이었으므로 개인적인 야망 때문에 지도자가 되려는 사람은 아무도 없었다. 오직 하나님과 이웃을 사랑하는 참된 열정으로 '지도자'라는 십자가를 받아들인 것이다. 평화의 때에 교회에 분열을 가져다주었던 사소한 문제들은, 핍박의 때에는 설 곳을 잃어버렸다. 핍박의 불에 나무, 건초, 부스러기들은 불타 없어지지만 금과 은과 값진 보물은 정결하게 제련된다.

바울은 믿음의 아들 디모데에게 편지를 보냈다. "무릇 그리스도 예수 안에서 경건하게 살고자 하는 자는 핍박을 받으리라"(딤후 3:12). 예수님도 동일한 내용을 말씀하셨다. "의를 위하여 핍박을 받은 자는 복이 있나니 천국이 저희 것임이라 나를 인하여 너희를 욕하고 핍박하고 거짓으로 너희를 거스려 모든 악한 말을 할 때에는 너희에게 복이 있나니 기뻐하고 즐거워하라 하늘에서 너희의 상이 큼이라 너희 전에 있던 선지자들을 이같이 핍박하였느니라"(마 5:10-12). 역사를 통해 교회의 성장 과정을 살펴보면, '핍박' 이 참된 신앙을 소유한 사람들에게는 '정상' 적인 환경이었음을 명확히 알 수 있다.

세상의 법도와 타협한 크리스천을 포함하여, 이 악한 현세의 법대로 사는 사람에게 참된 기독교의 법도는 그들에게 모욕을 줄 뿐 아니라 위협이 되기도 한다. 이 점은 우리를 놀라게 하지도 좌절케 하지도 않는다. 충분히 예상할 수 있는 일이기 때문이다. 오히려 핍박받지 않는다면 근심해야 할 것이다. 핍박받지 않는다는 것은 예수 그리스도의 뜻대로 신앙생활을 하지 않는다는 증거이기 때문이다. 그러므로 이러한 삶은 어둠과 정사와 권세에게 아무런 위협을 주지 못한다.

환난은 우리의 삶에 붙어있던 허영과 겉치레를 떨어내며, 우리의 삶과 믿음이 오직 필수적인 것에만 집중되도록 인도한다. 진심으로 복음의 진리를 믿는 사람은 진리를 고집하는 것이 죽음을 의미한다 하더라도 절대 타협하지 않을 것이다. 복음의 진리는 이 세상에서의 삶보다 훨씬 더 중요하다. 이에 대한 증거로 열두 사도 모두가(요한의 죽음에 대한 역사 기록은 없기에 요한은 제외하고) 순교자로 생을 마감했음을 거론할 수 있다.

이후에 진행되는 이야기는 폭스(Foxe)가 쓴 『기독교의 순교사화』(Foxe's Book of Martyrs)의 내용을 집약하고 제롬(Jerome)과 클레멘트를 비롯한 여러 다른 초대교부의 글을 정리한 것이다. 각각의 이야기들은 증인들의 보고라기보다는 구전되어 내려오는 전승에 가깝다. 하지만 많은 사람이 공동으로 증언했던 내용이었으므로 비교적 정확하다고 말할 수 있을 것이다.

사도들의 순교
The Martyrdom of the Apostles

스데반의 순교 이후 요한(John)의 형 사도 야고보(James)가 순교당했다. 클레멘트의 글에 따르면, 야고보를 재판장으로 끌고 갔던 사람이 이 모든 일을 조작했다고 한다. 하지만 야고보가 정죄받고 사형장으로 끌려가는 모습에 감동을 받은 그 사람은 마음속에 뼈저린 회한을 느껴 이내 그리스도를 구주로 고백하였다. 결국 그 사람도 야고보와 함께 사형장으로 끌려가게 되었다. 도중에 그는 야고보에게 용서를 구했다. 야고보는 걸음을 멈추고 그를 향해 대답했다. "형제여, 당신에게 평안이 함께하기를 기도합니다." 이어서 그에게 입맞추었다. 주후 36년, 두 사람은 한곳에서 참수당했다.

도마(Thomas)는 파르티아(Parthians), 메데(Medes), 페르시아(Persians), 갈마니아(Carmanians), 힐가니아(Hyrcanians), 박트리아(Bactrians), 마기아(Magians) 사람들에게 복음을 전했다. 그는 인도의 한 도시인 칼라미나(Calamina)에서 화살에 맞아 순교했다.

마리아 글레오파스(Mary Cleophas)와 알페오(Alpheus) 사이에서 나온

아들이자 유다(형)와 야고보(동생)의 형제였던 시몬(Simon)은 트라야누스(Trajan) 황제 시절, 형 야고보가 이집트의 한 도시에서 십자가형을 받고 죽임당했을 때 예루살렘의 감독이 되었다.

'가나안인 시몬' 혹은 '열심당원'으로 불린 사도 시몬(Simon)은 아프리카의 모리타니아(Mauritania) 지역에서 복음을 전했다. 이후 브리튼(현재의 영국 땅)에서 십자가형을 당했다.

알렉산드리아(Alexandria)의 첫 번째 감독이자 복음 전도자였던 마가(Mark)는 이집트에서 복음을 전했다. 그곳에서 마가는 밧줄에 사지가 묶여 팔과 다리의 모든 관절이 탈골되는 고문을 당했다. 이후 화형을 당하여 숨졌다. 트라야누스 황제 때의 일이다.

바돌로메(Bartholomew) 역시 인도에서 복음을 전했으며 마태복음을 인도의 언어로 번역했다고 전해진다. 그는 대 아르메니아(greater Armenia)의 한 도시인 알비노폴리스(Albinopolis)에서 곤장을 맞은 후 십자가에 못 박혔다. 그 상태에서 머리를 잘렸다.

베드로(Peter)의 형제 안드레(Andrew)는 세바스토폴리스(Sebastopolis)에서 애기스(Aegeas)라는 로마 집정관에 의해 십자가형을 당했다. 그는 복음을 전파하여 수많은 사람을 그리스도께로 인도했다. 이에 화가 난 집정관은 그곳으로 달려가 크리스천들에게 우상 숭배할 것과 신앙을 부인할 것을 강요했다. 그때 안드레는 애기스의 면전에 대고 "당신이야말로 거짓된 신과 거짓된 우상을 버리십시오"라고 외치며 로마의 신들은 신이 아니라 악마이며 인류의 원수라고 말했다. 이 말을 듣고 분노했던 집정관은 안드레에게 더 이상 그러한 내용의 가르침을 전하지도 말고, 복음을 설교하지도 말 것을 명령했다. 이것을 어길 경우

가차 없이 십자가형을 당할 것이라고 엄포도 놓았다. 안드레는 "만일 내가 십자가의 죽음을 두려워했더라면 십자가의 명예와 영광에 대해서 말하지도 않았을 겁니다"라고 대답했다. 그 즉시 안드레는 십자가형을 언도받았다.

형이 집행되는 장소로 이송될 때, 안드레는 저 멀리 자신을 위한 십자가가 준비되는 것을 바라보며 큰 소리로 외쳤다. "오, 십자가여! 내가 너를 얼마나 기다렸고 또 바랐던가! 기쁘고 즐거운 마음으로 기꺼이 네게 다가가노라. 항상 너를 연모하는 마음이 깊어, 언제나 너를 끌어안으려나 고대했던 내가 이제 주님의 제자 되어 네게 매달리는구나!"

레위(Levi)로 불렸던 사도 마태(Matthew)는 에티오피아(Aethiopia)와 이집트 전역에 복음을 전한 후, 그곳의 왕 히르카누스(Hircanus)의 창에 맞아 죽임을 당했다.

당시 가장 야만스러운 나라들로 나아가 열심히 복음을 전했던 사도 빌립(Philip)은 브리기아(Phrygia)의 한 도시 히에라볼로(Hierapolis)에서 돌에 맞은 후 십자가형을 당했다.

예루살렘의 모든 성도는 예수님의 형제 야고보를 칭송했다. 그의 의로운 인품을 높이 사서 사람들은 그를 '의로운 야고보'(James the Just)라고 불렀다. 예루살렘성의 주요한 인사들이 예수님을 믿게 되자 바리새인과 서기관의 대표가 야고보에게 "당신은 사람들이 예수를 메시아로 믿지 못하도록 말리시오"라고 명령했다. 유월절 기간 동안, 그들은 야고보를 성전의 난간으로 데려가 예수를 믿지 말라는 연설을 시키려고 했다. 야고보는 군중을 내려다보며 입을 열었다. 예수님이 그리스도이심을, 그리고 현재 하나님의 오른편에 좌정하심을 선포했다. 그 순간 누군가가 야고보를 밀어 바닥으로 떨어뜨렸다. 다행히도 그 즉시 숨을 거두지는 않았다. 야고보는 자신을 핍박하는 사람들을 위해 기도하려고, 이내 심하게 다친 두 무릎을 가까스로 모았다. 하지만 화가 난 군중은 그를 향해 달려들어 그의 머리를 돌로 내리쳤다. 스데반이 그랬듯이 야고보도 마지막 숨이 끊어질 때까지 그들을 위해 기도하였다.

네로 황제가 베드로(Peter)를 잡아 죽이려고 했을 때 사람들은 그에게 예루살렘을 떠날 것을 간청하였다. 성문을 나서려 할 때 베드로는 주님께서 자신에게 다가오시는 환상을 보았다. 그 앞에 엎드려 절한 후 베드로는 예수님께 "어디로 가십니까?" 하고 여쭈었다. 그때 예수님께서는 "내가 다시 십자가에 못 박히러 가노라"라고 대답하셨다. 순간 베드로는 예수님이 말씀하신 의미를 깨달았다. "이제 죽음으로 예수님이 가신 길을 따라야 할 때다!" 베드로는 걸음을 돌려 다시 예루살렘으로 향했다. 체포되었을 때 베드로는 이렇게 간청했다. "나는 주님이 죽으신 대로 죽음을 맞이할 자격이 없습니다. 나를 십자가에 거꾸로 매달아 주십시오." 그의 요청대로 되었다.

사도 바울 역시 네로 황제 때 순교했다. 네로는 페레가(Ferega)와 파르테미우스(Parthemius)라는 밀사를 보내 바울에게 사형선고장을 전달했다. 바울을 만난 그들은 자신을 위해 기도해줄 것을 요청했고, 그들의 요청에 따라 바울은 그들을 위해 기도했다. 그리고 "당신들은 예수님을 영접한 후, 내 주검이 묻힐 곳에서 세례를 받을 것이오"라고 말했다. 바울은 성 밖으로 끌려가 참수당했다. 두 명의 밀사는 예수님을 영접했다.

베스파시안(Vespasian) 황제에 이르러 기독교 박해는 잠시 중단되었다. 그러나 티투스(Titus)의 형제인 도미티아누스(Domitian) 황제 때 박해가 재개되었다. 도미티안 황제의 박해 때 사도 요한은 밧모 섬으로 유배되었다. 도미티안 황제의 사후 요한은 풀려났다. 그는 에베소로 가서 트라야누스(Trajan) 황제가 즉위할 때까지 거기에 머물렀다. 당시 요한은 교회의 장로로 있으면서 복음서를 기술하였다. 요한이 100살이 될 때까지 사역을 했다는 기록도 있다. 로마 정부가 요한을 죽이려고 몇 차례 시도했지만 한 번도 성공하지 못했다는 이야기도 전해진다. 어떤 기록에 의하면 밧모 섬으로 유배되기 전, 로마 정부는 그를 기름에 넣고 끓이는 고문을 행했으나 그의 몸이 조금도 상하지 않았다고 한다. 그의 죽음에 대한 정설 기록은 하나도 없다. 그렇기 때문에 어떤 사람은 예수님께서 요한의 미래에 대해 베드로에게 하신 말씀을 상고하기도 한다.

> 이에 베드로가 그를 보고 예수께 여짜오되 주여 이 사람은 어떻게 되겠삽나이까 예수께서 가라사대 내가 올 때까지 그를 머물게 하고자 할지라도 네게 무슨 상관이냐 너는 나를 따르라 하시더라 이 말씀이 형제들에게 나가서 그 제자는 죽지 아니하겠다 하였으나 예수의 말씀은 그가 죽지 않겠다 하신 것이 아니라 내가 올 때까지 그를 머물게 하고자 할지라도 네게 무슨 상관이냐 하신 것이러라(요 21:21-23)

그들은 죽음에 이르기까지 자신의 삶을 사랑하지 않았다
They Loved Not Their Lives Unto Death

지도자들이 하나 둘씩 처형당하는 것을 보는 일은 개척된 지 얼마 안 되는 교회로서는 감당하기 힘든 일이었다. 하지만 교회는 흔들리지 않고 점점 더 강하게 성장했다. 복음은 계속해서 전파되었다. 지도자를 처형해도 기독교의 성장을 막을 수 없다는 것을 알게 된 로마 정부는 그리스도를 주로 고백하는 모든 사람을 향해 박해를 선고했다.

기록에 의하면 어떤 도시에서는 매일 수천 명의 성도가 죽임을 당했다. 심지어 로마의 집정관들조차 성도들이 학살되는 장면에 소스라쳐 놀랄 정도였다. 이내 그들의 입에서는 "기독교인이 왜 이러한 고난을 당해야 하는가? 그들은 아무 잘못이 없는데…"라는 탄식이 터져 나왔다. 죄를 짓거나 공공에 해를 끼친 것으로 판명된 성도는 단 한 명도 없었다. 가장 잔인한 고문을 당할 때에도, 죽음의 문전 앞에서 이들이 보여주었던 평안과 인내의 모습 때문에 그들을 핍박하던 사람들이 믿음을 갖게 된 경우도 많았다.

몇 차례 휴지기를 제외하고는 기독교 박해가 주후 311년까지 계속되었다. 그리고 로마제국의 가장 동쪽에 위치한 지역에서는 막시미누스(Maximin) 황제에 의해 313년까지 박해가 이어졌다. 오랜 시간 동안 지속된 박해를 역으로 설명하자면, 오랜 시간 동안 기독교를 말살하려 했던 노력이 헛수고였다는 것이다. 결국 기독교는 정복되지 않는다는 사실만이 입증되었다.

오늘날도 세계 곳곳에서는 정부와 관료들에 의해 자행되는 기독교 핍박이 이어지고 있다. 여전히 성도들은 신앙 때문에 생명을 위협받고 있다. 하지만 지난 10년 동안 기독교가 가장 빠른 속도로 성장했던 나라들을 조사했더니, 핍박이 가장 거셌던 나라였다.

오늘날 기독교는 거의 모든 나라에서 거의 모든 영역에서 공격을 받고 있다. 하지만 핍박받는 모든 곳에서 기독교는 급성장하고 있다. 1990년대의 추산에 의하면 전체 기독교 인구는 하루에 40만 명 정도의 증가율을 보였다! 당시 전 세계적으로 기독교는 다른 종교들보다 세 배나 빠른 성장을 보였다. 어떤 나라에서는 인구 증가율보다 기독교인의 증가율이 더 높았다. 그때의 추산에 의하면 지난 10년 동안 그리스도를 접한(혹은 교회에 발을 들여놓았던) 모든 사람 중 3분의 1정도가 구원에까지 이르렀다고 한다. 이집트에서 노예로 있었던 이스라엘에 대한 평가가 기독교에도 동일하게 적용될 수 있다. "그러나 학대를 받을수록 더욱 번식하고 창성하니…"

> 다만 이뿐 아니라 우리가 환난 중에도 즐거워하나니 이는 환난은 인내를 인내는 연단을 연단은 소망을 이루는 줄 앎이로다 소망이 부끄럽게 아니함은 우리에게 주신 성령으로 말미암아 하나님의 사랑이 우리 마음에 부은 바 됨이니 (롬 5:3-5)

전날에 너희가 빛을 받은 후에 고난의 큰 싸움에 참은 것을 생각하라 혹 비방과 환난으로써 사람에게 구경거리가 되고 혹 이런 형편에 있는 자들로 사귀는 자 되었으니 너희가 갇힌 자를 동정하고 너희 산업을 빼앗기는 것도 기쁘게 당한 것은 더 낫고 영구한 산업이 있는 줄 앎이라 그러므로 너희 담대함을 버리지 말라 이것이 큰 상을 얻느니라 너희에게 인내가 필요함은 너희가 하나님의 뜻을 행한 후에 약속을 받기 위함이라 잠시 잠깐 후면 오실 이가 오시리니 지체하지 아니하시리라 오직 나의 의인은 믿음으로 말미암아 살리라 또한 뒤로 물러가면 내 마음이 저를 기뻐하지 아니하리라 하셨느니라 우리는 뒤로 물러가 침륜에 빠질 자가 아니요 오직 영혼을 구원함에 이르는 믿음을 가진 자니라(히 10:32-39)

정리

Summary

이 책은 1세기 교회를 간략하게 훑어준 '부족한' 지침서다. 내용의 대부분은 '역사'라는 단어와 동일시할 만한 사건이 아니라 당시에 행해졌던 중요한 관습, 혹은 교회가 붙들었던 기본 교리에 초점을 맞추었다. 하지만 후기 교리 및 관행들과 관련, 교회의 역사를 꾸준히 되짚어보면서 이후의 연구 가운데 이 책에서 언급하지 않은 역사적 사건들의 세부적인 내용들을 다룰 것이다. 이 책은 가장 기초적인 틀을 제공하는 데 목적을 두었기 때문에, 이 책을 기반으로 삼고 본격적인 연구를 시작하면 될 것이다.

태동했을 때, 교회는 이 세상이 보지 못했던 가장 독특한 집단이었다. 지금도 교회는 여전히 독특한 모임이다. 1세기 이후 교회는 선을 위한 가장 강력한 힘의 근원으로부터 멀리 떨어지기 시작했다. 이렇게 표류함과 동시에 때때로 교회는 악의 근원이 되기도 했다. 이 일이 일어나게 된 원인을 이해하는 것은 매우 중요하다. 매번 새로운 영적 세대가 일어날 때마다 이와 동일한 일이 일어났다. 하지만 그러한 '지옥의 문들'이 닫힐 때 우리는 교회가 하나님의 부르심대로 빛과 소금의 역할을 할 것으로 기대할 수 있다. 그러면 교회는 하나님의 나라와 그리스도의 도래를 위해 열방을 준비시키는 하나님의 도구가 될 것이다.

이 책의 연구는 하나님의 계획을 설명하는 데 목적이 있다. 여기서 말하는 하나님의 계획에는 '정도에서의 이탈', '회복', 그리고 '영광스러운 결론'이 포함된다. 교회의 역사는 이제껏 인간이 만나본 중 가장 위대한 이야기이며, 마지막 때를 향해 역사의 시계추가 움직일수록 더 위대한 이야기가 될 것이다. 하지만 하나님께서 계획하신 대로의 '종결'을 목도하기 위해서 우리는 우리의 아버지들과 어머니들을 공경해야 하며 과거의 역사로부터 교훈을 얻어 동일한 실수를 반복하지 않을 미래의 세대를 일으켜야 한다. 다가올 세대는 하나님께서 명령하신 바, 주님이 오실 길의 건설을 마무리 지을 것이다. 이 길이 완성되면 그분이 오시리라!

순전한 나드 도서안내　02-574-6702

No.	도서명	저자	정가
1	강력한 능력전도의 비결	체 안	11,000
2	광야에서의 승리(개정판)	존 비비어	10,000
3	교회, 그 연합의 비밀	프랜시스 프랜지팬	10,000
4	교회를 뒤흔드는 악령을 대적하라	프랜시스 프랜지팬	5,000
5	교회를 어지럽히는 험담의 악령을 추방하라	프랜시스 프랜지팬	5,000
6	그리스도인의 삶의 비결	진 에드워드	8,000
7	기름부으심	스미스 위글스워스	8,000
8	꿈을 통해 말씀하시는 하나님	헤피만 리플	10,000
9	날마다 하나님께로 더 가까이	존 비비어	13,000
10	내 백성을 자유케 하라	허철	10,000
11	내게 신선한 기름을 부으셨나이다	허철	9,000
12	내어드림	페늘롱	7,000
13	다가온 예언의 혁명	짐 골	13,000
14	다가올 전환	래리 랜돌프	9,000
15	당신도 예언할 수 있다	스티브 탐슨	12,000
16	당신은 예수님의 재림에 준비가 되어 있습니까?	메릴린 히키	13,000
17	당신은 치유받기 원하는가	체 안	8,000
18	당신의 기도에 영적 권위가 있습니까?	바바라 윈트로블	9,000
19	더 넓게 더 깊게	메릴린 앤드레스	13,000
20	동성애 치유될 수 있는가?	프랜시스 맥너트	7,000
21	두려움을 조장하는 악령을 물리치라	드니스 프랜지팬	5,000
22	마지막 시대에 악을 정복하는 법(개정판)	릭 조이너	9,000
23	마켓플레이스 크리스천(개정판)	로버트 프레이저	9,000
24	무시되어 온 축복의 통로	존 비비어	6,000
25	믿음으로 질병을 치유하라(개정판)	T.L 오스본	20,000
26	부서트리고 무너트리는 기름 부으심	바바라 J. 요더	8,000
27	부자 하나님의 부자 자녀들	T.D 제이크	8,000
28	사도적 사역	릭 조이너	12,000
29	사랑하는 자가 병들었나이다	허 철	8,000
30	사사기	잔느 귀용	7,000
31	사업을 위한 기름 부으심(개정판)	에드 실보소	10,000
32	상한 마음을 치유하는 기도	마크 버클러	15,000
33	상한 영의 치유1	존&폴라 샌드포드	17,000
34	상한 영의 치유2	존&폴라 샌드포드	13,000
35	성령님을 아는 놀라운 지식	허 철	10,000
36	세계를 변화시키는 능력	릭 조이너	10,000
37	속사람의 변화 1	존&폴라 샌드포드	11,000
38	속사람의 변화 2	존&폴라 샌드포드	13,000
39	신부의 중보기도	게리 윈스	11,000
40	십자가의 왕도	페늘롱	8,000
41	아가서	잔느 귀용	11,000
42	악의 속박으로부터의 자유	릭 조이너	9,000
43	어머니의 소명	리사 하텔	12,000
44	여정의 시작	릭 조이너	13,000
45	영광스러운 교회에 보내는 메시지 1	릭 조이너	10,000
46	영광스러운 교회에 보내는 메시지 2	릭 조이너	10,000
47	영분별	프랜시스 프랜지팬	3,500
48	영으로 대화하시는 하나님	래리 랜돌프	8,000
49	영적 전투의 세 영역(개정판)	프랜시스 프랜지팬	11,000
50	예레미야	잔느 귀용	6,000
51	예수 그리스도와의 친밀함	잔느 귀용	7,000
52	예수님 마음찾기	페늘롱	8,000
53	예수님을 닮은 삶의 능력	프랜시스 프랜지팬	9,000
54	예수님을 향한 열정(개정판)	마이크 비클	12,000
55	요한계시록	잔느 귀용	11,000
56	인간의 7가지 갈망하는 마음	마이크 비클	11,000
57	저주에서 축복으로	데릭 프린스	6,000

PURE NARD BOOKS

No.	도서명	저자	정가
58	주님! 내 눈을 열어주소서	게리 오츠	8,000
59	주님, 내 마음을 열어주소서	캐티 오츠/로버트 폴 램	9,000
60	지구상에서 가장 강력한 기도	피터 호로빈	7,500
61	지금은 싸워야 할 때	프랜시스 프랜지팬	8,000
62	천국경제의 열쇠	샨 볼츠	8,000
63	천국방문(개정판)	애나 로운튜리	11,000
64	축사사역과 내적치유의 이해 가이드	존&마크 샌드포드	18,000
65	출애굽기	잔느 귀용	10,000
66	하나님과 동행하는 사람들〈개정판〉	샨 볼츠	9,000
67	하나님과 사람에게 더욱 사랑스러운 자	듀안 벤더 클럭	10,000
68	하나님과의 연합	잔느 귀용	7,000
69	하나님으로부터 오는 능력	찰스 피니	9,000
70	하나님을 연인으로 사랑하는 즐거움	마이크 비클	13,000
71	하나님의 마음에 합한 사람	마이크 비클	13,000
72	하나님의 심정 묵상집	페늘롱	8,500
73	하나님의 아름다움을 바라보는 축복	허 철	10,000
74	하나님의 요새	프랜시스 프랜지팬	8,000
75	하나님의 음성을 듣는 방법〈개정판〉	마크&패티 버클러	15,000
76	하나님의 장군의 일기〈개정판〉	잔 G. 레이크	6,000
77	항상 배가하는 믿음	스미스 위글스웍스	10,000
78	항상 부족함이 없으리로다	하이디 베이커	8,000
79	혼동으로부터의 자유	릭 조이너	5,000
80	혼의 묶임을 파쇄하라	빌&수 뱅크스	10,000
81	존 비비어의 회개(화 있을진저 외식하는 서기관과 바리새인들 개정)	존 비비어	8,000
82	횃불과 검	릭 조이너	8,000
83	21C 어린이 사역의 재정립	베키 피셔	13,000
84	금식이 주는 축복	마이크 비클&다나 캔들러	12,000
85	승리하는 삶	릭 조이너	12,000
86	부활	벤 R 피터스	8,000
87	거절의 상처를 치유하시는 하나님	데릭 프린스	6,000
88	그리스도의 제사장적 신부	애나 로운튜리	13,000
89	마귀의 출입구를 차단하라	존 비비어	13,000
90	통제 불능의 상황에서도 난 즐겁기만 하다	리사 비비어	12,000
91	어린이와 십대를 위한 축사사역	빌 뱅크스	11,000
92	알려지지 않은 신약성경 교회 이야기	프랭크 바이올라	12,000
93	빛은 어둠 속에 있다	패트리샤 킹	10,000
94	가족을 위한 영적 능력	베벌리 라헤이	12,000
95	목적으로 나아가는 길	드보라 조이너 존슨	8,000
96	컴 투 파파	게리 원스	13,000
97	러쉬 아워	슈프레자 싯홀	9,000
98	그리스도 안에 거하는 삶	앤드류 머레이	10,000
99	지도자의 넘어짐과 회복	웨이드 굿데일	12,000
100	하나님의 일곱 영	키이스 밀러	13,000
101	너희 지체를 의의 병기로 하나님께 드리라	허 철	8,000
102	신부	론다 캘혼	15,000
103	추수의 비전	릭 조이너	8,000
104	하나님이 이 땅 위를 걸으셨을 때	릭 조이너	9,000
105	하나님의 집	프랜시스 프랜지팬	11,000
106	도시를 변화시키는 전략적 중보기도	밥 하틀리	8,000
107	왕의 자녀의 초자연적인 삶	빌 존슨 & 크리스 밸러튼	13,000
108	초자연적 능력의 회전하는 그림자	줄리아 로렌 & 빌 존슨 & 마헤쉬 차브다	13,000
109	언약기도의 능력	프랜시스 프랜지팬	8,000
110	꿈의 언어	짐 골 & 미쉘 앤 골	13,000
111	믿음으로 산 증인들	허 철	12,000
112	욥기	잔느 귀용	13,000
113	포로들을 해방시키라	앨리스 스미스	13,000
114	나라를 변화시킨 비전: 윌리엄 테넌트의 영적인 유산	존 한센	8,000

No.	도서명	저자	정가
115	세상을 다스리는 권세의 회복	레베카 그린우드	10,000
116	예언적 계약, 잇사갈의 명령	오비 팍스 해리	13,000
117	창세기 주석	잔느 귀용	12,000
118	하나님의 강	더치 쉬츠	13,000
119	당신의 운명을 장악하라	알렌 키란	13,000
120	용서를 선택하기	존 로렌 & 폴라 샌드포드 & 리 바우든	11,000
121	자살	로렌 타운젠드	10,000
122	레위기/민수기/신명기 주석	잔느 귀용	12,000
123	그리스도인의 영적혁명	패트리샤 킹	11,000
124	초자연적 중보기도	레이첼 힉스	13,000
125	꿈과 환상들	조 이보지	12,000
126	나는 하나님의 음성을 듣는다	킴 클레멘트	11,000
127	엘리야의 임무	존 & 폴라 샌드포드	13,000
128	하나님의 초자연적인 능력	바비 코너	11,000
129	거룩과 진리와 하나님의 임재	프랜시스 프랜지팬	9,000
130	사랑하는 하나님	마이크 비클	15,000
131	천사와의 만남	짐 골 & 미쉘 앤 골	12,000
132	과거로부터의 자유	존 & 폴라 샌드포드	13,000
133	일곱 교회 이기는 자에게 주시는 축복	허 철	9,000
134	은밀한 처소	데일 파이프	13,000
135	일곱 산에 관한 예언	조니 앤로우	13,000
136	일터에 영광이 회복되다	리차드 플레밍	12,000
137	악의 삼겹줄을 파쇄하라	샌디 프리드	11,000
138	초자연적 경험의 신비	짐 골 & 줄리아 로렌	13,000
139	웃겨야 살아난다	피터 와그너	8,000
140	폭풍의 전사	마헤쉬 & 보니 차브다	13,000
141	천국 보좌로부터 온 전략	샌디 프리드	11,000
142	영향력	윌리엄 L. 포드 3세	11,000
143	속죄	데릭 프린스	13,000
144	신의 성품에 참예하는 자	허 철	8,000
145	예언, 꿈, 그리고 전도	덕 애디슨	13,000
146	아가페, 사랑의 길	밥 멈포드	13,000
147	불타오르는 사랑	스티브 해리슨	12,000
148	그 이상을 갈망하라!	랜디 클락	13,000
149	순결	크리스 밸러턴	11,000
150	능력, 성결, 그리고 전도	랜디 클락	13,000
151	종교의 영	토미 펨라이트	11,000
152	예기치 못한 사랑	스티브 J. 힐	10,000
153	모르드개의 통곡	로버트 스텐스	13,500
154	예언사전	폴라 A. 프라이스	28,000
155	1세기 교회사	릭 조이너	12,000
156	예수님의 얼굴	데이비드 E. 테일러	13,000
157	토기장이 하나님	마크 핸비	8,000
158	존중의 문화	대니 실크	12,000
159	제발 좀 성장하라!	데이비드 레이븐힐	11,000
160	정치의 영	파이잘 말릭	12,000
161	이기는 자의 기름 부으심	바바라 J. 요더	12,000
162	치유 사역 훈련 지침서	랜디 클락	12,000
163	헤븐	데이비드 E. 테일러	13,000
164	더 크라이	키스 허드슨	11,000
165	천국 여행	리타 베넷	14,000
166	파수 기도의 숨은 능력	마헤쉬 & 보니 차브다	13,000
167	지저스 컬처	배닝 립스처	12,000
168	넘치는 기름 부음	허 철	10,000
169	거룩한 대면	그래함 쿡	23,000
170	선지자 학교	조나단 웰튼	12,000
171	믿음을 넘어선 기적	데이브 헤스	10,000

PURE NARD BOOKS

No.	도서명	저자	정가
172	꿈 상징 사전	조 이보지	8,000

모닝스타 코리아 저널 morningstar

No.	도서명	저자	정가
1	모닝스타저널 제1호	릭 조이너 외	7,000
2	모닝스타저널 제2호	릭 조이너 외	7,000
3	모닝스타저널 제3호 승전가를 울릴 지도자들	릭 조이너 외	7,000
4	모닝스타저널 제4호 하나님의 능력	릭 조이너 외	7,000
5	모닝스타저널 제5호 믿음과 하나님의 영광	릭 조이너 외	7,000
6	모닝스타저널 제6호 성숙에 이르는 길	릭 조이너 외	7,000
7	모닝스타저널 제7호 마지막 때를 위한 나침반	릭 조이너 외	7,000
8	모닝스타저널 제8호 회오리 바람	릭 조이너 외	8,000
9	모닝스타저널 제9호 하늘 위의 선물	릭 조이너 외	8,000
10	모닝스타저널 제10호 천상의 언어	릭 조이너 외	8,000
11	모닝스타저널 제11호 신의 성품에 참예하는 자	릭 조이너 외	8,000
12	모닝스타저널 제12호 언약의 사람들	릭 조이너 외	8,000
13	모닝스타저널 제13호 열린 하나님의 나라	릭 조이너 외	8,000
14	모닝스타저널 제14호 하나님 나라의 능력	릭 조이너 외	8,000
15	모닝스타저널 제15호 하나님 나라의 복음	릭 조이너 외	8,000
16	모닝스타저널 제16호 성령 안에서 사는 삶	릭 조이너 외	8,000
17	모닝스타저널 제17호 성령 충만한 사역	릭 조이너 외	8,000
18	모닝스타저널 제18호 초자연적인 세계	릭 조이너 외	8,000
19	모닝스타저널 제19호 하늘을 이 땅으로 이끌어내다	릭 조이너 외	8,000
20	모닝스타저널 제20호 견고한 토대 세우기	릭 조이너 외	8,000
21	모닝스타저널 제21호 부서지는 세상에서 견고히 서기	릭 조이너 외	8,000
22	모닝스타저널 제22호 소집령	릭 조이너 외	8,000
23	모닝스타저널 제23호 성도들을 구비시키라	릭 조이너 외	8,000
24	모닝스타저널 제24호 자유의 투사들	릭 조이너 외	8,000
25	모닝스타저널 제25호 땅을 차지하기	릭 조이너 외	8,000
26	모닝스타저널 제26호 도래할 시기를 준비하라	릭 조이너 외	8,000
27	모닝스타저널 제27호 하나님을 즐거워하라	릭 조이너 외	8,000
28	모닝스타저널 제28호 하나님을 영화롭게 해야 할 이유	릭 조이너 외	8,000
29	모닝스타저널 제29호 만물의 회복	릭 조이너 외	8,000
30	모닝스타저널 제30호 시대를 분별하는 지혜	릭 조이너 외	8,000

※모닝스타 코리아 저널은 한정판으로 출간되기 때문에 품절될 경우 구매하실 수가 없습니다. 그러므로 **품절 여부**를 확인하신 후 구매하시기 바랍니다.